文案训练手册

THE ADWEEK
COPYWRITING HANDBOOK

[美]约瑟夫 · 休格曼 著
杨紫苏 张晓丽 译

中信出版集团 | 北京

图书在版编目（CIP）数据

文案训练手册/（美）休格曼著；杨紫苏，张晓丽译．—2版．—北京：中信出版社，2015.7（2024.7重印）
书名原文：The Adweek Copywriting Handbook
ISBN 978-7-5086-5082-1
I. ① 文… II. ① 休… ② 杨… ③ 张… III. ① 广告－写作－手册 IV. ① F713.8-62
中国版本图书馆CIP数据核字（2015）第055323号

文案训练手册

著　者：[美] 约瑟夫 · 休格曼
译　者：杨紫苏　张晓丽

出版发行：中信出版集团股份有限公司
（北京市朝阳区东三环北路27号嘉铭中心　邮编　100020）

承 印 者：北京通州皇家印刷厂

开　本：880mm×1230mm　1/32　　印　张：11.75　　字　数：302千字
版　次：2015年7月第2版　　印　次：2024年7月第40次印刷
京权图字：01-2009-5268
书　号：ISBN 978-7-5086-5082-1
定　价：45.00元

献给玛丽·斯坦克，在过去的35年里，她的支持对我的成功至关重要。

目录

THE ADWEEK COPYWRITING HANDBOOK

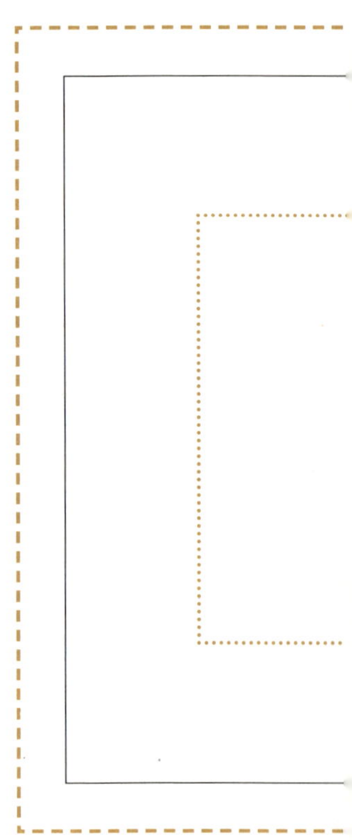

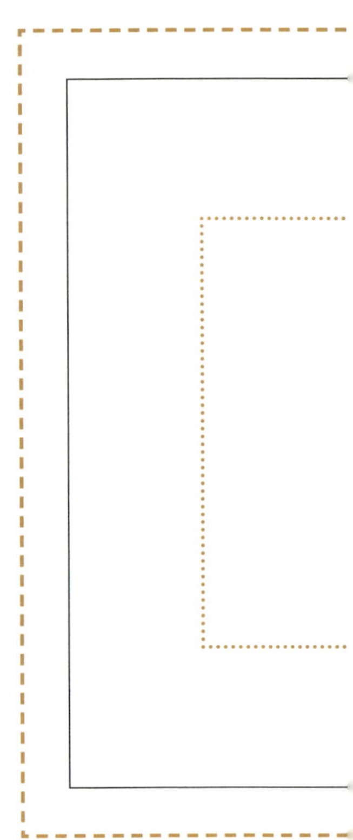

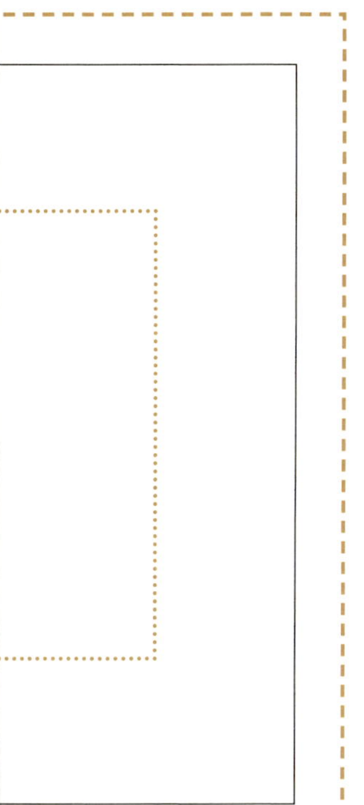

休格曼的“遗产”

每个行业都有它的角色榜样。对我来说，作为一个广告文案撰稿人，或者一个杂志编辑，没有比约瑟夫·休格曼更好的榜样了。

乐队领队阿蒂·肖对任何一个想要加入乐队的音乐家都有个标准的问题："你听谁的音乐？"

类似的问题也可以问任何想申请文案撰稿工作的应聘者："你阅读谁的文案？"

休格曼就是那个在电视上推销BluBlocker太阳镜的人。就像我从1985年开始阅读他的JS&A公司型录时所发现的那样，他还是美国最有趣、最多产的作家之一。

他完全不拘一格。他天马行空的文案风格常常令我目瞪口呆。

他让他的读者在他的文案里找拼写错误，每找到一个就能得到10美元。（“请不要纠正我的语法。”）

他将“代替表”给消费者，作为服务保证的一部分。

他在航空杂志上销售一套价值600万美元的房子，接受美国运通卡、VISA卡、万事达卡或者其他任何可兑现的硬通货。

他用一则单独的邮购广告卖出了一架价值24万美元的飞机。

他以一种独特的风格完成了所有这些事情，就像纳尔逊·阿尔戈林评价约翰·奇弗一样——他就是那个你能一眼认出的作家，“不用将《纽约客》翻回去看作者名，你就知道是谁写的”。

休格曼并不是有史以来出色的邮购文案撰稿人中最具有传奇色彩的家伙，还有其他一些人。例如路易斯·维克托·艾廷格，一个杀人犯，是在监狱里面学会如何写作的；或者吉恩·施瓦茨，一个艺术收藏家，靠着写像《当医生说要把她切开时，她逃离了手术台》这样的东西谋生。

但是休格曼在一些很重要的方面超越了这些家伙：他庞大的写作量、他引领的潮流，还有我的最爱——个人邮购型录，其中的文案和产品体现出了创作者的奇思妙想。而且，休格曼还有很多模仿者，他们都从休格曼的型录中寻找灵感，好将自己的型录个性化。

休格曼是怎样学习到这些门道的？他宣称他是从自己的失败中，而不是从邮购行业的前辈高手们那里学习到的。比如像戴维·马戈利斯这样的高手，他曾在20世纪50年代卖出了400万台大蒜压碎机。

还有马克斯·萨奇姆，每月一书俱乐部的共同创办人。他是另一位靠才智维生的伟大的商品推销员。正如莱斯特·旺德曼在1996年评价萨奇姆时所说的那样：“当他与顾客交谈的时候，他保证会获得突破性进展——而不是像我们现有的这种微乎其微的改善。”

还有约翰·卡普尔斯，因为写出“当我坐在钢琴前，他们笑了”这句话而进入了美国的民间传说。后来，拉里·蔡特问过卡普尔斯为什么他强调的是社会利益，而不仅仅是销售课程的优势。

“你不明白。”卡普尔斯答道，“学习钢琴是很难的事情。你不能把这个当成卖点，但是你可以卖这样的理念——社会成功，以及为了变得受欢迎而战胜任何缺陷。”

虽然休格曼可能从未与他们相遇过，但是他凭本能就知道了这些人所知道的一切。这是非常重要的。

好消息是：他将这个传统带到了这本书里。这是有史以来关于文案写作的最好的一本书。

除了销售方面的建议以外，这本书还用每个人都懂的语言强调了文案写作的基本真相。我甚至把手稿拿给我们新来的记者阅读。

令我伤感的是，现在休格曼写的文案比过去少多了——再也没有邮购型录了，只有很少的空间广告[①]，他为了赚钱，已经转做专题广告片和家庭购物了。

在JS&A公司型录再版（就像对1909年版的西尔斯公司[②]型录进行再版一样）之前，这本书将会是休格曼的一笔“遗产”。这是一笔很好的“遗产”。

正是因为这样，请好好享受这本书。就像沃尔特·温切尔在介绍戴蒙·鲁尼恩时所说的那样：“下一部作品会更好。”

（雷·舒尔茨，《直销》杂志编辑）

① 空间广告，在平面媒体的广告空间所发布的广告，例如杂志广告、报纸软文等。同样的费用下，空间广告的接触人数是邮件广告的数万倍。——译者注

② 西尔斯公司，美国著名的零售公司，从一家小小的邮购商店起家，成为美国乃至全世界最大的零售企业之一。——译者注

本书的起源

> 无论在哪个领域，真正拥有创造性头脑的人都只不过是一个无法抑制地想要去创造、创造、再创造的很精巧的有机体。因此，离开了音乐、诗歌、书籍、建筑或其他一些有意义的事情的创造，他就没有办法呼吸。他必须要创造，必须要将创造物倾泻出来。因为一些奇怪的、不为人知的、内在的迫切感，他必须一直创造，否则就不是真正的活着。
>
> ——赛珍珠

这是一个关于研讨班的故事。一个始于20世纪70年代、由我主讲的关于文案写作和营销的研讨班。在那段时间里，我在文案写作方面很活跃，并积极地参与了一系列产品的营销，从电子设备到收藏品无所不包——从Bone Fone[①]到毕加索的艺术品。

我是一个多产的作家，经常撰写一整本邮购型录、平面广告和直邮广告。我还拥有一家公司——JS&A集团来卖这些产品，所以，我亲身体验了成功和失败的直接后果。

---

① 20世纪80年代早期出现的一种立体声收音机。——译者注

失败多于成功

我受挫的次数比成功的次数要多得多。事实上，我还从未发现有哪个人和我一样在职业生涯的早期经历过这么多的失败。但正是经过这些失败，我才得到了非常宝贵的经验。直到今天，它们仍在指引着我取得广告和直销事业上的成功。

对公众而言，我是个相当成功的人。贝比·鲁斯之所以被记住，是因为他最高的本垒打纪录，而不是因为他最多的出局纪录。我也一样。很多人只看见了我的成功，因为它们显而易见。同样，他们也只看见了我成功的创新，因为它们产生了效果。所以，对普通的公众和那些直销业内的人来说，我似乎拥有点石成金的本领。

我并没有预见到自己会开办研讨班。光是运转自己的公司，我就已经够忙了。而且，同整个行业的人分享自己的秘密只会迎来更多的竞争。但是一系列的巧合促使我开办了研讨班。我非常高兴自己做了这样的决定。同样，许多研讨班的参加者也很高兴——这些经历为他们的人生带来了巨大的改变。

我的研讨班是与众不同的。第一，我是一个实际的从业者，而不是那些从来没有经历过一次轰轰烈烈的市场博弈战，仅按部就班领工资的教育者或顾问。我身处一线战场，确保我每一天所写的文案、所做的决定都会被市场所接受。

第二，研讨班是我在事业巅峰期开办的。我们的邮购广告遍布大街小巷，高频次地出现在报纸、杂志和飞机上。这种形式吸引了众多注意力，衍生出了一大群效仿者。

第三，我意识到，人们愿意付钱来听我演讲，或者把我当作顾问一样来交流。企业家伯尼·帕格，一家商业设备销售公司的老板，有一天从纳什维尔飞到洛杉矶，只是为了聆听我对一个直销团体的演讲。他对我说："乔，为了听你45分钟的演讲，我花了1 000美元。"

我还经常接到人们的电话，他们有一些营销方面的问题，希望坐飞机来我们公司——芝加哥的郊区诺斯布鲁克，只是为了坐下来，和我谈上15分钟。

命中注定的拜访

但是，如果不是我在一次短假中去北威斯康星州拜访我姐姐一家的话，这些研讨班永远不会诞生。

正是在这次旅行中，我发现了北部森林的魅力，因此决定和我的家人一起在那里寻找第二栋房子。最后，我找到了一栋10 000平方英尺的房子。它是座两层高的建筑，修建在一片16英亩的土地上，俯瞰着我见过的最美丽的湖泊之一。这处房产被天然的原木簇拥着——那些高大的、气宇不凡的松树和橡树，是从19世纪伐木工人的魔掌中逃脱出来的，当时他们砍掉了北威斯康星州大部分的树木。

但是这栋房子很贵，我当时无法负担。在1977年，它的价格是35万美元，我根本无法说服自己买下它，直到我的律师、亲密的私人朋友乔治·杰斯特曼建议我用这个地方作为一个研讨班的基地。“在这个地方开办市场营销的研讨班，将它变成一桩生意吧。这样，你就可以用收益来抵消房产的成本，甚至还可以赚取一点利润。”他建议道。

这个主意让我很心动。这是一个独一无二的场所，与世隔绝，万籁俱寂。在米诺阔，有着新鲜的北威斯康星州空气，令人心旷神怡，精神振奋。

夏天的大部分时间我都待在那里，与我的家人一起布置研讨班的设施。我拆除了很多古怪的建筑，它们的历史可以追溯到19世纪，但却年久失修，所以我只能放弃它们。我那时的妻子温迪则帮忙把家具和餐具搬出来。她还雇用了厨师、管家和其他必要的工作人员来运作这个研讨班。而我在JS&A公司的业务主管玛丽·斯坦克则协助报名登记，准备研讨班需要的所有材料。就这样，在几个月之内，这个地方就升级为一个研讨班基地——这个学习中心被我称之为“自然反应”。

最昂贵的研讨班

时间回到1977年。为期5天的研讨班，我的收费是2 000美元——这个价格使它成为当时直销业中最贵的一个研讨班。10年后，我的收费是3 000美元。我用我最典型的广告形式在《广告时代》和《直接营销》杂志上公布了研讨班的消息，反馈接踵而至。既然伯尼·帕格愿意花1 000美元飞到洛杉矶只为听我45分钟的演讲，还有很多人愿意从美国的不同地方飞来只为与我交谈15分钟，那么，我当然拥有5天2 000美元的价值。

在短短的几周之内，我的班级就被来自世界各地的参加者塞得满满当当了。他们之中有人来自德国，有几个人来自加州，还有相当一部分人来自东海岸。此外还有一个来自得克萨斯州的农民，以及一个来自加州卡梅尔的牙医。保守的华盛顿资金筹集人理查德·维格里也报了名。当然，伯尼·帕格也参加了。实际上，参加的人数远超预期，于是我为下次的研讨班列了一份预留座位的名单。

为了到达米诺阔，研讨班的参加者们需要先飞到芝加哥，在那里搭乘一架短程客机飞到威斯康星州的莱恩兰德城，接着再坐40分钟的公共汽车到达汽车旅馆，然后从汽车旅馆划一艘充气艇到我们的船坞，上岸后，再经由一条小路步行到研讨班的基地。

在这栋房子里，他们会发现几间布置成教室的房间、一个很大的客厅、一个厨房和一个非常宽敞的木结构露台。在露台上，他们可以远眺外面的湖泊，身心完全放松，尽情享受清新的北方森林的空气。

这是偏于美国一隅的世外桃源。在这里，我的学生能学到其他任何地方都学不到的文案写作和市场营销的方法。

本书涵盖的课程

这本书分享了很多我在研讨班上讲授的课程和经历。你将学会如何为文案写作做好精神准备，如何撰写有效的文案，以及如何以一种新奇刺激的方式来展示你的产品、理念或服务。你将明白哪些东西是真正起作用的，哪些东西不是，以及如何避免掉入很多营销人员都会掉入的陷阱等。

通过展示我在每件事上的思考过程，从文案应该如何写就，到每篇广告文案所应具有的元素——从文案的心理学及其心理诱因，到词语的传情达意——我表述了自己独特的文案写作方法。不过，这个研讨班绝不仅仅是讲授文案写作和市场营销而已。

对于那些刚刚起步的人来说，参加研讨班是一次非凡的经历，他们后来变得相当成功。而对于那些已经事业有成的人，他们简直是迫不及待地回到工作中去运用他们的新知识。他们同样也在这个过程中得到了成长。

同样，你也将获悉如何将你在文案写作上的所学和其他的市场营销形式联系起来。你会发现，很多原则都是相通的。

文案的目标

在本书中，我自始至终都在谈论撰写高效文案的终极目标，那就是：让一个人掏出他的血汗钱来购买你的产品或服务。真的，就是这么简单。

直销真的是这个世纪的伟大工具。通过它，你能使无数的人将手伸进自己的口袋，掏出无数的钱来——一切都源自于你手中笔的力量，或者是你在印刷品、电视、收音机、电脑屏幕上传达出的信息。

在本书大部分的内容中，我都使用平面广告作为一个参考点。平面广告是直销中最难写的广告之一。在一个竞争激烈的媒介上，你只有一张二维的单页，没有声音和动作，却必须引诱读者来阅读你的广告，表述你的产品或服务的全部故事，说服这个人来拨打电话订购。要理解这个过程并有效实施它，你得有很多经验和技巧。但是，一旦你掌握了这些技巧，你就拥有了一种能力——用你的笔的力量和少量资本来创业。

迈克·瓦伦丁参加我的研讨班时，正在试图将自己的雷达探测仪公司搬出车库。不久后，他运用了很多我传授的技巧，使自己的公司——Cincinnati Microwave（Escort雷达探测仪的开发商）发展壮大成市值14亿美元的上市公司。吉米·卡拉诺，一个20来岁的年轻企业家，在参加我的课程之前，就举办过一些小型的管理方面的研讨班。后来，他的CareerTrack公司——一家价值数百万美元的公司——成了研讨班行业的中坚力量。"维多利亚的秘密"内衣公司，在只有两间店面和一个型录的时候，就派了两名顶尖的营销人员前来学习。最终，"维多利亚的秘密"被The Limited公司所收购，成为一家强大的遍布全国的零售连锁店。

无论是一个对直销走火入魔、带着身上最后的2 000美元前来学习的UPS公司的送货司机，还是一个非常成功的邮购企业家——《懒人致富》的作者乔·卡伯，他们都带着巨大的期望来到这里，再带着珍贵的知识离开，这些知识会帮助他们继续成长，继续成功。

举办了17次研讨班

从1977年夏天的第一次，到2000年春天在夏威夷毛伊岛的最后一次，我一共举办过17次研讨班，拥有312名学生。其后的几年，我投身于电视这个视觉媒介——电视广告片、电视节目和电视购物等，我有一部分文案写作和营销见解便是来自于这方面的经验。

无论你当前的教育水平及营销知识如何，你都能从本书中获得一种新奇的领悟力，从而深入到文案写作、市场营销、人类行为、互联网、公共关系以及其他我在研讨班上所讲授的内容的世界中去。

即使你对文案写作不是那么感兴趣，你也会更欣赏和了解这个过程——你会了解得如此之多，以至于会相信自己也能写出同样好的文案，至少也能品评文案。

本书包含了文案写作、市场营销和创意表达等主题，是当代相关综合类书籍中的翘楚，它见解丰富，寓教于乐。所以，不妨拉来一把舒服的椅子坐下，翘起你的双脚，尽情沉浸其中吧！

第 1 部分

理解过程

概述

本书的雏形是我在1998年写的一本叫作《广告写作的秘密》的书。那本书里包含了我自1977年以来在我的独家研讨班上所讲授的课程内容。

我所面临的挑战是，重新拿起那本书，修改它以使之跟上时代的步伐，添加很多在互联网、直邮、公关消息发布和其他文案写作时会用上的技巧。在修改的过程中，我必须逐章重读我的书，并在必要的地方进行修改。在这个过程中我发现，从我写它到现在，无论我们交流的方式如何变化，那些基本的原则仍然没有改变。

最主要的修改是更新一些因时而异的纪录和数据，或是引用一些更符合当前时代的例子。如果不考虑媒介的话，一个事实便浮出水面——无论你销售的是哪种产品或服务，你都应该首先采用平面直效广告。只有用这种广告形式，你才能彰显出产品或服务的精华。

这也正是我所做的。如果我必须在互联网、邮购型录或者电视上销售什么东西，我会先做一份平面广告。如果我的工作没什么差错，那么从这份平面广告上，我就会找到最好的体现卖点的线索和理念，然后再应用到其他媒介上。

用平面广告的话，你就没法借助互联网和电视画面的互动特性了。你必须在一张单调的纸上销售你的产品或服务，没有声音，没有动作——只有文字。

在本书的第1部分，我会一步步地引领你深入到平面直效广告的创意写作过程中。我想，一旦你读完其涉及的简单步骤，并学会你需要培养的思考过程，你就会惊讶于它如此容易。

我将揭开这个过程的神秘，同时向你表明：即便之前你从未写过任何直销广告文案，你也可以写出伟大的文案。

事实上，从我的读者那里，我最常听到的评论是很简单的一句话："现在，我总算意识到了，要写出精彩的文案原来是这么简单啊！"

我凭借手中笔的力量，做成了很多生意。能够为自己的生意写文案，这是一个很强大的工具，对今后的人生大有裨益。至于怎么写，还是让我一步步来告诉你这些很快就能掌握的技巧吧。

第 1 章

一般性知识

要想成为一个文案撰稿人，你需要有足够的知识储备。这里指的知识有两种：第一种是很宽泛的一般性知识，第二种是非常特殊的有针对性的知识。请容我为你一一解释。

最优秀的文案撰稿人兴趣广泛，精通很多技能。

这个世界上最优秀的文案撰稿人是那些对生命充满好奇的人们，他们博览群书、爱好广泛、喜欢旅行。他们有很多的兴趣，通常精通很多技能，然后感到厌烦，继而又去寻找其他的嗜好。他们对体验和知识如饥似渴，总是会在别人身上发现有趣的地方，而且他们还是很好的聆听者。

看看我的背景资料吧！我拥有商业飞行员执照，包括仪表导航飞行和多引擎飞机飞行资格。我是一名业余无线电报务员，也是一名职业摄影师。我喜欢电脑、音乐、书籍、电影、旅游、艺术和设计。我给自己公司的所有东西都编了目录，从类型安排到版式设计，全是我一人包办。我还负责了所有的摄影，有时我甚至还会做一些造型设计（因为写作，我的这双手已经很有名了，但还会因为做造型而更有名）。我尝试过很多种体育运动：高尔夫、网球、足球、棒球、篮球、水肺潜水[①]、滑雪和雪上摩托车。我去过地球上除南极之外的所有大陆，我知道，总有一天我会将南极也踩在脚下的。我精通一门外语——德语——我随军在德国驻扎了3年。我经历过无数挫折和许多成功，每一次都代表着一段学习经历。

对知识的渴望、对生活无与伦比的好奇心、丰富的人生阅历，以及对工作的毫不畏惧，这些就是成为一个好的文案撰稿人的最高资格证书。

如果你仔细查看过一些美国最伟大的作家们的生平，你就会发现他们身上都有很多故事，他们记录的就是自己的经历。无论是海明威还是斯坦贝克，他们都过着非常传奇的生活，继而又用写作来讲述自己的传奇人生。如果我们体验过更多的世事，阅读过更多的书籍，那么就更容易想出精彩的文案创意或是营销理念了。

但更为重要的是，你需要尽可能地去体会生活，永远不要惧怕失败。对生活本身而言，成功或失败没有任何差别，重点在于你是否参与了这个游戏。失败是成功之母，失败多了，必将成功——这只是时间问题。埃德温·兰德是宝丽来相机的发明者，在描述自己关于错误的定义时，他说过一句很棒的话："一个错误对将来是有好处的，它的全部价值也只会在将来才会得到体现。"

我记得我年轻的时候，在很努力想要达成的一些事情上屡屡失败。我总是这样告诉自己："我并没有很大的损失——它们都存放在我裤子后面的口袋里。总有一天，我会受益于此。当我需要答案的时候，只要伸手探入这个口袋中，就会立刻得到。"

---

① 为了能较长时间地在水下连续潜水，人们要携带填充了压缩空气的气瓶潜入水里，这种方式就是水肺潜水。不过，在有限的空气使用完毕之前，人就要浮出水面。——译者注

创意来自经历

我们的头脑就像一台巨大的电脑。每一次经历，无论是好是坏，都会变成程序材料和数据存入大脑，只待将来用新的方法来回忆与组合。还记得第一台苹果电脑出现的时候，它那个巨大的64K储存器吗？你可能也记得，和我们现在所拥有的高性能个人电脑相比，它那超慢的速度和糟糕的图像。现在的电脑更快，更有效率，能够完成更多的任务，能够使信息更迅速、更容易地关联起来。这是明摆着的，当我们需要将这些经历与新问题和新机会联系起来时，我们经历得越多，我们能利用的就越多。

生活中并没有什么真正新鲜的事情，只不过是把以前的知识碎片拿过来，以一种新鲜独特的形式重新组合而已。事实无法创造，也无法毁灭。一亿年前已经在地球上存在的事物，很多依然存在。唯一不同的是，它们已经演变成了新的形式。

你在自己的大脑中储存的知识和经验越多，就越能够将这些知识相互联系，并将旧的材料进行新的排列组合。这样你就能成为一个更伟大的创意家，你作为文案撰稿人的能力就会越强。

有这样一句俗语：“如果你拥有的唯一工具是锤子，你就会把所有问题都视为钉子。”以知识和经验的形式解决问题的时候，你的工具越多，就能想出越多解决问题的新办法。

创意的水平思考法

爱德华·德·博诺，我们这个时代最伟大的创意思想家之一，创造了“水平思考法”这个名词来描述将思路发散到问题以外想出主意的这个过程。通常，将问题与那些和问题本身毫无瓜葛的事情联系起来，一个新的想法就会诞生。

德·博诺创造了这样一个他称之为“智囊球”的产品，来鼓励人们从更多侧面进行思考，结果就会更有创意。那是放在平台上的一个8英寸的球体。通过一扇小小的窗户，你可以看见在很小的塑料片上印着被选出来的14 000个词语。你摇动这个智囊球，然后看看里面，写下你最先看到的3个词。接着，你把这3个词与你的营销问题相联系，最终提出一个解决该问题的全新思路。例如，假设我想要卖出自己的飞机，典型的做法是，我会发布一则广告，主要是讲述飞机的特色和装备。但是如果使用智囊球来进行水平思考，我也许会写下3个完全没有联系的词语：“农场”、“销售员”和“同情”。我必须创造出一篇涵盖这3个词语的广告文案。这样一个过程会迫使我搜索大脑，回忆我脑中存储的数据和我过去的所有经历，来找到一些能够联系这3个词语的思路。同时我需要牢记的是：我必须要卖出飞机。

把字典作为工具

水平思考法只是一个工具。你的字典和你的才智也是如此。对于文案写作和概念化来说，最重要的一点可能就是把各种毫无联系的概念联合到一起，创造出一个新概念的能力。我要重申一次：来自于生活经验的有用数据越多，你的大脑就越能将这些数据与问题相关联，你就越能想出一个伟大的主意来。

运营你自己的公司

另一个造就伟大的文案撰稿人的因素是拥有自己的公司，并有对自己写下的每一个词语负责的经验。那些真正伟大的直销文案作者们一般都不为广告代理商工作，而是更愿意去运作他们自己的公司，体会自己的成功和失败。本·苏亚雷斯、加里·哈尔伯特、吉恩·施瓦茨和其他无数已被认可的顶尖文案作者们，都拥有自己的公司。他们花费了很多年去试验、去犯错——也是在那些年里，他们经历了许多伟大的成功和失败，你没法跟那样的经验相提并论。

以我自己为例，我见过数以千计的产品，为其中的几百种写过广告，每年都得想出上百种伟大的主意来。甚至在我回顾以往的广告生涯时，我发现，如果没有那些巨大而广泛的宝贵经历，那条学习的曲线就不可能存在。在本书中，你将会看到其中的很多经历。你将会避开很多我在攀登阶梯的过程中所经历过的陷阱和错误，你将会明白为什么这些错误实际上是一种学习经验。

要成为一个伟大的文案撰稿人，你需要做的准备就是你的生活方式，即对知识的饥渴，对参与丰富多彩、活力四射的生活的好奇和欲望。如果你已经拥有了这些特质，你就已经在路上了。如果你还没有这些特质，只是具有这种意识的话，那也足以开始一段心路历程了，它会把你带到你想去的地方。不过，要成为一个伟大的文案撰稿人，需要的不仅仅只是丰富的生活经验。在下一章中你会学到同样重要的东西。

第 2 章

特殊知识

我坐在位于得克萨斯州达拉斯的Sensor钟表公司的实验室里，通过显微镜观察，尽可能地了解一只电子表是如何设计、生产和装配的。

我正在变成一个电子表技术方面的专家，从集成电路、石英晶体到振荡电路。“为什么所有的接触器都是镀金的？”我问工程师。“在每个集成电路里，它们都是镀金的，这是技术的一部分。”他这样回答。

两天来这样的对话持续不断。为了把这种新的电子表推向市场，我一直在深入钻研它的各个方面。但我还是没有挖掘出那个我能写在广告上的、关于这个新产品优势的点子。当时，大多数电子表都采用液晶显示器，看时间时，你需要按下一个按钮来照亮显示器。而在新的Sensor表上，显示器一直是亮着的。这是因为在显示器的背后，有一个小小的扁扁的容器，里面放入了一种具有惰性和放射性的物质。

新技术需要强有力的呈现

这项新技术意味着，你只要随便瞟一眼你的表，不用按任何按钮，马上就可以知道时间，即便在晚上也是如此。但是，我始终觉得必须要以一种非常强有力的方式来展现这个产品，对自己已经想到的方式，我始终不满意。

Sensor770表的造价很高，售价也不菲。所以我知道，我需要一些东西来使我要卖的东西变得与众不同。

“为什么之前没人考虑过在手表中使用这种放射性物质呢？”这是我的下一个问题。

工程师盯着我看了一会儿，然后说道：“之前，我们没有办法做到把这种放射性物质放在透明的容器里而不泄漏，直到有人研制出了激光这种技术。是激光把容器封住的，如果没有激光，就没有办法完全封住容器。”

这就是我所需要的全部，这个概念非常清晰。我为新的Sensor电子表所写的广告题目是：“激光束电子表”。

这个故事讲述了这款手表是如何在激光束的帮助下诞生的，以及这种新技术如何使顾客受惠。这个独一无二的概念创造了该电子表非凡的销售业绩。

当我触碰到“激光束封闭容器”这个点子时，我就知道我已经找到了那个独特的标题概念。它让这款手表在竞争中突围而出。但是在这个概念出现以前，我花了很多时间去全神贯注地学习和钻研。这样的钻研有时可能只需要几分钟，有时需要几个小时，有时甚至可能需要几个星期。这次，我是用了几天的时间去耐心学习这些非常专业的知识。

你必须成为一个专家

你必须成为一个专家，无论是对一种产品、一种服务，还是其他任何你想要写的东西。这样，你写的东西才能真正有效果。成为一个专家，意味着你需要对一种产品了解得足够多，从而获取到足够的专业知识，只有这样，你才能传达出你要卖的东西的真正本质。告诉你自己：“我是一个专家，我已经学习了足够多的东西，所以能够非常有效地将产品的信息传达给顾客。”这就是我们所谓的“特殊知识”。

但这并不是说每一次你都必须学会一个对象的所有知识。有时候，我只是简单地看一眼产品或服务，就能马上从我过去的经验和某种特殊知识中想出一个非常妙的主意来。别忘了，我是一个飞行员、业余无线电报务员和职业摄影师。我不仅拥有庞杂的有关我自己卖出的无数小玩意儿的知识，还拥有关于我的顾客的知识。我自己就是自己的典型客户，就是我的产品的推销对象，因为我就是那种非常迷恋小玩意儿的人，也是我希望打动的顾客。

你必须了解你的顾客

这又是另外一个关键。除了了解你的产品或服务，你还必须要真正了解你的顾客。通过收集推销对象的具体信息，你就可以成为一个专家，了解你的顾客到底是什么样的人。由于自己就是一个典型顾客，你很可能已经是一个专家了。你知道自己喜欢的和不喜欢的，你知道什么样的东西能够使自己兴奋，你知道在那些向你出售产品的公司身上，自己期待的是什么。但是，如果你的任务是为一种自己确实没有任何感觉的产品或服务撰写文案，那么你就还有许多需要学习的地方，来确保了解自己的顾客是谁，以及那些引诱他或者她的因素。

你必须了解产品的本质

即使你了解了你的顾客、你的产品，你还必须意识到另外一件事，即每一种产品都必须以一种特别的方式来展示给你的顾客。简言之，每种产品自身都拥有一种本质，你必须去探索在顾客的头脑中这种产品的本质是什么。

让我引用一个很好的例子。回溯当初我在自家地下室里刚建立JS&A公司的时候，我认识了一个叫霍华德·富兰克林的人。霍华德是一位来自芝加哥的保险推销员。看了我在《华尔街日报》上刊登的广告后，他从我这儿买了一台计算器。他非常喜欢自己的计算器，某天，他又到我这里来买了几台计算器。从此以后，每过一段时间，他都会来买一些计算器，作为给他的一些好顾客的礼物。

有一天，霍华德又来了，他告诉我，随着JS&A公司的稳步发展，我应该买一些保险。“你需要保护你的家庭。如果在你身上发生了任何事情，你的家庭可能在还没反应过来之前，就要支付一大笔遗产税了。”

“非常感谢你，霍华德。我非常赞赏你的建议，但是我并不真正地相信保险。”我公式化地回答道。

但是霍华德是一个很棒的推销员。每隔一段时间，霍华德就会从当地的报纸上剪下一篇关于计算器的文章，或是从一些杂志上剪下一篇关于新的小玩意儿的文章，连同他的名片一起寄给我。他也会来我家，买一台计算器，再顺便提醒一句：“乔，你真的应该买一些保险。”“非常感谢，霍华德，我非常赞赏你的建议。”我每次都这么回答。

就这样，有一天，我听见一阵警报声，是从我隔壁邻居的门前传过来的。我从窗户向外望去，不出几分钟，我的邻居就被担架抬出了自己的家，担架上盖着白色的被单。那天早上，他死于一次严重的心脏病发作，当时他才40多岁。而那时，我36岁。

第二天，我给霍华德打了一个电话。“霍华德，还记得我们以前关于保险、保护家庭和财产的讨论吗？现在，我想我们应该坐下来，为我个人和家庭制订出一个保险计划了。”

最终，我下定决心购买保险，是因为霍华德的推销技巧，还是因为他的坚持不懈？可能兼而有之吧。不管怎样，我从这次的经历中学会了一种销售系列产品的真正有效的办法。霍华德取得了成功，因为他在我的脑子里种下了一颗种子，使我意识到为什么要买保险，谁应该把它卖给我，谁是一个好朋友和好顾客。当购买时机来临的时候，只有我——约瑟夫·休格曼才会知道。并且，只有发生在我家附近的突发状况才会使我意识到保险的价值。我遭受了这种经历，并做出了反应。

一件发生在我家附近的事情，使我采取了行动。

这个例子的其他启示本书稍后会再提，但是关键的地方在于产品的本质。每一种产品都拥有自己的本质，在创造这种产品背后的营销理念时，你必须了解这点才能获得成功。举例来说，从这次买保险的经历中，我很快意识到应该如何销售防盗警报器，并且让它成为这个国家最大的销售防盗警报器的公司之一，比其他任何一家公司保护的家庭都要多。

这种警报器叫作Midex。当我为它构思广告创意的时候，我的思绪飞回到了霍华德身上。我知道，恐吓人们来买防盗警报器，就像如果霍华德走进我的地下室说："乔，当你老了的时候，你希望自己的妻儿陷入财务危机中吗？"那样他就永远不会从我这里得到一份保险合同了。同样，引用犯罪数据这种技巧并不能卖出防盗警报器。

我发现，如果我要买一个防盗警报器，首先我必须意识到自己需要它：也许是因为邻居被打劫了，也许是因为我居住的社区犯罪率上升了，又或者是因为我最近买了一件很贵的东西。

一旦我需要购买防盗警报器，我会寻找一种确实符合自身情况的。首先它必须真正有效。毕竟，我第一次切实需要警报器工作的时候，很可能也是它唯一一次工作的时候，我得确保它万无一失。

对我而言，第二重要的事情是安装的简单性。它必须非常简单：安装的时候不需要任何外人到我的房间里四处布线。所以，当我为Midex防盗警报器写广告文案的时候，我确保自己用了好几个段落来描绘这种产品的可靠性，"每一套产品在被寄出去之前都会经过仔细检测"。我用宇航员瓦利·斯奇拉做警报器的代言人，他是这样说的："我对这套产品非常满意。"

恐吓不总是有用

我从未尝试过用犯罪数据来恐吓目标客户。其荒唐程度就像如果因为我可能会死亡，霍华德就在我的地下室里冲我叫喊和警告以卖出保险一样。我所做的一切，不外乎是挖掘所售产品的本质，提取产品中那些顾客真正感兴趣的要素。然后便是等待，等那些顾客看过足够多次的广告，或者在离家很近的地方感受到了威胁，他们就会购买了。

很多向我们公司下单的顾客都曾经剪下我们的广告，放在文件夹里。当他们确实感觉到存在威胁的时候，就会打电话来下订单。幸运的是，当他们看到广告的时候，有相当多的人都会买一件产品，这使我们赚取了可观的利润。不仅如此，在广告停止投放的数月后，我们还经常能接到订单。尽管事实上那时的很多电子产品在上市几个月之后就过时了，但我们的产品销量却在广告投放了3年之后才开始下滑。

还有另外一个例子可以证明为了写出精彩的文案，必须要获取专业知识以成为所售产品的专家这一点有多重要。那是发生在1975年的事情，正好是民用波段电台风靡美国的时候。当时美国政府将全国汽车的速度都限制在每小时55英里以下以节约燃料。这样的限速很影响那些有18个轮子的长途运输卡车。为了应付这个状况，卡车司机们纷纷购买了民用波段电台，用来进行交流。

卡车司机们一般组队出行，如果某个路段有"护林熊"（交警）的标志，领队的司机就会发出信号。没过多久，民用波段电台就变得非常流行，连一般的驾驶员都开始购买。在美国，一股全新的时尚潮流应运而生——这股潮流声势如此浩大，以至于催生了无数的歌曲、电影和产品。民用波段电台成了非常紧俏的产品，不等上一阵子根本买不到，甚至连小偷们也靠销售偷窃来的电台而获取丰厚的赃款。

作为一个业余无线电报务员，我了解无线电交流的趣味性，以及在汽车里放这么一套产品的好处，这是我的常识。所以，我也希望能领略这股风尚，就给自己买了一个民用波段电台。后来，我不知怎么就变成了这方面的专家。精通民用波段电台比成为业余无线电报务员要容易得多。当时为了通过报务员的测试，我必须要学会一分钟有13个单词的摩尔斯电码①，以及大量的技术方面的信息。

在这股潮流才刚刚兴起的时候，我出席了在芝加哥举办的消费者电子产品展。在那里，我偶然碰到了推销员迈克·韦施勒，他向我展示了一种新产品，“乔，这是一款迷你型无线电话机”。

一种不同寻常的产品

我看着他递给我的这款小小的银白色产品，觉得这种微型无线电话机并没有什么了不起的。你可以在任何一个电子连锁商店里买到它们。但是迈克接着指出，这个产品有一个集成电路——它是少数几种使用了这种新技术的产品之一。确实，它比这个市场上的其他产品都要小。

在迈克介绍了这款产品的特性之后，它看上去稍微有点意思了。它是那么小，能够非常容易地放进衬衫口袋里。“它能在什么频率上工作，功率是多少？”我回想着业余无线电方面的知识问道。

“这款产品有两种频率。其中一种可以用晶体检波器来接收多个频率。另外一种是永久设定在大约27兆赫的频率上。”

在迈克演示这种产品的时候，我抬头看着他，问道：“迈克，27兆赫

---

① 摩尔斯电码是一种时通时断的信号代码，这种信号代码通过不同的排列顺序来表达不同的英文字母、数字和标点符号等。它由美国人艾尔菲德·维尔发明。在美国，通过每分钟13个单词的摩尔斯电码发送和接收的测试考核后，可以获得业余无线电证书。——译者注

是不是同某个民用波段非常接近？”

“是的，那是12频道。但是不用担心，在12频道上没有那么多无线电信号。通常它都是为无线电话机预留的。”迈克非常不好意思地向我保证着，就像我刚发现了这款产品的一个缺陷似的。

“不，迈克，我认为这点可以转变成一个优势。”事实也的确如此。我带走了这种产品，将它命名为口袋电台（Pocket CB），然后以每套39.95美元的价格卖出了25万套。这个巨大的成功完全归功于我结合了自己对这种产品的常识与专业知识，以及我对其独一无二的特性的发掘，这种特性往往会被其他人忽视。

现在你该明白，了解自己的产品和顾客是多么重要的事情了吧。就是这些特殊知识，使你用文案来传达思想的能力与众不同。

第3章

实践，实践，实践

在研讨班上，我要求学生去思考的第一件事是：好的文案写作的定义。是能够精准地落笔成文的技巧吗？这是能被教会的吗？要成为一个优秀的文案撰稿人，你需要什么样的背景？

接下来我们会讨论一般性的知识和特殊知识。不过，我还会解释道，对文案写作这门艺术而言，还有更重要的东西。

简单来说，文案写作就是将事实和情感融会贯通的一种写作形式，它是一段精神旅程。有些文案作家会告诉你，他们很多最精彩的作品都是在落笔之前就已经在脑海里成形了的。

乔·卡伯曾经写过一篇相当成功的关于创收机会的广告文案，这是为他的书《懒人致富》而写的。这篇广告文案一气呵成，没做任何改动。它只是从他的脑子里倾泻而出，到了一张纸上而已，这也是他曾写过的为数不多的广告文案之一。

一些文案作家会告诉你，他们只是坐下来开始写作。一些人发现坐在电脑前就会有灵感，而另一些人则会需要一支笔和一沓纸。

我的那些最好的广告文案是在很多不同的情况下写就的。有些文案是在我下笔之前就已经在脑子里成形了，它们喷薄欲出，我甚至不需要改动任何一个字。其他的时候，灵感也会这样涌现，但是你会很难从最后的定稿上看出初稿的模样来，因为我做了太多次的改动。有时候，我坐在飞机上不停地写，从起飞到着陆，一篇精彩的文案就诞生了。而有时，我对着电脑写出的文案就能获得很大的成功。

这完全是一段精神旅程

所有这些方法的底线就是：文案写作是一段精神旅程，你先得在脑子里组织你的想法，最后再将它们形成文字。无所谓最佳技巧——只有适合你的技巧。

但毫无疑问，最好的开始时机就是现在。不错，拿起一张纸和一支笔，开始吧！只要能够在很长的一段时间里不停地去写写写，我保证你每年都会有进步。你可以给当地的报纸写文章。我的写作就是始于给中学校报写东西，它给了我经验和信心。写信、写贺卡——只需简单地抓住任何你可以写作的机会。

我翻出了自己最早为JS&A公司写的直销广告，简直无法相信那是我写的。它们真的很糟糕，但是现在我成熟了许多，我从自己写过的每一篇广告文案上都学到了东西。在我的第一篇广告文案上，我用了这样的陈词滥调："这是全世界期待已久的产品。"我的语句没法像现在这样随心所欲地喷涌而出，博览群书和见多识广使我现在的广告文案变得更精彩。就像人们对那些想去卡内基音乐厅的人所说的那样："实践，实践，实践。"

不要为初稿担心

另外一个你需要意识到的关于文案写作的事实是：一篇广告文案的初稿总是很糟糕的。关于文案写作的真正技巧就是：拿着那个粗糙的初稿，打磨它。你可能需要增加一些词句，删减整个句子，改变句子甚至段落的顺序。这些都是文案写作的一部分。我总是向我的学生们指出，如果班上每个人都需要为一个产品写广告文案，我写的初稿可能会跟他们的一样糟糕。而在写出初稿之后我对其所进行的处理，才是造成质量差异的原因。

初稿的目标就是在纸上写出点什么——任何东西都行，对于你的产品或服务，你试图去表达的每件事的情感宣泄。无须担心它读上去会怎样。只要在你的电脑屏幕上打出它们，或者在纸张上写下它们就行，然后你就可以由此起航了。

为了精确地定义什么是文案写作，我一般会列出下面这条公理：

公理 1

文案写作是一段精神旅程。成功的文案写作，会综合反映出你全部的经历、你的专业知识、你对这些信息进行精神加工并以卖出产品或服务为目的将它们形成文字的能力。

在本书中，你会学到一些非常有价值的技巧，使你对文案写作过程的认知更加完善。这样，你也能写出激发人们采取行动的文案来——尤其是在想让他们掏出血汗钱来购买你的产品或服务时。

对任何成功的直销项目来说，文案写作都是相当关键的。即使你拥有这个世界上最好的产品或服务，但是如果你没法将你的想法传达出来，你就是一无所有。我会告诉你写出成功的文案所需要的技巧和视野。我个人已经上过最昂贵的课了。如果把我曾经经历过的失败和为此付出的代价，以及那些大多是从失败中得到的领悟，再加上那些从文案写作和市场营销中获得的经验都告诉你，你就会发现这真的是一项非常昂贵的教育。而你即将在本书中分享到这一切。

第4章

广告中平面元素的作用

现在，你们马上就要开始学习那些我所运用的文案写作技巧了。你已经知道了掌握广泛的一般性知识的重要性，这是需要时间的，是穷尽一生的探索过程。你也已经明白了获取有关工作对象的特殊知识的重要性，关于这一点，我想我在第2章中已经讲得相当清楚了。

但是，在本章和接下来的章节中你将学习的是，你需要一些特殊的知识来了解我的文案写作方法，并成为一个顶尖的文案撰稿人。

在这些章节里，我列出了很多的公理。对了解我的理念而言，每一条都至关重要。在本章出现的公理就非常重要，初次看到它的时候甚至会难以相信。但只要你理解这个概念并相信它，就会为未来的写作技巧奠定一个良好的基础。如果你不相信它，就会掉进很多其他文案撰稿人都会掉进的典型陷阱中。

为了引出这个概念，让我们先看一则民用波段收音机的广告，它从1975年投放到1977年。这则广告拥有你希望从空间广告上看到的所有要素。为了更好地了解这条公理，我让我的学生们给广告10个元素的作用都下了清楚的定义。下面就是我们一致认可的：

1. **标题**：获取你的注意，引领你去看副标题。
2. **副标题**：给你更多的信息，进一步解释抓住了你眼球的标题。

3. **照片或图画**：攫取你的注意力，全面说明产品。

4. **图片说明**：照片或者图画的说明文字。这是一个非常重要的元素，经常会被阅读。

5. **文案**：传达有关产品或服务的主要销售信息。

6. **段落标题**：将整个文案分成几部分，使它看起来没那么有压迫感。

7. **商标**：展示销售该产品的公司的名字。

8. **价格**：让读者知道购买这个产品或服务需要花多少钱。价格应该是大字体，否则会淹没在文案中。

9. **反馈方式**：使用优惠券、免费电话或订购信息，给读者提供一种对广告的反馈途径，通常放在接近广告结尾的地方。

10. **整体设计**：通过对其他元素进行有效的平面设计，呈现出广告的整体面貌。

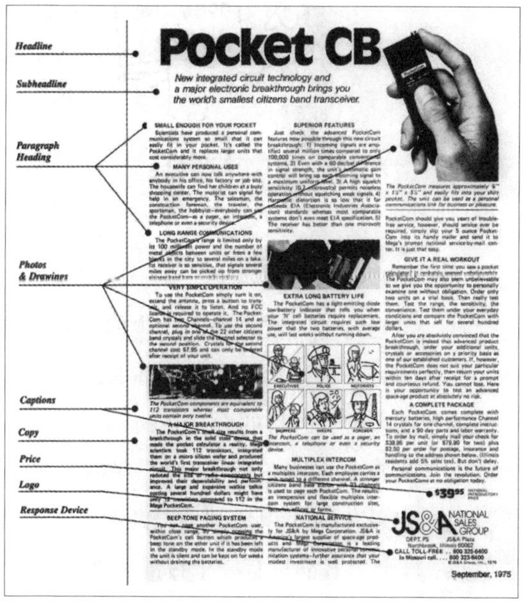

在详细了解了组成直销广告的每个元素之后，我会告诉大家，广告里的所有元素都只有一个目的——一个非常重要的目的，它构成了我在文案写作方法上的一个核心概念。

当你第一次被这则广告吸引的时候，你可能会先看看页面上端的照片或其他图片，接着你可能就会去读标题、副标题，然后扫一眼卖这个产品的公司名字，你可能会再看看照片和简图下面的说明，你还可能会注意到免费电话，它暗示你可以通过电话来订购产品。

当你观察整个广告时，你可能会注意到排版，在版面里四散分布的段落标题以及那些吸引人的平面设计和版式布局。

在你开始阅读这篇文案之前，已经有很多可以吸引你的元素了。但是，为了成为一个伟大的文案撰稿人，你需要学习的最重要的公理之一，就是我的第二条公理。如下：

公理 2

一则广告里的所有元素首先都是为了一个目的而存在：使读者阅读这篇文案的第一句话——仅此而已。

每一个元素都是为了引导读者去读第一句话。

每当这个时候，我的学生们的脸上总是会浮现出很困惑的表情。他们认为每一个元素都有其存在的理由，但是我说："不是的，它们完全是为了这个唯一的目的而存在的，那就是使读者阅读第一句话。"

我知道你们在想什么，"那标题呢？难道它不是应该有一些益处的吗？如果有16个单词的话，还有……"打住，此时你只需要接受我的观点：每个元素都只有一个目的，就是让读者阅读第一句话。不要质疑我，不要跳到其他结论上去，只要记住这条公理即可。

这就是说，如果有人问你："根据休格曼的文案写作方法，广告里副标题的目的是什么？"请不要回答："副标题的目的是给读者提供更多的信息，以进一步解释抓住其眼球的标题。"

以上所有原因都没有以下事实重要：副标题是为了让读者开始阅读第一句话。

如果有人问你广告里商标的主要目的，你可能会回答："是为了建立销售该产品的公司的企业形象。"或者回答："是为了提供一定程度的延续性。"但是真正的答案是，让读者开始阅读这篇文案，真的。

如果你不相信，那么请耐心些，我会向你证明这一点的。但是如果你打开思路，接受我的观点，最终你会意识到，我说的都是正确的。然而最重要的是，当你意识到这一点，然后用这种思路来开始写作时，你就会惊讶地发现结果大有不同——无论你的文案是在平面广告上还是在网站上。不过就像我说的，现在你只需全盘吸收我的话就好，稍后我将在本书中向你证明。

第 5 章

第一句话

如果一则广告里的所有元素都是为了让读者开始阅读文案，那么我们真正要谈论的应该就是文案第一句话，不是吗？这说明了什么呢？第一句话是重中之重，对吧？如果第一句话如此重要，那么你希望那个看你广告的人做什么呢？当然就是去读它。如果读者不去阅读你最开头的那句话，那么他们很可能也不会去读第二句话。

既然第一句话这么重要，那么你能做些什么来使人非读它不可，使它简单有趣，以至于你的读者——每一位读者——都会去完整地阅读它们呢？答案就是：使之简洁。

如果你看过很多典型的JS&A公司广告，你就会注意到，我所有文案的第一句话都相当短，几乎不成句。下面是一些典型的例子：

> 减肥并不容易。
>
> 对抗电脑的是你。
>
> 这很容易。
>
> 这一定会发生。
>
> 向IBM致敬。

每个句子都很短，易于阅读。这样，你的读者一开始阅读就能马上陷进去。就像一个火车头，当它刚开始启动的时候，工作很费劲，要消耗大量的能量。但是火车一旦开动了，接下来就很轻松了，后面就会更轻松。文案也是如此。

使用这种技巧的杂志

很多杂志衍化了这种技巧。它们的文章不是以一句简短的话来开始的，而可能是用了一种很大的字号。一旦它吸引了你的注意力，你就会翻看下去，阅读这篇文章的剩余部分。当然你会注意到接下来的字号变小了，不过没问题，那个大字号的目的就是让你开始阅读这篇文章，它起作用了。接下来，是由作者来确保你继续阅读并翻到下一页去。

在一则广告里，除非读者确实对你的产品很感兴趣，否则你就会招致很多反感。而如果他们的确感兴趣，那么你就真得抓住他们、留住他们。所以，你的第一句话应该因其简短且易读而让人非注意到不可。不要用很长的多音节单词，要删繁就简，使之朗朗上口，意犹未尽，这样读者就必须去阅读第二句话了。

如果在一则广告中，所有被设计的元素都是为了让读者去读第一句话，那么第一句话本身的目的是什么呢？如果你认为它的目的是“表达一个优势或者解释一种特征”，那你就错了。除了吸引读者去阅读之外，很短的第一句话还能起什么作用？当然，正确的答案就是：“第一句话的目的是为了吸引读者去读第二句话。”除此之外没有其他答案。你自己可能也已经猜出来了。

第二句话的目的

既然你对我的文案写作方法已经有了一点感觉，那么，如果我问你第二句话的目的是什么时，你回答说：“是为了让读者读第三句话。”你的回答就完全正确了。对那些没有答对的人，如果我再问你第三句话的目的是什么，你回答道："是为了让读者阅读第四句话。"那么恭喜你，我想你已经开窍了。

在这里我提到产品优势、产品介绍、唯一特性了吗？当然没有。广告开篇那些句子的唯一目的就是让读者能够接二连三地读下去。当然，从某个时候开始，你可能得去谈论产品特性和优势，但是如果你忘记了这样的事实——广告开篇的唯一目的就是不惜一切代价地去吸引读者的注意力，那么你就有可能失去你的读者，因为他们失去了兴趣。因此，我们有了第三条公理：

公理 3

广告中第一句话的唯一目的就是为了让读者读第二句话。

把我们广告范例中的情形与面对面推销做比较吧。如果在开始的几分钟内，推销员的演示让目标客户想睡觉，或者听不下去直接走掉，那么这个推销员就失去了所有的东西。文案写作跟推销是一样的，如果你文案中第一句话里的每一个词都没有办法吸引读者，那么你将读者转化成真正买家的机会就微乎其微了。

我最成功的广告都是遵循这样的模式来写的，只有少数例外。如果在广告开篇就说那些招揽生意的话又会如何呢？当然，这样不是不行，但这个方法通常不是很有效。我曾经试过将推销信息放在广告的开头，用尽本书中的所有招数来试图证明我的理论是错的，但都以失败告终。只要记住，一则广告里所有元素的唯一目的就是为了让读者阅读第一句话。要让第一句话非常易于阅读，这样你的读者才会非读它不可。如果你掌握了这个要点，你就能拥有一个令人难以置信的好开端，你就能深刻地理解文案写作及其说服过程。

第6章

创造完美的购买环境

除了抓住读者的注意力，在广告的第一个段落中，我们还要试图实现广告的另外一个重要功能，那就是创造出一个购买环境。让我举个例子。

想象这样一幅画面，你是一个推销员，你需要向你的目标客户推销。你有5个候选环境，必须从中选出一个来与你的客户会面。

你销售的产品非常昂贵，至少需要一个小时来解释并适当推销这件产品。你可选的地方是：

1. 中午，在客户办公室附近的一家高档餐厅里。
2. 午饭后，在客户公司的会议室里。
3. 下班后，在客户的健身俱乐部里，和他一起锻炼。
4. 晚上，在客户的家里，在他照顾3个孩子的时候。
5. 以上4个选择中的任何一个都可以。

正确的答案是5。为什么？因为对于“哪里是最好的推销地点”这个问题来说，最佳答案很简单，那就是“对于你所要推销的产品来说最适合的推销环境”。

如果这个产品是一件健身器材，那么健身俱乐部就是完美的环境。如果这个产品与父母和孩子有关，那么，晚上与这个客户在他家和他的孩子们在一起，就是完美的环境。

现在，如果对于推销员来说，正确答案是“在最适合进行推销行为的环境里”，那么对平面广告而言也同样如此吗？是的，但是在讨论平面广告的环境之前，让我再举一个例子。

檀香山的经历

在去东亚旅行回来后，我去了檀香山。通常，在一次时间很长、旅途很远、跨越时区很多的旅行之后，我都会去檀香山休养生息。当我沿着怀基基的一条主干道散步的时候，我在一家艺术画廊前驻足，看到了一幅描绘外太空风景的画。

JS&A公司是以销售太空时代的产品而出名的，我觉得这幅画很适合放在我的办公室里。我走进画廊，注意到这家画廊看上去非常优雅，所有的画都非常整齐地陈列在墙上。它看上去像是专门卖高价画的地方。简言之，我猜这幅画的价格肯定不菲。

没过多久，一位衣着得体的销售小姐就注意到我了。她走过来，问我是否需要帮助。“很漂亮的画，是吧？”她说道。

“非常棒！”我点头道，“它看上去真的棒极了。”

这时销售小姐说道：“请跟我来。”她把这幅画从墙上取了下来，然后朝这家大画廊的后面走去。我紧跟着她。

我们走进了一个大房间，这个房间从地板到天花板都铺满了毯子。房中间有3把非常舒适的椅子，销售小姐将画挂在了椅子正对着的墙上。接着她回到门口，打开了扬声器，一段古典音乐飘了出来。然后她调暗了灯光，仅留两束聚光打在这幅画上。

这幅画看上去美得令人惊奇

我必须承认，这幅画现在看上去美得令人惊奇。那鲜明的色彩、艺术的品质，以及古典音乐让我产生的美妙感觉，都让我蠢蠢欲动。我已经准备要把手伸进裤兜，拿出信用卡，购买这幅价值2 000美元的画了。

这位销售小姐和这家画廊创造了如此完美的推销环境，以至于我的购买冲动无法抑制，几乎当场就买下了这幅画。顺便说一句，后来我还赞助了这位名叫马克·里克森的艺术家，并通过JS&A公司销售他的画和出版物。我个人最终购买了50幅他的作品。

一旦你意识到创造一个购买环境的重要性时，你就该知道，这需要在广告的开头创造。当你在一篇广告文案的开头确立阅读要素的时候，你就会希望创造出一个购买环境。那位销售小姐先是需要把我引入这家画廊，然后再慢慢地将我带进那个房间，调动我理想的购买情绪。这些听上去很难在印刷品上完成，其实不然。稍后，你会看到一些例子，它们会告诉你在创建广告要素的时候，应该怎样创造购买环境。

当你在平面广告上创造购买环境时，你必须完全地控制住它的呈现方式。剩下的事情就交给常识去完成。

你的文案必须要将目标客户带入一个放松的购买环境中。

举个例子，如果我要用打折的方式促销产品，我就会使用大号字体来标注价格，再配上许多热闹的平面元素。简单地说，我会将自己的广告做得像一则典型的打折广告。反之，如果我要销售一些很贵的东西，我会将自己置于一个很有档次、很精致的环境下——这样就能透露出信心和信任。

与那些搞不清或不会创造理想推销环境的推销人员不同，你可以创造你自己的推销环境；与那些有时不能控制环境的推销人员不同，你是能控制的。

所以，在通过我的收藏品公司——Battram画廊——来销售产品时，我的文案和画面的风格就是高档且保守的——正如目标客户所期望的那样，是一家昂贵的画廊。但是，当我提出“消费英雄”这个概念（一个销售翻新旧货的俱乐部）时，环境则截然不同——就变成一个明显带有讨价还价性质的环境了。

所有JS&A公司的广告都有一个清一色的条理分明的版式，对所有太空时代的电子产品来说，这看上去都是很完美的销售环境。我很少放弃这种版式，偶有为之，也都是为了给某种特殊产品创造一个更好的环境。

你不会期望从一家军需用品店购买一幅昂贵的画，你也不会期望在蒂芙尼找到便宜货。

由你来控制环境

作为一个直销文案的作者，你必须要控制环境。你的环境是通过那些平面元素和文案创造出来的，尤其是文案——你措辞的方式、你对词语的选择，以及你表达完整性的水平。

不像那些花了数千美元来创造环境的商店，你可以很简单地通过自己的广告文案或网站设计来创造环境。

要调动目标客户的购买欲望，环境至关重要。创造了良好的环境（通过标题、照片、商标等），你就能吸引住顾客的注意力。你若使这一切都如此简单明了，如此不可抗拒，读者就会情不自禁地开始阅读第一个句子，然后就会一句接着一句地读下去了。

一旦读者开始阅读，你就创造出了一种环境，就像那家艺术画廊吸引我到后面的房间去一样充满了确定性。所以现在是我们提出第四条公理的时候了。

公理 4

广告的版面设计和广告的头几个段落必须创造出一种购买环境，这非常有利于销售你的产品或服务。

凭借你的经验，以及你通过研究自己的产品和目标客户所获取的特殊知识，你会创造出理想的购买环境。它来自于你对产品或服务本质的了解。通过对本书的阅读，你会加深了解。但是现在，意识到创造购买环境的重要性会使你最终卖出自己的产品。

为了使你理解我们怎样才能不仅仅是让读者去阅读广告，同时还能让他们感到舒适，并在那种环境中产生购买心情，让我们在下一章中花点时间来学习一下有关推销常识的小小课程。

第7章

与读者产生共鸣

在我只有20岁的时候，我父亲让我去纽约市管理他的印刷设备公司下的一家分公司。他当时有点财政方面的困难，我也很乐意能在上了两年大学之后帮他的忙。我从大学退了学，也正是在纽约，我开始对推销术产生了兴趣。我知道他期望我最终能够帮他卖出那些设备，所以我开始着手准备。

为了成为一个推销专家，我到书店买了所有与销售相关的书籍，还到公共图书馆阅读了所有我能找到的相关书籍。在纽约的那一年，我还常在百老汇街上漫步，逛那些位于时代广场的小拍卖店。

绝妙的推销技巧

那些小拍卖店总是利用那些毫不知情的围观者们的贪婪来赚钱。店老板总是拍卖那些看上去很糟糕的廉价货，只要先钩上一个可能会竞标的观众，制造出一种购买的疯狂劲儿来，很多观望者就会随之掉入陷阱。参与竞标的人最后都会买下一个根本不值那个价钱的废物。这种推销的技巧是如此绝妙，值得玩味。我总是会花上好几个小时来观察他们，思索人类的本性。

接着我会回到自己的小公寓，阅读更多销售方面的书。对一个年轻的、毫无经验的20岁出头的人来说，要卖出昂贵且复杂的印刷设备并不是一件容易的事。我设想的是，如果我能成为一个普遍意义上的推销专家，又特别了解印刷设备，通过不断的经验积累，再学到一些关于设备销售方面的特殊知识，我就能成为父亲公司中的一个有用的推销员。

我非常适合做推销。在中学进行过的偏好测验中，我在“劝服”和“文学”这两个类别中都得到了很高的分数。我的广告生涯甚至在中学时就已经被预测到了。你想想看，平面广告不就是“劝服的文学艺术”吗？

我在纽约学到的一些非凡的课程还包括向目标客户推销的步骤，这些也同样适用于平面广告。让我来回顾一遍流程。

在推销中你需要做的第一件事情就是创造一个销售环境。无论它是一家画廊的私人房间，还是一家汽车经销商的展厅，你都要把这个物理环境变为你的销售环境。

下一步，你需要获得目标客户的注意。这当然是非常有意义的一步，它和平面广告的标题密切相关。

一旦你吸引了目标客户的注意力，下一步就是进行自我介绍，并说一些能够保持客户注意力的话。这和副标题、照片和图片说明的作用很相似。然后就是说一些推销行话了，也就是平面广告中的文案。

在这一过程中，推销者必须牢记两件事情。第一件事是买主必须喜欢这个推销者，并且对他有信心。买主必须认为推销者非常了解这个

使顾客肯定地点头，对你的话表示赞同。

产品。第二件事是推销者必须想方设法将这个产品和买主的需求联系起来。这是毫无疑问的。但是买主和推销者必须有共鸣。在买主和推销者之间，必须要有一种和谐的互动，否则这些劝服人的推销信息就没法顺利传达出去。

有很多方法能够创造这种和谐，其中有两个非常重要的能够直接适用于空间广告的方法。第一个是，你必须使目标客户开始说“是”。第二个是，你必须使你的陈述听上去非常诚恳，并且值得信赖。让我们举个例子吧。一个汽车推销员说：“琼斯先生，天气不错啊。”琼斯先生就会回答：“是的。”（天气的确很好，这个陈述是很真实的，顾客的回答中充满了肯定。）

“琼斯先生，你将自己的汽车保持得很整洁啊。”“是的，的确如此。”（在这个时候，推销员已经使琼斯先生说了“是”，并且点了头。）“我知道了，琼斯先生，既然你现在拥有一辆别克，而我们正好是别克的经销商，也许你会想买一辆新车？”“是的。”（这个推销员问了一个显然会得到肯定回答的问题，琼斯先生也正是这么回答的。）

“我能向你展示一款我们最新的样车吗？它比你现有的那款改进了许多。”“好的。”（这个推销员再次提了一个显然会得到肯定回答的问题，买卖者之间继续其乐融融。）

让你的读者说“是”。

简单地说，你需要让顾客非常肯定地点头同意你。或者至少，你也要讲一些顾客知道是大实话的话，这样他就会表示赞同。你必须确保你的目标客户不会与你产生分歧。譬如，如果推销员说：“你想换一辆新的别克吗？”顾客回答说：“不。”那么整个推销形势就会急转直下，和谐的气氛就会因此丧失。这对一则平面广告而言则意味着，读者会停止阅读，翻过这一页。

和谐是关键

当你使读者开始说“不”，甚至是“我真的不相信他说的任何话”，或者“我不认为这和我有什么关系”的时候，你就已经失去了这个读者。但是，只要这个读者一直不停地说“是”，或者相信你所说的都是对的，并且一直保持兴趣，你就维系住了你和这个读者之间的和谐，你和你的读者就会沿路一直走到那家画廊的美丽房间里。

为了具体说明这个方法，让我举一个例子，那是我过去为一个研讨班学生所写的一篇广告文案，标题是“食品危机”，是一种应急用脱水食品的广告。有时，如果我的一个学生写了一篇不太完美的好广告文案，我就会帮一下他，要么提一些小小的修改建议，要么就亲自重写一遍——如果我觉得我有一个更好的整体概念的话。约翰·索尔的第一篇文案，刚好写于1973年第一次石油危机[①]爆发之后。那时，一排排的汽车停在加油站外，但是却加不到油，或者只能加到很少的一点儿油。约翰觉得在这篇广告文案中，选择保险的概念是最好的方法。而我觉得保险只会让读者睡着。看看你们是否同意我在广告文案中的陈述，我是把当时那种因为石油危机而产生的无助感同约翰的产品联系了起来。

> 我们一直将自己的食物供应视为理所应当的，当然我们也确实有足够的理由来这么认为，美国一向物产丰富。但也许你还未曾注

① 第一次石油危机（1973~1974年），又称为1973年石油危机。由于1973年10月第四次中东战争爆发，石油输出国组织为了打击以色列以及支持以色列的国家，宣布石油禁运，暂停出口，造成油价上涨。当时原油价格曾从1973年的每桶不到3美元涨到每桶超过13美元，这是20世纪下半叶三大石油危机之一。——译者注

意到，我们可能正迈向历史上形势最为严峻的一段时期。请容我详细解释。

这个广告接下来讲述了撰稿人自己的亲身经历：肯尼迪被刺杀的消息传出后，他去超市买东西，却只看到空空如也的货架——所有人都处在绝望和灾难中，大家第一次意识到自己的生存问题。

这时读者的注意力已经被吸引住了，标题“食品危机”和副标题“我们都经历了石油危机，大部分人并没有做任何准备，你会为食品危机而做准备吗？”会促使读者开始阅读第一句话。第一句话非常简短，只要是买得起这个产品的典型美国人都会肯定地表示赞同。这篇广告文案的每个句子都很有趣，很真实，会让读者频频点头。

这样一来，在一则广告的开篇我们就有了3件要尝试的事情。首先，我们希望读者来阅读文案。记住，这是所有文案一致的目标。如果没有目标客户阅读你的广告，你就一无所有。

接着，我们要通过文案创造出一种购买环境，让目标客户感到很舒适，从而心甘情愿地掏出血汗钱来购买你的产品或服务。最后，我们希望顾客能够与我们融洽相处——也就是赞同我们——顾客只有感受到我们所说的都是真实有趣且有实用价值的，才可能赞同我们。简而言之，我们需要意见一致，我们需要那些充满肯定的颔首，我们需要和谐。

看一下《Cycle》杂志为了让我在他们的杂志上刊登广告，是如何创造完美共鸣的吧。他们仿制了一份我的广告版式，然后连同一篇与我的风格很类似的文案一起寄给了我。当然，这样做也可能事与愿违——如果我对他们的仿制很不满的话。但是他们也知道我会一眼认出这种版式，并能理解他们为了获得我这个客户所付出的努力，从而尊重他们的创意。事实上，我确实很认可他们的努力，最终在他们的杂志上买了一些广告版面。

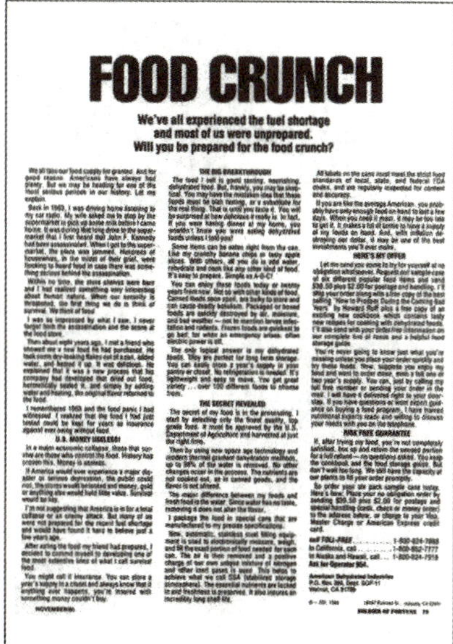

在石油危机之后，你会先看哪一则广告？

对于这个概念，我再举一个例子。在下面这则广告中，我试图吸引那些爱买便宜货的人注意到这个名叫“消费英雄”的公司。在开头几句话之后，我这样写道：

> 消费者被劫掠了，通货膨胀让我们的购买力在不经意间流失。我们的钱大幅贬值，无辜的普通消费者被强取豪夺、无情践踏了。

如果你是一个正在搜寻便宜货的消费者，而我写这篇广告文案时又正处于通货膨胀期，你就很有可能会对这简单的几句话产生共鸣。我使用了那些消费者可能会联想到的词语，并站在消费者的立场说话。

一位顶级推销员曾经这样对我说：“乔，我真的很羡慕你。如果是一对一销售的话，我能够向任何人卖出产品。即使面对的是最难应付的顾客，我都可以说服他们，卖出产品。但是与你相比那真是小巫见大巫，因为你拥有一对多的销售能力。当你推销的时候，你用一张印刷品就能同时向数百万名顾客卖出产品。”

这就是为什么用印刷品来推销是一件如此不可思议的事情了。你可以把一则推销广告复制成几亿份。只要你能在印刷品上重现推销这门艺术，使顾客产生共鸣，那你就抓住了这个强大工具的精华。不论你把它运用到哪个媒介上——印刷品、电视、其他任何新的电子媒介——都会因此而终身受益。

这就是《Cycle》杂志制作的广告，它是一个用以取悦JS&A公司并劝之购买广告版面的促销工具。

所以我们的第5条公理是非常简单的：

> **公理 5**
>
> 让你的读者说“是”，让他们在阅读你的文案时，因你真诚实在的陈述而产生共鸣。

现在，你已经打好基础，可以学习另外一个写出有效文案的重要原则了。

第 8 章

滑梯效应

到目前为止，你已经学会了文案写作的许多要点。首先，你了解了你可以通过行为、背景和个性在生活中获得一般性的知识。同时你还掌握了获取特殊知识的工具，比如调查、阅读和研究的能力。接着，你还了解到实践才是最好的老师——你写的文案越多，就会写得越好。最后，你还学到了文案写作是将自己脑子里的东西形成文字的一种精神过程。

每一个广告元素都必须非常引人入胜，这样，你就会发现你仿佛是从一个滑梯上滑落，无法停住，只能一滑到底。

接着我们要学一些真正属于休格曼的东西了。我们知道，大部分人都认为一则标准广告里的那些元素，比如标题和图片说明，都是各有其存在意义的。接着我们学到，我，休格曼认定的是，这些元素的主要目的都是让读者开始阅读文案的第一句话。

不知你是否还记得，我曾经说过第一句话的唯一目的就是让读者去读第二句话，而第二句话的唯一目的就是让他们去读第三句话，然后是第四句话——你在创造销售环境时所做的一切都是为了卖出产品。

我们还把印刷品推销与一个现场的面对面推销做了比较。你认识到了最理想的状态就是：当你的读者开始阅读你的文案时，你能让他频频点头，认同你所说的一切。

所以，现在读者已经在读你开头的几个句子了，他们对你创造的环境也感到很舒适，而且也点头认同你了。现在就到了一个很关键的部分，也就是常说的“滑梯效应”。

想象出一个游乐场的滑梯吧，再想象有人把整个滑梯甚至连扶手都涂上了婴儿润肤露，然后想象你自己爬上了梯子，坐在滑梯的顶端，在地心引力的作用下从滑梯上滑了下去。

当你开始从滑梯上向下滑的时候，动能就开始产生了。你试图抓住扶手来停住，但却失败了。尽管你竭尽全力来阻止自己下滑，但还是无休止地滑了下去。这就是你的文案必须要达到的效果。

一则广告里面所有的元素都必须产生滑梯效应。标题必须非常有力，让人印象深刻，让读者不得不去阅读副标题。同样副标题也必须充满了力量，使读者感到必须去阅读第一个句子。而第一句话必须非常容易阅读，非常引人入胜，这样读者才能一句一句地读下去，一口气从开头读到结尾。

“阅读重力”的力量

我曾经收到《科学美国人》杂志给我寄来的一封信，是对我们所做的一则恒温器广告的反馈。那是一封打印好的信，寄信人是一位女士。她告诉我说，她并不需要恒温器，对这个话题也没有任何兴趣，她很少阅读广告，即便阅读也是一扫而过。但是，她这样继续写道：“我是一位非常忙碌的科学家，当我开始阅读你的广告时，我浪费了宝贵的5分钟时间读完了整个广告。我对我的时间完全被浪费掉了而深感不安，所以想写信抱怨。”作为一个文案撰稿人，我还没有获得过比这封抱怨信更强烈的赞扬。

如果你能让大部分只是扫一眼杂志的人们去阅读你的广告，即使你不能向每个人都售出你的产品，也肯定会有相当一部分人会转化成为你的顾客。制造出滑梯就能给广告带来“客流量”——他们会通读你的广告全文，然后决定是否要购买你的产品。

在零售界，“客流量”是个很棒的词。任何能够吸引日益增长的“客流量”的购物中心都能增加其商店的销售量。但是，这些商店所产生的“客流量”仅仅类似于那些真正读了你的广告文案的人。这就是为什么有些知名杂志发行量很大却不能保证你的广告一定成功。“客流量”是指那些真正把广告看进去了的人的数量。当我说“看进去”的时候，我的意思是指从滑梯的顶端一滑而下，一口气看到了文案的结尾。

一旦读者进入到你的文案中，创造滑梯效应就不是那么难的事情了。事实证明，如果读者能够阅读你广告的25%，那么他们就很有可能会读完你的整则广告。所以一旦你在广告开头就用完美的阅读氛围抓住了读者的眼球，一旦他们开始阅读你让人无法抗拒的第一句话，你就已经使他们开始在滑梯上向下滑行了。

滑梯效应的案例

让我们来看一下我在这些年所写的运用了滑梯效应的广告案例吧。之前我提到过恒温器广告，那我们就先从这个例子开始。这篇文案是这样开头的：

标题：胡扯的魔力

副标题：你会热爱我们讨厌Magic Stat恒温器的方式，直到一件令人惊奇的事情发生。

图片说明：它没有数字显示器，样子也丑，还有个愚蠢的名字。它几乎让我们反胃。

文案：你可能在期待我们典型的推销员的宣传腔调，但是准备好被震惊吧。因为，我们并不想要告诉你Magic Stat恒温器是一个多么伟大的产品，而是要无情地揭露它。

当我们第一次看到Magic Stat恒温器的时候，我们仅仅看了一眼它的名字就离开了。"讨厌，"我们看着这个塑料东西说，"看上去多廉价啊。"而且，当我们寻找数字显示器的时候，才发现它根本没有这玩意儿。所以，甚至还没等到销售人员向我们展示这个产品如何工作，我们就迫不及待地转身离开了。

现在，如果你看完了上面的广告，你就已经开始从滑梯上向下滑行了，没法停止。即便你并不打算邮购一个恒温器，你可能也会发现自己读完了这篇广告文案。你只是非常好奇：这玩的是什么花招？

非常整洁的广告版式创造出了购买环境。这则广告的语气像是一家轻率的、爱挖苦的、多疑的公司，正在探索把一件我们不会很在意的产品卖出去的可能性。

当然广告接下来的部分就会讲到我们是如何发现这个产品的几个优点的，接着是一些更多的优点，然后就是一些真正精彩的特性了，最后会强调这个产品真的很棒。在广告的末尾，我们是这样说的：

美丽只是一个肤浅的概念，名字其实也没有太多意义。但是我们确实希望创造Magic Stat恒温器的这些家伙能给他们的产品取一个让人印象更加深刻的名字。也许，就像是Twinkle Temp恒温器之类的名字吧。

这则单幅广告投放了3年多，不仅为我们带来了可观的广告收入，而且使Magic Stat恒温器在全美的恒温器市场上占有了重要的一席之地。

我的广告中另外一个关于滑梯效应的案例，就是我为我所创办的专卖便宜货的公司——“消费英雄”所写的广告。

想象你自己扫了一眼杂志，然后看到了下面一篇广告文案。

标题：热销

副标题：一种新的消费者理念让你能够购买偷来的商品，如果你愿意冒险的话。

强调的文案：保证无迹可寻

我们保证我们偷来的产品就像全新的一样，不带有任何先前所有者的标志或痕迹。

好了，如果你跟大部分读者一样，你就不得不开始阅读这个文案了。你怎么可能忍住不读它呢？

文案：我们开发了一种激动人心的新型消费者市场理念，它被称为“偷”。对，就是偷！

如果这听起来很糟糕，那么请看事实。消费者被劫掠了，通货膨胀让我们的购买力在不经意间流失了。我们的钱大幅贬值，无辜的普通消费者被强取豪夺、无情践踏了。

所以，可怜的消费者试图回击。首先，他们聚集成群，在华盛顿进行游说，抨击价格上涨，寻求价值真相。

于是，我们开发了一种围绕价值的新理念。我们的想法是劫富济贫，拯救大家的处境，而且，如果幸运的话，我们还能挣点钱。

接着我就引出了这个概念——我们计划购买那些有缺陷的商品，然后修复它们，消费者只需花费5美元便可加入到一个俱乐部来购买这些商品，俱乐部会员还会收到产品供应的新闻简报。在接近广告结尾那段，我做了一个漂亮的总结：

所以，这就是我们的理念了。我们回收利用“超烂”的垃圾，把它们变成有5年保修期的新产品。我们从富有的生产商那里“偷”来它们，把它们提供给可怜的消费者。我们努力工作，赚取一份光荣的利润。

Magic Stat恒温器和“消费英雄”的广告只是我在这些年里写过的无数广告中的两则，用来说明滑梯效应。一旦你开始阅读这个促使你看到第一句话的标题，你就已经在我的滑梯上面了。然后，当我带着你一路来到滑梯底部的时候，你就在不知不觉间读完了整则广告。你已经在我的商店里面了，你一进去，就没有办法出来了，直到你已经全面检阅过我提供给你的产品。我把你带到我的私人房间，在一个非常吸引人的环境中向你作产品展示，你只能不由自主地购买。当我向你推销这些产品，让你不停点头的时候，我是非常诚恳实在的。

这就是滑梯理论的全部：使你的读者阅读整篇文案。所以我的下一条重要公理是非常简单的：

公理6

你的读者应该是情不自禁地阅读你的文案，他们根本无法停止阅读，直到他们阅读完所有的文案，就像从滑梯上面滑下来一样。

就像我们之前解释的那样，制造一座滑梯最重要的一个元素就是广告文案的开头部分。我通常会以任何读者可能感兴趣的东西作为开头，可能是一个故事，甚至可能是从杂志上摘取的一部分新闻。这个故事通常不落俗套、短小精悍又趣味横生。

有一个能帮助你理解这个技巧的好例子。它是关于一个会计师的故事，他一直很受大家信任，直到某天被揭发从公司挪用了公款。下面是我以这个故事为基础所写的文案，我将这个故事与我要销售的产品别出心裁地联系在了一起。

标题：最后一个愿望

副标题：他是一个被关在牢房里的囚犯。“请让他实现最后一个愿望吧。”他的妻子恳求道。

文案：乔治·约翰逊被关在一间装满了白领罪犯的国家监狱里，7年的服刑时间给了他许多时间来锻炼。

36岁的约翰逊总是很好地照料着自己。他很有规律地参加锻炼，吃健康食品，服用维生素。但是他的欲望逐渐膨胀。作为公司的会计，他长期以电力合同的名目给“Cashin Electric Company”（Cashin电力公司）开假支票。

有一天，他的老板注意到那些给“Cashin Electric Company”的大额款项，发现这家公司从未给他们提供过电力。事实上，约翰逊的造假方法是：把这些支票的收款账户打印成“Cash”，然后就自己把它们换成现金。等银行把兑现过的支票寄回公司，他就很小心地在“Cash”后面打印上“in Electric Company”。因为他是一个很受信任的会计，谁会怀疑他呢？

更有同情心的妻子

他的妻子比法官更具有同情心。她想要帮助她的丈夫，建议他选一件健身器材带到囚室里——一种很容易存放同时又能让他得到充分锻炼的器材。监狱方面同意了。约翰逊便选择了Precor牌精密划船机。原因如下。

接着，我描述了这种Precor牌精密划船机和它对全身锻炼的好处，以及它如何便于存放和乔治首选这款产品作为他的健身器材的原因。

在稍后的广告中，我承认了这个故事是编造的。这篇文案是这样结尾的：

> 在告诉你约翰逊选择了哪种划船机之前，我必须要坦白一件事。我是如此喜欢Precor精密划船机公司的所有产品，很可能也因此犯了错。这个关于“Cashin Electric Company”的故事是真实的，的确有一位很受信任的会计被关进了监狱。但是他的名字并不是约翰逊，他的妻子也从来没有给JS&A公司打电话订购过东西，更不用说划船机了。
>
> 但是，有一天晚上，当我绞尽脑汁想要找出一种方法来与你分享我对Precor牌精密划船机的狂热喜爱时，我开始变得有些愚蠢，于是便炮制了这个关于约翰逊和他对划船机的兴趣的故事。文案写作不是一件很容易的事情，有时候你会变得有点疯狂。

接着，我就用一组划船机系列产品和我常用的结尾语结束了这则广告。在这个案例中，关于“Cashin Electric Company”的故事和我要销售的产品毫无关系，但是它为我的“滑梯”制造了一个非常有吸引力的开头。

新闻事件可能跟你的产品毫无关系，但也可能与你的产品完美地联系在一起。比如，我在阅读《福布斯》杂志的时候，在“告密者”这个栏目中看到了一篇文章，题目为“增长的市场”。这篇文章是这样写的：

> 美国的内衣制造商们似乎忽略了一个很有增长潜力的市场。伦敦的调查研究联合会对100个英国成年人所做的问卷调查显示，在10个英国男人中有1个人会在两三天内穿同一条内裤，100个人中有1个人会在整整一周内穿同一条内裤。调查中有半数的女性表示她们会把内裤穿到褪色为止。

我会剪下类似这样的文章，然后把它们归类保存好。当时机合适的时候，我可能会用其中某篇与我要写的广告有关联的文章来作为文案的开头。

比如，我曾经在英国的QVC 上露过面，那是一个家庭电视购物网。QVC在英格兰地区有个分部，我经常在电视上露面，推销自己的产品。在休息室等待直播的时候，我遇见一个男人，他向我展示了他推销的一种新产品，叫作“摩擦球”。它们是9个高尔夫球大小的普通小球，把它们与你的衣物一起放进洗衣机里，它们在衣服上摩擦洗涤，能够把脏东西洗掉，使衣服更加干净，同时还能为你节省洗涤剂和水。如果我要在印刷品上推销这个产品的话，我可能就会拿出那篇刊登在《福布斯》杂志上的文章，并以下面的这些文字作为我的广告开篇：

> **标题**：英国男人面临的内裤问题
>
> **副标题**：新的调查显示很多英国男人在3天内都不换内裤，有些人甚至长达一周不换内裤。
>
> **文案**：要命的臭味制造者！英国有麻烦了，英国的男人貌似不喜欢勤换内裤。上面的调查还提到很多男人甚至一周才换一次内裤。但是我有一个很重要的问题想要问你们。
>
> 你多久换一次内裤？如果你与大部分的美国人一样，那么你就是每天都换。作为一个美国人，你可能比英国人使用了更多的洗涤剂。但你可能还未注意到另一件令人震惊的事情，那就是美国人浪费很严重。请看我的解释。

接下来我就会写道，低效率的洗衣方式浪费了我们多少资源，而我在英国发现了一种叫作“摩擦球”的产品，它可以如何有效地帮助我们节约洗涤剂和水资源。

我还可以用同样的文章来推销一个电子产品，通过下面这种方式：

> 现在你可能会很疑惑，肮脏的英国男人内裤和这种新的袖珍电

子产品有什么关系？我非常高兴你能这样问。它们之间没有任何关系，除了我即将向大家揭示的一个很重要的事实。但是请允许我先告诉你一个不太重要的事实。

接下来我就在取笑英国男人的同时阐述电脑的特性，我也会使用臭味或者气味来联系一些电脑特性。然后，我会在广告的结尾提出一个与故事相关的电脑特性。

《探索/80》杂志把特色文章展现在封面上，以吸引读者。

保存这些文章

我明白，将划船机销售和一个贪污犯的故事联系起来，或使用《福布斯》杂志上面关于英国男人换内裤的习惯来推销电脑，可能看上去都有点儿牵强。但是我想在此说明的是一个很简单的道理：利用一篇很有趣的文章，或者一点信息，将其与你的产品或服务联系起来，这样就很容易为你的“滑梯”制造出一个良好的开端。当它与你的产品完美融合的时候，就可以有效地促使读者阅读你文案中的一字一句。所以，保存那些你偶然看到的，吸引你注意力的离奇的文章吧。它们也可能会吸引读者的注意力——无论多么古怪或者不同寻常。

有些杂志为了制造滑梯效应，只是很简单地用大号字体开始它们的故事，吸引你进入文案部分。因为大号字体容易阅读，这样你就会去读那些看上去不是那么令人印象深刻的文案了。《探索/80》杂志（现在已经不存在了）在其封面就会展示一篇文章的内容，然后在内页里面继续讲这个故事，借此创造滑梯效应。很多杂志文章都是使用类似的平面元素促使你去看里面的故事。当然，关键还在于要将文案写得引人入胜，这样读者一旦开始阅读，就会爱不释手。还有更多的创造“滑梯”的技巧，稍后我将会在本书中讲到。

现在，你们就准备开始享乐吧，因为在接下来的几章里，我要将你的想象无限延伸，继续巩固我们在本书第一部分中建好的基石。所以，请继续紧随着我，及时进入下一个话题——思维定式。

第 9 章

打破思维定式

你见过马戏团里面四肢被固定在地上的大象吗？如果你见过，那么你可能也注意到大象的腿上套了一个金属环，环上连着一条小小的锁链，这条锁链系在一根插在地上的木桩上。保护得很周到吧？

如果要我说的话，这是很差劲的方式。体重12 000磅的大象能够很轻松地抬脚，拔出这跟木桩，然后走掉。但是大象并没有这样做，为什么呢？请听我的解释。

在大象还没有成年的时候，它就被同样的圆环、锁链和木桩锁在这儿了。如果小象想逃跑，那这样的限制就足以把小象困在原地。当然，小象也的确总想挣脱锁链。

所以，被锁住的小象每天都会不停地去扯那个链子，直到在腿上弄出伤口来，暴露出那些敏感柔嫩、一碰就痛的真皮组织。不久小象就意识到了这些努力是徒劳而痛苦的，于是放弃了逃脱的打算。

大象从来不会忘记

当小象慢慢长大的时候，它会牢牢记着曾经因为链锁和木桩而有过的惨痛经历。所以，无论何时它被锁在木桩上，它都会想：“唉，这是不可能挣脱的，而且还会受伤。”

这只成年的大象就有我所谓的“思维定式”，我们所有人都有同样的问题，只是程度不一而已。我们都有成为伟大的文案撰稿人的能力。但是可能在人生的某个阶段，我们在作文课上写过一些东西，却得了一个很糟糕的分数；或者我们曾经试图通过写作和他人进行交流，却得到了很坏的结果。当我们慢慢长大的时候，那种被伤害的感觉，那种没法胜任的感觉，那种来自于老师或者朋友们的错误信息，始终在我们的潜意识里，无论我们承认与否，它们都对我们造成了深远的影响。

如果你理解了这种伤害，理解了我们加诸自身的一些限定，那么你就能更好地打破这种思维定式，成为任何你想要成为的人，完成任何你想要完成的事情。下面我举几个例子。

最好的一个例子就是下面这道九点连线难题。我对我的学生出了这道难题，作为一个解释思维定式的例子。这道难题的规则非常简单，你必须用一笔画4条连续的直线，将所有的点串联起来。简单地说，就是所有的线都必须连起来。在继续往下读之前，请你先做做这道难题。

很多想要解决这道题的人都犯了一个很致命的错误。很简单，他们没有意识到自己潜意识里的自我限制。答案就在书后的附录1中，现在翻过去看一下答案吧。

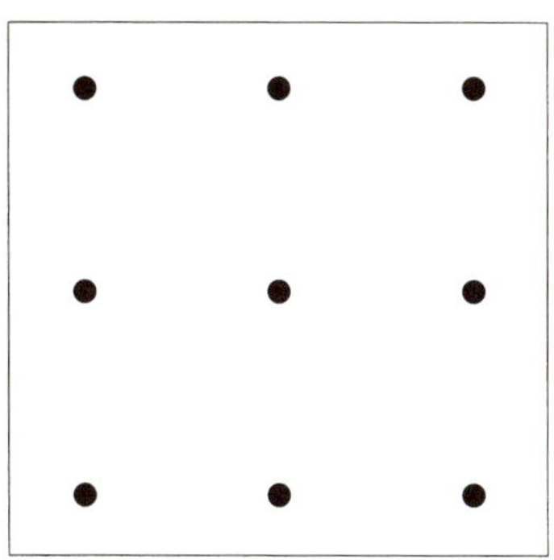

看看你是否能用一笔画4条连续的直线连接这道题中所有的点。

正如你所看见的，你被包围圆点的框框给困住了，没有走到框外面去寻找答案。诚然，为了解决这个非常重要的问题，你必须走出问题本身所在的领域，去寻求答案。

另一个关于思维定式的好例子，是我第一次做直销时对邮寄地址的选择。我通过邮购卖出了第一台袖珍计算器。我必须选出10份不同类型的邮寄名单来寄出我的5万封信，我已经选好了8份对我来说很有意义的优秀名单。

在我选择的这8类人中，有工程师、会计、勘测员、富有人群（我选择了他们的家庭地址），还有类似产品邮购型录中的买主们。在选择最后两份名单时，我的经纪人建议我选择销售额在2亿美元以上的公司总裁的名单。

我觉得这样的建议没有任何意义。我认为这样的公司总裁非常忙碌，很有可能不会亲自打开邮件，一些秘书会将我的邮件直接扔进垃圾桶。但是我还是采用了我的经纪人建议的这份名单，令我惊奇的是，这些名单中的人反响最为热烈，而其他名单的反响却少得可怜。

我能够举出我亲身经历过的成千上万的关于思维定式的例子来。下面是其中的5个：

1.“你不可能以超过19万美元的价格卖出你的飞机。”结果在10天之内，我以24万美元的价格将它售出。

2.“你们没法通过邮购的方式卖出一台600美元的弹子机。”结果我们卖出了3 000多台。

3.“如果你让消费者通过免费电话，使用信用卡来购买产品而不签署任何文件的话，他们会诈骗你的。”结果在其他人留意到这项业务之前，我们就在美国推出了免费电话订购服务，并大获成功，鲜少有问题出现。

4.“这种计算器完全没法零售，它是计算器历史上的重磅炸弹。

你怎能通过邮购的方式来卖它呢？”经果我们以每台59.99美元的价格售出了3万多台这样的计算器。

5.“谁会来邮购太阳镜呢？人们需要先试戴它们，而且，人们还需要不同的款式。”结果我们卖出了1 000多万副相同款式的太阳镜。

这里还有3个历史上关于思维定式的商业案例：

1.“没有人会在家里摆一台计算机！”这句话是肯·奥尔森1977年说的，他是美国数字设备公司的董事长、总裁和创始人。

2.“未来的电脑可能不会超过1.5吨重。”这句话是《大众机械》杂志在1949年预测科学将毫不留情地迅猛前进时所提到的话。

3.“这个概念很有趣，很有条理。但是若想取得比‘C’更好的成绩，这个想法必须要有可行性。”这是耶鲁大学的管理学教授在评价弗雷德·史密斯的论文时所说的，史密斯在这篇论文里提出了可靠的一夜配送服务。后来，史密斯创建了联邦快递公司。

如果你想要读到更多关于思维定式的例子的话，请参见附录1，那里列举了历史上的其他例子。

你永远不会真正清楚

我可以为你提供许多来自历史、来自我们公司或来自朋友的例子，但是我的观点其实很简单。你可能永远搞不清楚到底什么能够产生作用，什么不能。如果你坚信自己的主意，那就去做吧，跳出那些思维定式。

这个概念同样也适用于提出市场解决方案。当你在想一个问题或者寻求一个解决方案时，不要把任何事情排除出去。有些时候，如果你自己走出那些我们很容易踩进去的陷阱，那些绝妙的主意就会迎面而来。记得爱德华·德·博诺关于水平思考法的定义吧，某种程度上这就是思维定式的对立面。从问题中走出，想一些跟问题本身毫无瓜葛的可能状况，你猜会怎样？你会惊奇地发现，找到一个解决方案是多么容易啊。

当你在本书中徜徉的时候，请记住那头小象和那个9点连线的难题，打破那些思维定式。

公理7

当你试图解决问题的时候，打破那些思维定式。

第 10 章
种下“好奇的种子”

我们已经知道，对任何零售商来说“客流量”都是一个很关键的词语。在一家客流量持续增长的购物中心，一般商店的销售额都会增长。既然这些商店产生的客流量仅仅相当于把你的文案看进去了的目标客户，那么你必须通过增加读者人数，来提高你的客流量。

另一个增加你的读者人数的方法是应用一个我称之为“好奇的种子”的理论。它是这样的，在一个段落的结尾，我一般都会用一个非常短的句子，诱导读者继续读下去。例如下面几个句子：

> 但接下来我要说的还有很多。
>
> 所以请勿离开。
>
> 为什么我不在这里结尾？
>
> 请听我的解释。
>
> 下面才是真正精彩的部分。

这样一些悬念会促使读者下意识地继续阅读，即使读者可能正停在文案某个内容冗长的部分。这种方法在电视上被广泛地应用，一般在综艺节目中，进入一段广告之前，主持人可能就会说：“广告结束后，我们将看到一些你在电视上从未看过的东西，请不要转台。”看到了吧，这种技巧也可以在印刷品上运用，下面请看原因（请注意我刚刚就用了这个技巧）。

在印刷品上，最理想的状况是创作出既有趣又吸引人的文案，这样你就不需要设置悬念了，但一般来说这是很难的，所以就需要用这些“好奇的种子”来提升整个文案。但是，就像对待任何好东西一样，请不要滥用它。稍后我将会展示很多我在广告作品中使用过的“好奇的种子”的例子。试着用用它们，它们是非常有效的，不过也有例外。

“好奇的种子”也可以用在广告的开头部分，你可以在那里略提一些产品的好处和功效，而后在文案中再进行详细阐述，简而言之就是，读者必须读完整篇文案来找出它。关于这种技巧，有一个现成的好例子就是在第8章中所提到的“消费英雄”的广告，在第34章中我还会再现全文。在这个广告中，你就必须要读完整篇文案才能发现点睛之笔。

我在办公室里亲身经历过的一件事，可以作为“好奇的种子”和“客流量”的绝佳范例。坦白地说，我多半不会再经历这种事情了，但它的确与这个主题息息相关。

一通不寻常的电话

有一天，我接到了一位女士的电话，她自称为金杰。她的声音非常动听，上来便说：“休格曼先生，我爱你。”

我有点儿发懵，第一反应就是这肯定是个玩笑。“谢谢你！”我回答道，“我也爱你。”

“不，我是很认真的，”这位女士继续说道，“在过去的5年里，我都在阅读你的广告。我非常欣赏你的才智，你的思考过程和你富有创造力的个性。从你的作品中我对你了解甚多，我真的非常信任你，非常爱你。”

我感到又惊讶又荣幸。早在这通电话之前，我就已经听说过不少关于我的评价，他们都说我人如其文，我自己也是这么认为的。

如果你不诚实，读者是会察觉到的。如果你对你的产品信息有所隐瞒，它们最终还是会暴露出来。同样，如果你非常有创造力，读者也会看在眼里。就是所有这些因素结合在一起，才创造了我在第6章中所提到的购买环境。

如果你研究别人的文案，你可以从他们的文案中看出他们的为人，你会惊讶于文案是如何反映出作者个性的。任何一个为公司首席执行官撰写文案的人都会试图反映这位首席执行官的个性，而不是作者本身的个性。因为我所有的文案都是自己亲自执笔的，所以也许你能说出我的很多个性。但还是先让我们回到金杰这儿来吧。

一个我无法拒绝的邀请

金杰的话只是在奉承我还是真的情系于我了呢？她绝对没有见过我，只是阅读过我的文案而已。她接着说：

"休格曼先生，你是唯一能帮助我的人。我需要你的帮助，不知能否私下见见你呢？我向你保证，你会很高兴见到我的。"

当她来到我的办公室时，我才明白为什么她会这样说。她是一位非常漂亮的金发美人，有着非常修长的双腿，而且还穿着一条超短裙，短到我甚至觉得叫她坐下都是一件很尴尬的事情。"休格曼先生，我能叫你乔吗？"

"当然可以。"我回答道，当她摆弄裙子的时候，我把视线转到了另外一边。

"乔，我想对你说说心里话。我喜欢你的文案作品有好几年了。我甚至都不怎么对电子设备和小装置感兴趣，但我还是非常喜爱你印在纸上的那些文字。坦率地说，我对你有一种真正意义上的迷恋之情。我知道这听上去很傻，但当我遇到麻烦时，除了你之外，我想不到其他能帮助我的人。我真的非常需要你。"

她稍顿片刻，似乎在忍住眼泪，接着才继续说道：

“我在一家购物中心开了一家美容店。我知道当购物中心人满为患的时候，就会有一定比例的客流来购买我的美容产品。我还知道，当购物中心人数寥寥的时候，就不会有什么人来光顾我的美容店了。我的美容店生意与购物中心的客流量几乎是成正比的。

“所以，乔，当我决定以直邮的方式向顾客提供美容产品时，我想，如果我寄出50 000份邮购广告，我就会得到一定比例的反馈，这样就能挣到利润了。我所需要的就是获得一半的反馈率，然后赚取可观的利润。

“接着，我就把自己的全部财产都投资在这50 000份邮购广告上了，还从朋友那里借了钱。然而邮件寄出后却收效甚微，我简直都不敢相信。最后，我收到的订单只有我发出广告的1/10。所以我想让你帮忙看看我的邮购广告，告诉我有什么问题。还有，乔，如果你能帮我让它们起作用的话，我会非常感激你的。”

她的用意是什么?

她是在色诱我以换取我的帮助吗？这是不是为了哄我帮她写一篇广告文案而设下的陷阱或圈套呢？我是一个非常幸福的已婚男人，有两个孩子，公司业务也很繁忙。老实说，我很不喜欢有人企图利用我的内疚感或性或其他任何东西来引诱我为其撰写文案或是邮件广告单页。但是，我仍然有所保留地说：“给我看看你的邮购广告吧。”

金杰去拿她放在地上的手提包，她弯腰拿包时，腿露得更多了。我确信她就是想在办公室里勾引我，这一点毫无疑问。我十分肯定她早就计划好要引诱我帮她写文案了。我只是还不清楚她到底会豁出去到什么程度，不过很快就能搞清楚了。

她拿出她的邮购广告递给我。我花了几分钟时间来查看，浏览文案、研究整则广告。我还问了她使用的是哪份邮寄名单。“全部来自于美容院服务的区域。”她回答道。

我重读了一遍广告，发现了很多问题。她提供的是邮购服务，但她使用的邮寄名单却不是有邮购倾向的买主们，而是零售社区的人们，难怪她的邮件没起作用。甚至连邮件中的文案也写得很糟糕，这真是个不怎么样的产品陈述。不是说它不堪入目，而是它违背了我在本书中讨论过的许多原则，以及一些适用于直邮的准则。我告诉她整个广告的表现方式都不太好，对于这份邮购广告所造成的糟糕结果，我丝毫不感到惊讶。

你已经知道客流量原则了，也已经从前面的例子中知道，除非受众能够阅读完整篇文案，否则这封邮件不会起作用。当然，她还用了错误的邮寄名单。

我解释了问题

在向金杰解释了她的邮件本身和邮寄名单的问题之后，我指出了另外一个非常重要的有关直销广告的事实。“你不能不经过任何测试，就花那么多钱。这也是你的一个问题，你采用了一份范围太大的邮寄名单。你本应该先挑出5 000份名单来邮寄，而不是50 000份。这样，不用拿那么多钱去冒险，你就可以知道这封邮件能否成功了。”

我说完后，沉默了片刻。然后她直直地看着我的眼睛说：“你能帮我吗？我指的是真的帮我？就像为邮购广告写文案那样，帮我选出合适的名单，像一个导师那样指导我？”

因为对金杰利用性和内疚感来让我帮她做这个东西感到有点厌烦，我回答道：“金杰，我真的没有时间。另外，我在威斯康星州的北部森林举办了一个研讨班，在那里，我有20个学生会一起上课。我只是没有时间来单独辅导你。”

我未曾预料到的震惊

接下来，金杰对我耳语的内容把我完全惊到无语。事实上，在我生命中我很少有完全失语的时候。但是请等等，这是一本关于文案写作的书，而不是一本讲一个成功的直销执行官背后的秘密的书，即使这个执行官被一个漂亮的美容店老板认为是她的梦中情人。"天啊，"你很可能会说，"他为什么不讲完这个该死的故事，然后告诉我们到底发生了什么啊？"

好吧，我会的，但不是在这里。我希望你们能毫无杂念地继续紧跟我的文案写作思考过程，所以这个故事剩下的部分我放在附录2中了——这是一个发生在我办公室里的真实插曲，完全可以成为一篇大胆奔放的小说中的一部分。

一旦你理解了零售业中客流量的概念，理解了它与直销的关系，你就会意识到"滑梯"这个概念对于促使读者阅读整篇广告文案是多么重要了。让滑梯顺溜无比的一个最有力的技巧就是使用"好奇的种子"。你的读者必须要投入到你的文案中，他们必须要阅读你的标题，必须要被你折服并因此阅读你的副标题。接着，他们要被你打动，开始阅读你的第一句话，而文案的其他部分也必须要非常吸引人。当你的目标客户看完你的广告的一半时，他们已经不由自主地坐在滑梯上，无法逃脱了。

一旦你理解了"滑梯理论"和"好奇的种子"，你就掌握了两个最有力的文案写作工具。

公理 8

通过好奇心的力量，使文案趣味横生，使读者兴趣盎然。

第 11 章

文案中的情感

到目前为止，我已经讲了几个主要的文案写作原则。你已经学会了所有的广告元素都是为了吸引客户开始阅读第一句话，也了解到了写一句非常简单的开头来吸引读者读你的文案的方法。接着，我又告诉你让读者读第二句话、第三句话、第四句话以及后面的句子是多么重要的一件事。我并没有提到产品的任何优点或者特性，因为文案的唯一目的就是要先让人们开始阅读文案，而好处随后就会显现。

然后，我提到了要在文案开头创造出购买环境，解释了与读者产生共鸣的重要性，要让你的读者说“是”，让他们相信你，或者同意你的假设。

我还指出要让读者像坐滑梯一样一口气读完你的文案的重要性——他们阅读了你的文案，你的广告的“客流量”就增加了——我还举了金杰及其失败的例子。此外，我刚刚还向你展示了“好奇的种子”是怎样发挥作用，使滑梯顺滑无比的。

你已经学会了我的大部分理念

掌握以上原则后，你已经掌握了我的文案写作理念哲学体系的主要部分。为了搭建坚固的基石，你还需要学习几个要点，这样，你就可以淬炼你的技巧，写出精彩的文案了。

我还记得我在第一期研讨班上讲授了同样的哲学。在课程结束后，一个名叫弗兰克·舒尔茨的得克萨斯州农民受到研讨班的鼓舞，把自己关在附近一个名叫假日酒店的汽车旅馆里，为他想要在全国范围内出售的葡萄柚写了平生第一个文案，然后在一本主流杂志上刊登了系列平面广告。

他的第一个平面广告充满了力量，售出的葡萄柚数量远超产量。他还收到了很多其他知名文案撰稿人的来信，对他简单而美妙的广告表示了祝贺。我们会在第24章中对那则广告进行研究。但是，如果我讲授的有关这些原则的知识能够使一个得克萨斯州的农民成为一个高效的文案撰稿人，那么你同样也可以做到。

广告中的情感

这一章讲的是广告中的情感，关于这个话题，只有3个要点需要记住。

情感原则1：*每一个词语都蕴涵着情感，每一个词语都讲述了一个故事。*

情感原则2：*每一个好广告都是词语、感受和印象的情感流露。*

情感原则3：*以情感来卖出产品，以理性来诠释购买。*

让我们从最后一点说起。你认为美国人为什么会买梅赛德斯-奔驰的汽车？是因为它的齿条齿轮转向装置，还是防锁制动系统，抑或安全性能？其他汽车拥有同样的特性，那么为什么要花钱买这样一辆车呢？用买梅赛德斯汽车几分之一的钱，你就可以买到一辆美国车或者日本车，甚至是一辆有着相同性能的沃尔沃汽车。

答案就是：我们因为情感而购买，又因为逻辑而使我们的购买行为合理化。当我第一次购买梅赛德斯汽车的时候，我就深知这一点。当朋友们看见的时候，我告诉他们我买这辆车的原因是我发现其一系列的技术特征让人惊艳。但其实我并不是完全为此而购买的。我希望能够拥有一辆享有威望的汽车，我想要成为驾驶梅赛德斯汽车的人群中的一员。但是当我必须为我的购买行为做出解释的时候，我就会借助于理性分析——一些当我用到时，我绝对相信其正确性的道理。

梅赛德斯汽车的广告

看一下梅赛德斯汽车的广告吧。因为梅赛德斯汽车的广告商知道人们购买汽车背后的真正动机，所以他们将广告内容主要集中在人们购买这辆汽车的理性诉求上。他们的广告谈论的全部都是驾驶这辆车时的了不起的经历，以及那些使这辆车卓尔不群的技术特征。但事实上，这辆车并没有什么具有革新意义的性能，价位低点儿的车照样拥有这些性能。人们购买这辆车是因为它强调高贵的感性诉求，而后又用它在广告中强调的理性诉求来解释购买行为。

看看以歌声的形式来传递的情感信息。音乐就像是那种你需要在一则广告信息中创造出来的情感共振或特殊协奏。如果音乐打动了观众及其灵魂，他们就会真正接受这些销售信息——或者说，就歌曲而言，歌词也在不经意间具有了一种附加情感。一首歌曲和一则广告是非常相似的。

随便挑出一首歌，在没有音乐的情况下念歌词，它可能听上去会非常搞笑。回溯到20世纪50年代，史蒂夫·艾伦在《今夜脱口秀》上会背诵一首最火爆的歌曲的歌词，然后逗得大家哈哈大笑。“噢啪啪嘟啪啪嘟啪啪喔，我爱你，噢啪啪嘟哒小曲。”没有音乐，那些歌词听上去简直荒唐极了。

逻辑一般不起作用

一般来说，为一则广告写作文案，因为你所营造的环境的关系，你会使你的读者处在一种思想的感性樊篱之中，逻辑反而成了不太重要的东西。举个例子，我经常会在广告结尾的地方使用这样的词组，“如果你并不十分满意，就在30天之内退还你的商品，你会得到迅速、周到的退款”。有谁听过退款是很周到的吗？这并不重要。这个词组给人的感觉或真正想要表达的情感是，我们是一家非常尊重人、设想周到、会迅速退钱的公司。只用寥寥数语，你就传达出了一个考虑周到、行动迅速的公司形象。即便这个词组没有什么逻辑意义，但还是有一些直销人员在使用，并且把它放在他们的邮购型录和平面广告里。

通常，一个词组，一个句子，甚至一个假设，在逻辑上都不会完全正确。只要它能富有感染力地传递信息，它就完成了本职工作，而且比那些着重于理性诉求的信息更有效。

我为某设备写过的一则广告可以很好地说明这一点，那台设备带有一种具有突破性意义的电子计算器显示屏。这种新型显示屏能够显示字母和数字，而且它的储存量很大，你可以用它来存放你朋友的电话号码及其名字。

那时，我有两个竞争对手已经拥有了同类产品，并且推出过广告——不过都失败了。造成他们失败的原因有很多，其中之一就是他们推销这个产品时使用了理性诉求的方式。他们试图解释在显示器上“字母数字”（Alphanumeric）这个术语的含义，以及这台设备到底具有多大的储存量。这则广告充满了事实和逻辑，因为这是一个非常具有突破性的产品，所以你可能会认为你只能依靠理性诉求来售出它们，其实不然。

出于玩玩的目的，我决定在自己的邮购型录里销售一款类似的产品。佳能公司与我联系说，如果我选择他们的产品，并在全国范围内打出广告，他们就会给我几个月的独家代理权。

我先是在我自己的邮购型录里测试了一下广告，并想出了“袖珍黄页”（Pocket Yellow Page）这个标题，副标题则是“用美国第一个电脑化的便携式电话目录，让你的手指做数据录入”。现在请听这个文案的感性化版本。

> 你被困住了。
>
> 你待在一间电话亭里，想找出一个电话号码，而后面的人都在等着你，这令你感到了压力。
>
> 接着，在四周惊羡的目光中，你掏出了你的计算器，按了一些按钮，转眼间电话号码就在屏幕上出现了。这是梦吗？当然不是。

情感方式

这则广告获得了巨大成功。最终我们在很多杂志上都投放了这则广告，就在其他竞争对手纷纷出局的时候，我们打了非常漂亮的一仗。但请看我使用的情感诉求方法吧，既没有提到这款产品的技术优势，也没有提到这个设备强大的记忆功能。我只是非常了解这种产品的本质和会购买这种产品的人。每一种产品都有其固有的本质，了解了它就有助于你把产品销售出去。（我在第2章里谈到Medix防盗警报器和保险推销员时，提到过这一点，稍后我还会详细解释。）我意识到，这种产品会吸引那些喜欢小玩意儿的人，因为他们喜欢向朋友们炫耀。这篇广告文案反映出了这种特殊知识。

在这则广告后面，我还用事实和技术使购买行为合理化了，但不是很深入。人们购买这种产品的真正动机在于销售信息的情感诉求。

我曾应邀到纽约大学对一个班级做直销方面的演讲。当我向全体学生讲述文案写作时，我告诉他们，如果交给我一个产品并展示给全班看，然后让所有人都写一篇该产品的文案，我敢打赌，班上的每一个人都会写得比我好。我说：“你们的语法会很正确，你们的拼写会很完美，而我的只会很糟糕。”

工夫都在初稿之后

但是，我的文案之所以能比班上的其他人都更成功，是因为我在写完初稿之后做的事情。我接下来就解释了编辑的过程及其重要性。我解释道，我的文案初稿之所以写得这么糟糕，因为它只是我对于这个产品的粗浅想法，以及我对它的推销方案的直观感觉。我只是先随意地把感受表达了出来。

在你撰写文案的时候，请牢记这一点。无论你的初稿看上去如何，都无关紧要。如果你能将你对这个话题的所有感觉和情感都倾泻在纸上，然后再在这个基础上工作，你就掌握了一种非常重要的技巧。

有关文案情感的最后一点是词语本身。如果你意识到每一个词语都有它所表达的情感——就像它本身具有的一个小故事——那么你就对文案写作过程中的情感含义了解得更加深刻了。

当你翻看字典的时候，不要把它看成是一本词语集，而是一本短篇故事集。美国辞典编纂者韦伯斯特曾经说过，如果你把他的所有财产都拿走，只留下他的词语，那么他可以把所有财产再挣回来。语言的力量是无穷的。

词语附着强烈的情感

当我提到下面这些词语时，你会有什么样的感受：克利夫兰、偷窃、消费者、农民、律师、苏联……“克利夫兰”估计会引起一些笑声，因为这是一个你可能永远也不会想要搬去的地方，除非你就出生在克利夫兰。如果你真的住在那儿，请接受我的歉意。克利夫兰是一个非常漂亮的地方。但是每一个国家都有一个有名的、大家可以取笑的城市。俄国喜剧演员亚科夫·斯米尔诺夫曾经说过，在俄国他们也有一个俄国喜剧演员喜欢取笑的城市。同样，他说的也是克利夫兰。

那么像“消费者”和“偷窃”这样的词语会让你有什么感受？“农民”这个词语应该不仅可以看出农民是怎样谋生的，而且还带出了诸如“诚实”、“正直”、“朴实”、“勤劳”之类的词语。调动一下你的经验和情绪，想想“农民”能够联想出来的所有词语吧。当听到“律师”这个词语的时候，你又会想到什么？

当你在分析这些词语的时候，想一下怎么能用它们创造出一则富有感染力的信息来，这样你就掌握了文案写作中一条非常重要的经验。

下面是我写的一些表露出情感差异的文案，看看哪个听上去更好？

例子1：那个老妇人在汽车旅馆。

例子2：那个小巧的老太太在农舍。

当时我写的是某种我在夏威夷发现的润滑油的广告，这是在描述我是如何发现它的。例子1是我的初稿，但是例子2听上去更好。

我不是在建议你去大幅改变一个状态的实际情况来迎合情绪上的感觉。在这个案例中，那个汽车旅馆的前台是在一间农舍里，而“农舍”这个词语能够给文案提供一种更浓的感情色彩。你认为呢？你能“感受”到不同之处吗？

有时候改变一个词语就可以提升一则广告的反馈率。约翰·卡普尔斯，这位传奇的直销高手，把“Repair”这个词改成了“Fix”，就增加了20%的反馈率。

不要认为你必须掌握词语的所有感情作用，才能成为一个伟大的文案撰稿人。这比其他任何东西都更需要检验和常识。认识词语的感情色彩就像你的一般性知识——它是随着时间而积累的。现在，如果你能够意识到每个词语中情感价值的重要性，就已足矣。随着时间的推移，你会发现，在你成功的文案写作中，这个影响因素发挥了越来越巨大的作用。

第 12 章

推销概念，而不是产品

让我们讨论一下最重要的概念之一，也就是我所教过的一个最基本的文案写作原则。事实上，如果你能理解并学会这个唯一的要点，你就会掌握一条写作优秀广告文案的重要经验。

公理 9

永远不要推销一种产品或服务，而是推销一种概念。

我所指的“概念”是什么？有很多词语指的是同一件事。举个例子，也许有一天，广告业中流行的时髦用语可能是“定位”。一种产品以这样一种方式定位或放置，以吸引消费者。

其他一些常用术语是“大创意”(Big Idea) 或者“独特营销策略”(Unique Selling Proposition)，甚至可能是“噱头”(gimmick)。无论叫什么，它们基本上都是一个意思。你销售的是牛排的气味而不是牛排——是概念而不是产品。

这个规则唯一的例外是，当这个产品确实非常独特或新奇，产品本身已经成为一种概念的时候。以电子表为例，当电子表问世的时候，我几乎没剩下任何库存。当我第一次宣传它们的时候，我集中于揭示它的多样特性，都是一些全新的概念，然后就是等着接订单了。

但是随着电子表越来越多，每个人都知道了它是怎么回事、怎么运作的。每一则广告都必须运用一个独一无二的概念将电子表之间的特性区别开来。比如说，这个世界上最薄的电子表，或者一款装有内置警报器的电子表，或者一款表带最贵的电子表，或者一款质量最好的电子表，甚至是一款在制造过程中装配了激光束的电子表——这些概念五花八门。用概念来开始销售电子表时，产品就不再是概念了。

另外一个例子就是便携式民用波段收音机，它的概念已经包含在名字里了。我们有无线电对讲机，我们有移动的民用波段收音机，但这是我们的第一台便携式民用波段收音机。名字本身就表达出了产品概念。

或者以我在前一章中提到的“袖珍黄页”为例。不就是在产品名字中以一种浅显易懂的概念表达出了你真正想要知道的产品信息吗？在那则广告中，我没有推销产品，而是推销这个概念——站在电话亭里，拿出一个电子通讯录，让周围的人惊羡。

另一个例子是我销售过的一种烟感器。我并没有把它作为一个烟感器来推销，而是使用了一个醒目的标题——“鼻子”——一种只待在你家天花板上，嗅嗅空气的产品。它卖得相当好。

将产品融入概念

有些时候概念从产品中自然而然地就产生了，而其他时候概念需要被创造出来。我记得有一次，我在自己的邮购型录里推销了好几种产品，用的文案并不多。我发现其中两种卖得很好。我并没有把它们当作独立的产品，用全屏的广告来进行推销，而是将它们作为一个概念放在一则全页广告里面。

这两种产品是微型旅游防盗器和电子下棋机。我并没有为它们单独提炼各自的概念，而是写下这样一个标题——“赢家”，并告诉读者这两种产品是怎样成为近期邮购型录中的畅销产品的。这个标题将这两种产品都归在了一个单独的概念之下，使它们都成了“赢家”，同时也使我们的邮购型录引人注目。

电子下棋机的销售始终非常兴旺，在1978年的时候，我接到一个电话，来自我们进口这种产品的香港公司。“乔，”我的朋友，那个香港供货商彼得·奥吉说道，“我认为我们可以请到苏联国际象棋冠军卡尔波夫为我们的电子下棋机做广告。我在一次竞赛中和他成了朋友。这样有可能让下棋机卖得更好。”

我想，这的确很有可能，但是当我们用卡尔波夫的时候，我们需要提出一个概念来——不是将他当作一个来给这个产品打广告的人，而是一个我们会用我们的电子产品来挑战的人。而且，事实上我们也正是这样做的。第一个出现卡尔波夫名字的广告标题是这样的——“来自苏联的挑战”。

副标题：一台美国的电子下棋机能够击败苏联的国际象棋冠军吗？这是一场美国太空时代技术和苏联心理武器的对决。

文案：在苏联，国际象棋被当作一种心理武器，而不仅仅是一种游戏。这是共产主义对抗西方文化的一种象征。

所以当苏联的阿纳托里·卡尔波夫同叛离苏联的维克多·科彻诺尔竞赛的时候，他可以随意支配整个苏联的资源，包括一个催眠师和一个神经心理学家。

卡尔波夫赢了，并且成为这个世界上不可战胜的国际象棋冠军。但是，卡尔波夫却从未面对过美国的太空时代技术，特别是JS&A公司最新的电子下棋机。

当然，这篇文案继续谈论了我们制造的这场对抗卡尔波夫的挑战，这就是概念。我们不是在销售电子下棋机，我们是在销售对苏联冠军的挑战，以最终卖出电子下棋机。这个一本正经的产品及其整个营销方案都被赋予了更浓厚的感情色彩。

接着广告就解释了这个产品的运作方式、特性，最后以对卡尔波夫的挑战而结束。

苏联的阴谋

这则广告在美国各地出现后，有一天我在办公室里收到了一封海外急电。打开一看，原来是卡尔波夫发来的。“我会控告你在未经允许的情况下，就在你的广告中使用我的名字。”签名是阿纳托里·卡尔波夫。

我的朋友彼得告诉我可以使用他的名字。事实上，他也给我寄来了广告合同，表明我可以使用卡尔波夫的名字发布这个广告。所以我就这样做了，并认为所有的事情都没问题。

应该怎样应对？很简单。我已经看见我的下一个标题了：“苏联起诉JS&A公司”或者“小小的JS&A公司遭到了苏联人的攻击”。这是一个多么伟大的概念啊。但我还没来得及坐下来写这个文案时，我的朋友彼得就给我打来了电话，他说他也收到了一份同样的电报，但是所有的事情他都已经同卡尔波夫的经纪人达成了一致，没什么可担心的了。卡尔波夫可以为电子下棋机做广告，我可以继续我的广告营销。

然后，我就坐下来，写了这个系列的第三则广告，名字叫作“卡尔波夫接受了”，告诉读者我们已经向卡尔波夫发出了挑战，而他决定不管什么原因，他都不想和电子下棋机对抗，成为挑战的一部分。相反，他愿意为这台电子下棋机做广告，并且希望很多美国人可以通过它学习，提高自己的国际象棋水平。

概念销售效果很好

这三则广告的效果都很好，我们卖出了超过20 000台电子下棋机。

三则广告都各有与之相关的不同概念。同时，我提出的比赛依然有效，但永远不会完成，因为它的本意是向人们卖出电子下棋机，而不是为了“来自苏联的挑战”和“卡尔波夫接受挑战”——这就是概念广告。

如果你的广告只是在推销产品，那你要非常小心了，你需要一个概念。如果你能够提出一个非常独特的概念，那就太了不起了，你就会做得更好。

价格也可以影响概念

有时候只需要很简单地改变产品的价格，就可以很大程度上改变它的概念。举个例子来说，当我们以每台39. 95美元的价格销售便携式民用波段收音机时，它就像一个非常正经的电子产品，价格与一个标准尺寸的民用波段收音机类似。当我们将价格降到每台29. 95美元时，它就成了一个精致的便携式无线电话收发机。最后，当我们把价格降成每台19. 95美元时，这个产品就会被认为是玩具了——就是这样，虽然实际上广告中的文案基本上是一样的。

找出概念通常不是件容易的事。你需要一个概念性思考者所有的技巧，才能提出正确的创意，找出正确的定位。我最喜欢的一则广告就真正抓住了本章的精华，那是我以前在李奥贝纳广告公司读到的一则广告，它是一则单页广告，刊登在《广告时代》杂志上，内容如下：

Tcudorp

一家广告公司的第一份工作就是以充满想象力的各种角度观看你的产品：从前到后，从里到外，翻来覆去。因为有些产品本身就有着能将它卖给想要的人的独特的地方。

有10 000种方法可以将这种产品固有的独特性带到台面上来。在这个同质化产品就像蜉蝣一样繁多的世上，要找出这种独特性似乎更难了。

的确如此。

但是每种产品都拥有这种独特性。

每一家好的广告公司都能找出这种独特性。

(请注意:“Tcudorp”里的“t”是不发音的。)

这是多么正确啊。每个产品都有其独特的卖点可以将它与其他产品区别开来。而这就取决于你——文案撰稿人，来意识到这个事实，并且发现这个产品的独特之处。如果你这样做了，这个产品的简单定位和概念延伸就会变得非常有力，就能够为你带来巨大的成功。

在下一章里，我们会讨论酝酿的过程，你将学会怎样提炼出好点子来。

第 13 章

酝酿的过程

能读到文案写作的真正秘密是件好事，但我们还是要严肃一点。总有一天，你会需要应用你学到的东西，开始写作文案。一般来说，文案写作有哪些思考步骤？为了写出有效的文案来，你应该怎么做？

让我们先确认一遍你已经在这本书中学到的东西，然后再让你的所学更进一步。就像你回忆到的，我指的是一般性的知识——那些你只需通过生活就能得到的知识，以及那些特殊知识——那些你需要通过研究你想要为其写文案的产品才能得到的知识。

我很抱歉，休格曼先生现在不能被打扰，他正在酝酿。

当你的大脑正在酝酿文案的时候，不妨放下工作，轻松轻松。

假设你现在是某个特定产品的专家，你已经准备好开始写文案了。你应该做的第一件事情就是将手头上所有关于这个产品的材料都浏览一遍，然后就你阅读过、研究过的东西提出很多的想法。你要对你想要写作的东西进行大量的思考。你可能会很快写下许多大标题，以及一些想要提出的文案要点。你可能会列举出能够最好地描绘出你销售的这种产品的本质要点，还可能会列举出你的产品吸引顾客的一些原因。将你所有的想法都写在纸上。但请记住，你并没有开始写文案，这只是准备而已。

或者，不要在纸上写任何东西。只是把你所知道的、关于这个文案你需要解决的所有难题都想一遍。

你甚至可能会将你工作的最终结果具象化：想象着寄来的堆积如山的信件，表明你的广告产生了巨大的反响；想象着你的老板走向你，拍拍你的背，夸你做得不错。一旦你做完了所有这些事，就去做一些对你来说看上去有点奇怪的事情吧，停止工作。

对，停止工作，做一些其他事情，把这个项目忘记。做一些令人愉悦的事情——在公园中散一会儿步，沿着街道走一走，或者和一个好朋友一起吃午饭。无论你做什么，都要让你的注意力从现有的工作中完全转移出去，甚至不要想起这个文案项目。

无论你是否意识到了这一点，虽然你将文案的事情完全抛诸脑后，但实际上你一直在思考那个文案。你的潜意识实际上正在加工你学到的所有东西——那些你收集到的所有的一般性信息和特殊信息。你的头脑接收了所有这些信息，并与你所知道的关于文案写作和沟通交流的所有知识融会贯通，为你的广告文案初稿做好了精神准备。

只有罗列这些信息，并对这些信息进行几百万次可能的排列组合，才能为你的营销问题提出最佳的解决方案。你正在做的事情绝对和它没有一点关系。你只不过是在享受自己的好时光，而你的头脑却在疯狂地运转。同样讽刺的是，如果你又开始想你的文案，反而会破坏这个过程，让结果不如人意。整个潜意识运作的过程就叫作酝酿过程，而花在这上面的时间就叫作酝酿阶段。

你的潜意识在加工无数信息的碎片，就像你头脑中的计算机系统在后台运作着一个非常重要的程序。然后，当你散步时、淋浴时，甚至在做白日梦时，那个精彩的主意就会倏地闪过你的脑海。太好了！你走向自己的桌子，着手写出一些你的潜意识为你创造出并组织好的精彩东西。

你的意识总是在工作

当然，也许你认为你可以省去这个酝酿阶段。千万别这么想，即便是截止日期的压力让我没法花大把的时间去酝酿，我仍然会尽可能快速地酝酿一下，虽然结果可能会不尽如人意。时间的压力只会加速酝酿的过程，提升头脑吸收信息的速度。如果你的时间充裕，且能平衡好截止时间带来的压力与项目所花费的时间，那么你的写作水平和文案作品的质量就会有所提升。这也意味着你可以先着手做一个文案，然后去做另一个，随后再回到第一个。这是另外一种方法，允许你在做其他事情的同时让你的潜意识有充足的时间工作。

实际上，这个酝酿过程在有些压力的时候工作效果最好。如果你没有任何压力，你的大脑就不会很快地或者很有效地运作。所以它是一种平衡，协调各种压力以产生最优结果。

压力来源于哪里？我们已经知道，时间会产生压力，但是还有很多其他的因素，比如自尊心。如果你有很强的自尊心，它也会催生出一定程度的压力。这种压力可能会在酝酿过程中发挥积极的作用。举个例子，你的老板期望你创作出一些引人注目的文案来，那么你的自尊心就不允许你让他失望，这样你就增加了酝酿阶段的压力。你的创意倾向也是因素之一。比如，你天生就是很有创造力的人，那么你就比那些天生没有创造力的人具有更大的优势。最后，环境也能扮演同样的角色。如果你身处一个具有创造力的环境，它就会激励创造过程中所必需的酝酿行为，对你的酝酿过程有所帮助。

就让它发生

现在，可不要把这一章给你的老板看，然后说：“看见了吧，乔·休格曼告诉我在工作时间里要去公园愉快地散散步，在我脑子里正在酝酿的时候好好轻松。”这全是瞎说，也不是这一章的目的。在这一章中，我只是希望你能意识到在你大脑的后台中，时刻有一个过程在运作着。使用恰当的平衡技巧，让你的酝酿过程发挥功效，你就可以创作出有轰动效应的文案来。

在一家邮购公司里，一位管理者可能犯的最大错误就是让创意部门和公司的其他部门在同一栋大楼里办公。想象一下那些运营部门的人走进来，看到创意人员正在酝酿——眼睛盯着某个地方，或者和同事一起享用一个很长的休息时间。“这些在创意部门享有特权的混蛋们真是为所欲为啊”就会成为非常典型的评论。但是创意部门需要这样的氛围，只有这样才能将酝酿过程的作用发挥到极致。

如果管理层把适用于其他部门——那些需要在工作中时刻保持清醒的部门的规则强加于创意部门，那么好的创意肯定会锐减。将创意人员和公司其他部门的人员分开来是非常重要的，因为文案写作人员需要更多的自由来酝酿和创造。

等你坐下来，敲出文案的时候，就需要牵涉到游戏规则了。你需要让文案从你的脑海中倾泻而出，忘记拼写和语法。记住，你的头脑接收了你所采集到的所有数据，并通过你在文案写作、沟通交流和日常生活等各方面的知识将之融会贯通。所以，收起那些关于拼写和语法的东西吧，只需尽情地将文案自由地倾泻出来。

左脑和右脑

如果你非常了解写作和创造性思考，你就会知道，关于我们大脑不同的半球控制不同类型的思考这一点有很多东西值得说。右脑控制直觉或感性思考，左脑控制逻辑或理性思考。用哪一边的大脑来写文案呢?当然是右脑了。让文案从右脑倾泻出来，让它们不受左脑的任何限制倾泻而出吧。

文案或者创意的涌出是酝酿过程的最高潮。这是在后台运作的所有精神过程的最终结果。所以，我建议你记住这条公理：

公理 10

酝酿过程就是你的潜意识运用你所有的知识和经历来解决一个具体问题，其效率是由时间、创意倾向、环境和自尊心所决定的。

如果你经过了酝酿的过程，然后将你的想法写在了纸上，面对优秀文案写作的挑战，你就已经完成了一半。(接下来就是很有趣的部分了——编辑的过程，等到本书后面的章节我们再来谈这个过程。)既然你已经为文案写作过程的处理做好了精神准备，现在就该决定你到底需要写多少文案了。

第 14 章

你应该写多少文案？

酝酿、滑梯效应、好奇的种子——所有这些都是非常巧妙的概念，但是通常在我的研讨班上，被提出来的都是这样一些问题：人们会读完你的整篇文案吗？直销的学生们都知道没有所谓过长的广告这回事，这是有些道理的。

诀窍非常简单：如果读者按照你的要求去做了，那么一篇文案就绝不会过长。因此，它就不能乏味，它必须引人入胜，它必须与读者产生共鸣。最后，它必须是一些读者感兴趣的东西。

我们在这里要谈的是滑梯的概念。文案必须引人入胜，能够令人一口气从开头读到结尾，其他所有的东西都是次要的。如果你不能写出引人入胜的文案，你就永远不能让读者读到你文案中销售产品的部分。

人们会阅读长文案吗？让我换一种方式来回答这个问题。请你做一个小小的实验，在接下来的几行中，我希望你能像我所指示的那样，填满一篇文章中空白的地方。

标题：________（你的姓氏）家庭被选为数百万美元财产的继承者

副标题：匿名人士给住在________（你居住的城市）________（你居住的街道）的家庭留下了数百万美元的遗产

如果你在当地的报纸上看见了这样的标题和副标题，你会开始阅读第一句话吗？当然会。假设这篇文案接下来是这样的：

> 天啊，真走运！你怎么可能从一个你根本不认识的人那里继承到数百万美元呢？
>
> 看吧，这就是发生在________（你的全名）身上的事情，虽然此人尚未找到，但他刚刚可能获得了来自匿名人士的一笔巨大的财产。

当然你也可能会读完整整3 000字的文章，毕竟这篇文章讲的是关于你的事情。你被牵扯了进来，你被一篇写作手法非常富有激情的广告所吸引了。它不仅很有信息价值，而且很有趣，尤其是对你而言。

这就是我关于长文案的看法。如果这篇文案完成了我刚才描述的所有事情，那么读者就会感到非常有趣，并且会阅读完整篇文案——可能不是以一种刚获得数百万美元的人所具有的热情，但是会以一种非常接近的态度，如果你的文案有效果的话。

强烈的兴趣

我是在一台苹果电脑上写作这本书的。不久之前，我在学习文字处理系统时，对这台电脑有着非常浓厚的兴趣，我会去看这台苹果电脑上的任何东西。稍后，在我掌握了必须学会的东西后，这些信息对我来说就没有那么有趣了，我再也不会以同样的热情来找寻它们了。

对产品来说，道理也是同样的。当电子表第一次出现的时候，我的顾客都非常想买。他们成群结队地来买电子表，阅读我的文案里面的每一个词语。我的文案信息量很大，非常有用，将他们吸引了过来，使他们饶有兴致地阅读。当电子表市场恶化的时候，这股热潮开始退去了，我的顾客们对这种产品不再那么感兴趣，转而去买其他产品了。所以文案的阅读率自然也就下降了。

如果文案有趣，读者就会把它读完。

对读者来说，如果文案是有趣的，他们就会阅读。我记得当我在20世纪50年代参观汽车展示厅的时候，总是会寻找那些具有大尾翼和流线型创新设计的新车。广告商们也总是谈论齿条、齿轮、转向装置，我总是想弄明白这些是什么意思。所有文案的作用就是使读者进入一种驾驶这辆车的氛围中。虽然这是一种充满感情色彩的好文案，但是并没有告诉我足够多的信息。当你得到的信息不够时，你就会开始走到展示厅，去问问题，而这也许就是那些汽车公司期望你做的事情。

但一般来说，推销员知道的也并不多。对他们来说，齿条、齿轮、转向装置同样也是很陌生的东西。

我从那些汽车展示厅的参观中学到了一课，那就是：你不可能告诉一个目标客户足够多的他们真正感兴趣的东西，文案写作亦是如此。如果你谈论的是他们真正充满兴趣和激情的事情，他们就会以一种非常高的热情来阅读。

长短适宜

回到那个大部分文案撰稿人都是男人的时代，人们有一个关于文案长度的老格言："文案就像一个女人的裙子，它需要长到能够遮住关键部位，但是又要短到使男人充满兴趣。”

让我们再回到那个早前在本书第6章出现过的例子，讲的是一个推销员拜访目标客户。推销员如约而至，客户解释说他谈不了45分钟，因为他正在开一个预算会议。那么这个推销员能将产品演示时间缩减为15分钟吗？如果是你，你又会怎样做？

一个好的推销员会重约一个时间。如果这个销售展示需要花一个小时的时间，那么就应该是一个小时那么长——既不能更长，也不能只用15分钟。文案也同样如此。依据你的销售计划，文案要长到你有足够的时间去创造销售环境，开发客户对产品的兴趣，迎合目标客户的需求以及卖出产品。

文案必须长到足以讲完整个故事，或者说完所有的推销术语——既不过长，也不过短。当然，这里也有一些操作上的限制，但即使如此，它们也是可以被打破的。当最伟大的邮购文案撰稿人之一加里·哈尔伯特找女朋友的时候，他在洛杉矶当地的一家报纸上发布了一则3 000字的整页个人广告。结果他收到了无数的约会邀请。

当理查德·德尔高迪奥想要找一个私人助理来帮他管理他的基金募集公司时，他刊登了一则4 000字的寻人广告，结果来应征的人令他应接不暇。

长文案方针

如果你搞明白了，就会知道其实没有文案长度的限制。举例来说，如果一个好的推销员在10分钟之内达到了销售目的，向一个目标客户售出了一个价值19. 95美元的家用小玩意儿，而另外一个推销员花费了数月来进行推销，最后卖出了价值百万美元的高速印刷机。谁会是更好的推销员呢？这个问题当然没有答案。他们都有可能很好，也都有可能很差。那为什么会有这些关于文案长度的争论呢？就像我此刻希望你相信的那样，如果平面广告和面对面推销是非常类似的，那么为什么不能遵循同样的原则呢?

现在让我们花一点时间，来看看影响广告需求增加的两个要素。

价格点：价格点越高，就要用越多的广告内容来解释这个价格的合理性或者创造需求。这是普遍适用于文案写作的规则，除非该价格被认为是物超所值（这样的话文案就要少一些），或者更低的价格似乎缺乏可信度（这样的话文案就要多一些）。更多的文案能令你提升产品的价值，在零售价格上增添更多的美元。简而言之，通过劝服消费者，你能够从你的产品上赚到更多的钱。

独特的产品：这件产品越是不同寻常，你就越需要使产品迎合顾客，就越需要专注于创造购买环境，解释产品的新特性。一般这些产品很难通过零售的方式售出。当你的文案长度适中时，邮购将是一种完美的方法。

总之，使用长文案有两个基本原因。原因一是你要有足够的内容创造出一种能诱发目标客户购买心情的环境。原因二是你要有足够长的时间来讲述自己产品的各个方面。

短文案也能产生作用

来自英国Scottcade邮购公司的罗伯特·斯科特来到我的研讨班，告诉我他的方法违背了我所有的规则。他的邮购型录文案非常短，但仍然售出了大量商品。

然而，事实上他的邮购型录相当遵守我的规则。第一，他通过高超的摄影技巧，让拍出的产品都显得很高雅。第二，同其他公司或者零售商相比，他的价格非常低。正因他以如此低廉的价格来出售产品，且广告环境也是如此有效地将顾客置于一种购买心情中，所以很多在常规文案中需要做的事情他已经借视觉效果和价格点来完成了。另外，他的媒介是邮购型录。在型录中，长文案一般是不需要的，型录创造出一种环境，省去了你需要在文案中创造购买环境的时间。

我不是想向你推销长文案。我也曾使用过短文案，有时还是非常短的文案。但是我使用的短文案都是确实必要的，而且价格点都很低，这样的短文案也能达到效果。事实上，我并不特别倾向于长文案或者短文案，我要的是让客户能掏出血汗钱来购买产品或服务。坦率地说，在一则广告的创作过程中，文案的长度只是众多需要考虑的因素之一而已。

所以这章需要记住的公理非常简单：

公理 11

文案应该长到足以引导读者按照你的要求去做。

人们会看完整篇的文案吗？有些人会，而且这些人已经多到可以使我和其他文案作家们过上舒服的生活了。

第 15 章

个人化沟通的艺术

假如你是按顺序来阅读这本书中的章节的话，你就打下了坚实的基础来理解和学习文案写作。

本章是建立在我多年文案写作生涯中切实理解和掌握的知识的基础之上的。学习这一章并不难，但是要理解它为什么如此重要就需要多花一点时间了。

广告要做的事情之一就是与读者或观众产生共鸣。广告是沟通的终极形式，它的目的就是促使顾客采取行动——通常是掏出他们的血汗钱来购买一种产品或服务。但是因为某种原因，很多广告人都忘记了这种沟通形式中的一个关键点——那就是，它应当是个人化的。

作为个人沟通的一个好例子，让我们首先来谈谈直邮。在直邮中，个人沟通非常容易理解，毕竟，你是在写一封给个人的信。

每一则广告都应当是从广告者到目标客户的私人信息。

但是在创作一封附在邮件

里的信时，很多文案撰稿人写的信就好像是藏在一堵墙后面，通过一个麦克风向广大观众讲话一样，比如下面这个：

> 我们是ABC公司。我们希望能够邀请你们全体再次参观我们在即将到来的贸易展览会中的展览。我们的工作人员会在那里与你们见面，向你们演示我们的新式钉扣机。

用个人化的方式也许应该这样说：

> 嗨，你可能还记得我，就是上次贸易展览会上的那个人。好吧，我希望能邀请你来参加最新的这届展览会，我将与你在那儿再次见面，向你展示我们的新式钉扣机。

你看见不同了吧？第二个版本要更加私人、直接。这是我在和你交谈——而不是同一帮人在交谈。看上去就像是我作为个体在给另外一个个体写信。

现在，在直邮广告中这样做就对了。为什么不将你的信写得更个人化、更直接点呢——更像一个人以一种直接的、面对面的方式与另一个人和蔼地交谈？当然，在一些情况下，和蔼可能不是最好的方式。这没关系，只要你使用类似“我”、“你”这样的词语，你就创造出了一种个人化的沟通形式。

沟通中的情感过程

还记得我前面提到过，文案写作是把一个创意形成文字的情感倾泻。我还说过，文案写作很大程度上是一个感性的过程。看看下面这两封来自同一家公司的信吧，看看其中一封看上去会比另外一封多出多少感情色彩。

亲爱的顾客：

我们Consolidated国际公司在此感谢您最近的订购。我们了解到，您本可以将您的生意交给其他一些公司，但事实上您还是选择了Consolidated国际公司。我们全体职工都非常感谢您的选择。感激不尽。

您真诚的

约翰·史密斯

现在把它和另外一封比一比：

亲爱的琼斯先生：

我只是想要私下谢谢您最近的一次订购，我刚收到了您的订单。拿到它后，我甚至把它展示给了我们公司的董事长。我明白您有很多的选择，但是我真的非常感谢您最终还是选择了我们公司。

您真诚的

约翰·李

这两封信都服务于同一目的，但是第二封信要更加温暖、更加私人，你能感觉到李先生是直接在同你交谈。他实在很高兴能得到你的订单——高兴到他甚至跑到公司的董事长面前向他展示你的订单。这是一种真挚的表达，这也是一种直接的信息传递——带着真实的情感。

与此同时，史密斯先生的信更可能是一种形式上的信，是公司用来寄给所有顾客的，所以就缺少了李先生信中所含有的私人化感觉。它缺少了温暖和亲切，其中的差别是明显的。把这两封信再读一遍，感受一下其中的差别。将你自己放到琼斯先生的位置上，想象一下当他收到这两封信的时候，他的感觉会是什么样的。

信件应该是私人化的

有个关于私人化信件的好例子，是我曾经为我的“消费英雄”会员计划寄出的一些信件。它们可能已经完全脱离了常规，但却有效地帮我达成了目的。

这个会员计划是为我们的折扣俱乐部的广告打造的。我们对那些新的但稍有瑕疵的产品进行重新修整，然后再通过我们建立的这个俱乐部以折扣价卖掉它们。

这个俱乐部的部分计划就是我们定期的月度简报。它列出了这个月所有的产品，同时还有一封很随意的信，谈论这个俱乐部的事情。

我所传达的形象不是一家非常大的、满足会员需求时冷冰冰的公司，而是一群努力工作、具有不同民族背景的人们，他们在一起和谐地工作，只是为了使这家公司成功。

这家公司必须被描述得规模很小。这是一个很重要的概念。毕竟，这是形象的一部分——一家很好的、以顾客为导向的、同庞大的美国企业和通货膨胀的影响相抗争的公司。

我们用来保持小公司形象的其中一个技巧，就是使用那些已经倒闭了的公司的旧信封。我们简单解释说，这些信封已经不太好了，这是我们节约成本、保护环境的一种方式，同时我们还能把这些节约下来的钱转移到顾客手中。

所以在一个月内，会员可能会收到来自Ski Lift International——一家已经破产的公司的信封。下个月，他们可能会收到来自 CMT Machine Tool——另一家已经倒闭的公司的信封，但是这些信封里面的内容总是来自“消费英雄”。

我们寄出了蝙蝠侠信用卡作为会员卡（关于这张卡，又有另外一个完整的故事，但是我计划在另外一本书中讲述）。我们试图传递的其中一个品质就是绝对百分百的真诚。我们是如此真诚，以至于这些顾客甚至为我们焦灼不安，下面是一封具有代表性的邮件。

亲爱的会员：

信里附上的是我们“消费英雄”计划最新的月度简报。

两家新公司加入了我们的计划，一家是松下公司，另一家是McGraw Edison公司，它们都是备受尊崇的、信誉很好的公司。

我们想要感谢你们中的很多人。我们收到了很多令人愉快的信件肯定了我们的努力。能够收到这样的来信，我们感激不尽。

前几天，我们收到了一封来自住在格拉斯顿堡的一位R. F. 先生的信，信中这样写道：“我对你们这个‘消费英雄’的幻想完全破灭了。我寄出了5美元，希望你们的服务能够有所值。但直到现在，我只收到过一次简报，你们提供的那些重新修整过的产品，都超过了我在大多数折扣店所支付的价格。即使有便宜点的商品，也都是一些没用的垃圾。你们并没有履行自己的承诺，所以我要退还你们那愚蠢的蝙蝠侠卡，请归还我的5美元。”

R. F. 先生对我们公司有如此感觉，我们感到非常遗憾。我们一直在成长，我们会从更多不一样的公司取得更多不一样的产品。但同时，我们必须非常辛勤地工作，才能吸引到所有这些新机会，最终走上我们预想的轨道。当我们在尽自己最大的努力的同时，请不要离开我们。我们希望能够坚持让这些商品的价格尽可能的低，我们也会继续向这些公司施加压力，确保实实在在的折扣。我们相信大部分折扣都是这样的，虽然我们并不赞同R. F. 先生，但是我们尊重他的意见。

我们很高兴地宣布丹尼斯·德莱尼加入我们公司，帮助我们装信封。丹尼斯是我们当地高中的一名学生，他是足球队的一员，同时也为学校的校报工作。他的爱好是裸潜①、滑水和摄影。

想要留住每一位员工是非常困难的，贝蒂·简·威廉姆斯决定

① 裸潜，又叫自由潜水或轻装潜水，是一种只带简单的呼吸器具而不穿潜水服的潜水方式。——译者注

同她的男朋友一起搬到洛杉矶去。我们会很想念她，不论何时，只要她出现，总能为我们带来阳光。

在下一封信里，我们希望能增添一些新加入的公司的简报。非常感谢你们所有的耐心和理解，甚至感谢R. F. 先生的来信，虽然他的信并没有赞誉之词。我们允诺会继续尽我们最大的努力。

诚挚地

消费英雄

你的英雄们：

辛迪·唐纳、约翰·汉德米斯特、丹尼斯·梅林斯、伯特·默茨、艾伦·米尔尼克、道格·拉米斯、托尼·文图瑞尼、多萝西·文科沃斯基、丹尼斯·德莱尼

这封非常务实、个人化的信件是寄给“消费英雄”的顾客的。

虽然这是一封来自全体员工的信件，而不是来自个人的，但它给读者们传达出了一种个体对个体的感觉。这类信件读上去不是很有趣吗？人们总是对我们称赞道，仅仅是这封信本身，已经值入会费了。

在平面广告中，对个人化的需求变得更为明显。毕竟，你是在对大众说话，不是吗？但实际上你是在同某一个个体说话——就是那个读你广告的个人。他或她是在听某一个个体说话——就是那个写这个广告的人。所以关键在于，你撰写文案应该就像是在给单独的个体写信一样。你的信件应该非常个人化，从我到你，仅此而已。

署名的使用

在印刷品上，达成这种效果的一个很有效的方法就是使用署名。使用你或者你的组织中其他人的名字，比如总裁的——就像新闻机构在杂志或新闻文章中所做的一样。这样你就能使用一些词语，比如

“我”、“我们”和“你”。让我们看一些这样的例子，这是我第一次为BluBlocker太阳镜——一家价值数百万美元的公司撰写的广告。

标题：视觉突破

副标题：当我戴上这副眼镜的时候，我简直不能相信我所看到的一切。你也不会相信的。

作者：约瑟夫·休格曼

文案：我要告诉你一个真实的故事。如果你相信我，你会得到丰厚的回报。如果你不相信，我会令它值得你花点时间来改变你的想法。请看我的解释。

看看这篇个人化的文案。看上去就像是我在直接对那个人说话。我使用了“我”和“你”——这些都是在一对一的谈话中使用的私人化词语。让我们来看一下其他一些广告文案的第一段，也是使用了一种针对个人的语气。

这件事可能会使你吃惊。事实上，如果我的预感正确，只需略读一下这篇文章，你就可能在后半生改变你对成熟的看法。原因如下。

或者下面这篇又如何？

如果我买了一张伊利诺伊州的彩票，我中奖的机会应该是百万分之一。但是如果我打个赌，你——本刊的一位读者，有高血压，并且几乎不知道这份刊物，我的正确率可能是1/8。

上面的段落显示了在文案中你可以非常个人化，但还是能传达出有力的想法，或创造出一个环境，架设你的滑梯，使读者读下去，并回应你。

我刚开始写作的时候，非常低调，从来不将自己的名字用在任何的广告传播上面。但在我变得越来越熟练之后，我意识到了个人化信息在直邮广告中可能产生的效果，就开始有规律地在印刷品中使用自己的署名。在我的邮购目录中，我可以以第一人称的语气谈论这些产品，因为在目录的第一页，我写了一封信向顾客做了自我介绍。

即使是杂志也拥有个性

我记得曾经阅读过一篇文章，讲的是杂志自己传达出的一种形象。《福布斯》杂志就拥有非常强烈的个性。史蒂夫·福布斯一边运作这份刊物，一边每期写一篇专栏文章。这就使读者对杂志产生了一种更贴近自身的感觉。相反，《商业周刊》看上去更像是一本企业刊物，虽然它上面有很多署名。一位商业女性曾经评论说，她可以搂住《福布斯》，与它相拥，但是跟《商业周刊》只有在握手的时候，才会觉得比较自在。文案写作也是这个道理。

你要创造出一种贴近个人的形象，这样人们才会带着感情回应你，才会感觉到亲近和自在，才能掏出他们的血汗钱来购买你的产品或服务。

> **公理 12**
>
> *每一次沟通都应该是一次个人化的沟通，从作者到受众，无论使用哪种媒介。*

所以，当你着手撰写一篇文案，想要让读者看下去并受到鼓舞时，请使用第一人称，发出一种个人化的信号。

现在，你已经准备好写第一篇文案了，你读过的所有东西都是为了这一刻做准备。本书要教给你的，都是在你已经学到的东西的基础上进行的打磨。确实，你将来还要学一大堆新观点，但目前你已经准备好大干一场了。在下一章中，我们会讨论到如何用我的技巧和思维过程写好你的第一篇文案。

第 16 章

文案顺序

现在你已经真正准备好撰写第一篇成功的文案了。你已知晓认识你的对象的重要性；你已知晓在一则广告中所有元素的目的就是让目标客户开始阅读第一句话；你还知晓所有使读者从第一句话开始一口气读到结尾的公理。

文案必须是流畅的，它的连贯性还必须要讲得通。它必须要以一种便于理解的顺序组合在一起，每一个想法的逻辑都要和上一个联系到一起。

很多人都已经告诉我，他们在看我的广告的时候，每每想到一个问题，总是能在文案的下一句话中找到这个问题的答案。他们常常觉得这很不可思议，但这就是一个优秀的直销广告文案撰稿人让一对一的推销员们又羡又嫉的一种技巧。

引导读者

因为我们这些文案撰稿人没有让客户站在我们面前问问题的优势，我们必须要雕琢自己的文案，用文字的力量来引导目标客户（通过文案的流畅性）提出我们乐意回答的问题。听上去很难，是不是？其实不然。

首先来写标题，它会吸引读者的目光吗？然后写副标题，它会促使读者进一步阅读吗？然后撰写一幅想象中的图画下面的说明文字，它够强势到让读者开始阅读第一句话吗？最后是写第一句话。

一旦你开始按我的思考过程来思考，你就会找到一种规则和一个方向，这在你之前的文案写作中可能都没有经历过。

你甚至还可以在文案中写一个段落，用黑体字凸现出来，就像下面的“消费英雄”广告一样。

保证无迹可寻

我们保证我们“偷来”的产品就像全新的一样，不带有任何先前所有者的标志或痕迹。

在我的研讨班上，我会叫很多学生读出他们的标题，然后全班会对每个标题进行讨论，决定它是否能吸引我们所有人继续阅读副标题。这是一个非常好的过程，我们有来自不同生活领域的20个学生，他们在很多题目上都提出了一些极具创意的想法。

有一天，我8岁的女儿阿普丽尔坐在研讨班上的一个座位上。她一边记笔记，一边专心听讲。总的来说，她看上去完全就像一个学生。我总是允许我的孩子们在整个研讨班的过程中自由进出，他们从来没有滋扰过课堂。事实上，学生们很喜欢这种家庭的感觉。

阿普丽尔变成了一个真正的小讨厌鬼

一次，我布置了一个广告文案的练习作业后，让学生们自愿阅读他们自己的文案，阿普丽尔于是非常热烈地挥舞她自己的手臂。我叫了一个来自新西兰的学生——阿奇·梅森——他从事羊毛行业。后来，当我需要另外一个志愿者的时候，阿普丽尔又开始热烈地挥舞她的手臂了，但是我又叫了另外一个学生——弗雷德·西蒙，Omaha Steaks公司的总裁。最后，阿普丽尔走到班级的前面，对我耳语道："爸爸，让我读读我的广告吧。这是一则好广告，它遵循了你的原则。"

我感到有些不耐烦："等会儿，阿普丽尔。你难道没看见我正在给整个班级上课吗？"

最后，在休息时，阿普丽尔又走向了我，递给我她写的广告，我阅读了它。事实上，这是一个关于预测顾客会提出的问题并一一回答的好例子。它很简陋——毕竟，这是一个8岁的孩子写的——但是它包含了"问题和答案"的形式，非常有逻辑，主题很有意思，与她同龄的小伙伴们想必都会很喜欢阅读。她的产品是一只几内亚猪，广告内容如下：

标题：最棒的宠物

副标题：你想要一只不会跑掉的宠物吗？

文案：想想吧，你可以得到一只宠物，不会跑掉，不会绕着房子到处乱跑，而且非常容易照料。

你可能会猜想这是一只兔子、一只鸟、一条鱼，或者一只乌龟。我告诉你，你猜错啦。它是一只几内亚猪。

你可能想要知道应该怎样照料一只几内亚猪。应该在哪儿养它？它吃什么？

这些都不难。如果你没有几内亚猪笼，那就找一只足够高的纸箱子，这样它就不会跑出来了，还要足够大，这样它就能在里面撒欢儿。

你可以给它喂点儿几内亚猪专用饲料，也可以给它喂一些绿色蔬菜。你需要把塑料布铺在箱子底部，再铺上报纸，然后再撒上至少要有一英寸厚的刨花。另外，再放一只碗装食物，放一个瓶子装水。

这就是你需要知道的一切。如欲订购，请在今天拨打（电话号码）下订单。

阿普丽尔的广告说明了非常重要的一点——任何人，在任何年龄都有可能写出好文案，只要理解了原则，并将之应用到一些你直观了解到的事情上——从那之后，我在每期研讨班上都会提到这件事。

流程图的逻辑进程

在班上，我会叫我的学生先写一个标题和副标题，然后写第一句话、第二句话、再下一句话，直到每个学生都写出一篇完整的广告文案。

这些广告文案必须流畅地跃然纸上，一旦它们写在了纸上，编辑的过程就至关重要。在这一过程中，我给出的一个窍门是创建一份逻辑路线图，文案要依图而就，所有的问题应按照图示逻辑方式问出。

为了培养出这样一种意识，你要将你的文案分成很多小的缩略文案，就像公司流程图里面的一样。但是这个流程图只有一个方向——向下。

我为Bally制造厂的电子弹球机广告做过一个流程图。广告伊始，我就显示出我想吸引读者来读这则广告，并想要为这种产品创造一种环境。所以，我以这种产品所象征的欢乐时光作为广告的开头。这则广告是这样开篇的：

> 想要同电脑对抗的人是你自己。而操纵你自己的电子弹球机——Fireball，你体验到的激情绝不会平淡。
>
> Fireball内置的电脑取代了许多机械式得分的传统电子设备和标准弹球机的感应设备。这是弹球设备史上的巨变，是一场电子产品消费革命的开始。

在第一段中，我为这种产品创造了兴趣和激情，在第二段中，我开始制造这种产品的独特性，突出Fireball与传统弹球机之间的不同。

接着我在文案的下一个段落，解释了这台游戏机为什么不同、有什么不同、怎样玩以及电脑化的电子设备创造出来的一些新特性。

按理来说，读到这里读者可能会想要知道更多关于这台游戏机是怎样构建起来的信息以及这个产品的质量和新特性，所以，下面的段落就会提供这些信息。

好了，你确实对买这台游戏机很感兴趣，但是你告诉自己："我怎样才能合理解释这样做的原因呢？我很想要得到这台Fireball电子弹球机，在感情上我已经完全沦陷了，但我怎样才能说服自己购买呢？"

所以，接下来的一个段落就是使这次购买合理化。我比较了购买一台电视、一张撞球台和一套立体音响系统的花费。我把它的实用性植入人们的脑海中：我提到当客人来的时候，Fireball会成为任何派对或家庭聚会的焦点。就是在这里，我给了目标客户他们需要做出这次感性购买的理性诉求。我甚至建议公司也应该买一台，使员工在工作的间歇能够得到放松，我还宣称它是一种投资税收抵免和折旧花费——这些都是节税方法。我知道我需要为这个价值650美元的购买行为提供所有可能的理性诉求。

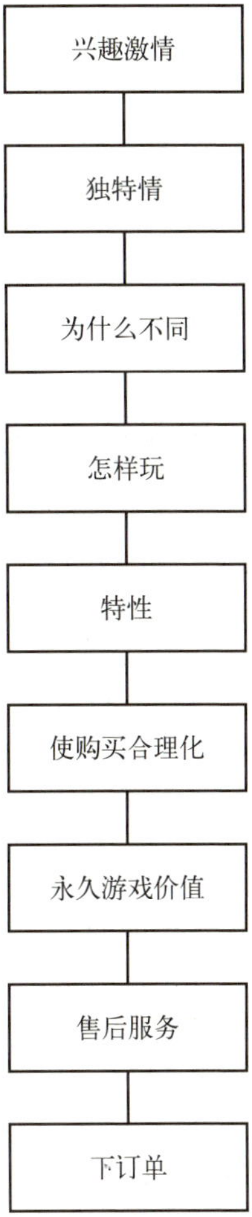

到此为止，顾客就会对自己说："好吧，我想要得到这个东西，我的购买也是合理的，但是如果我使用后厌倦了它，那它就会待在角落里，就像那个满是灰尘的锻炼器材一样。"

兴趣激情
独特情
为什么不同
怎样玩
特性
使购买合理化
永久游戏价值
售后服务
下订单

文案顺序的流程图只是走向一个方向——向下。

于是我指出这样一个事实：它拥有永久性的游戏价值。接着，我又给出了许多人们不会对它感到厌倦的原因。

这个顾客现在会对自己说："嗯，我喜欢这个产品，买它是合理的，我也看到了它拥有永久性的游戏价值。但是如果我买了这台巨大的电子弹球机后，其内置的电脑忽然停止转动了，那怎么办？”我接着就在广告文案中提出了售后服务问题，并且做出了回答。这个文案中每个段落的意义就在于它们是按照逻辑顺序放置的，就像是在预测目标客户会问的下一个问题——一切都尽在掌握，一切都井井有条，直到广告结束，顾客就会下订单了。

按逻辑顺序流淌

当你在写一篇相当长的文案时，流向是自动产生的。你不需要做一个流程图，因为你会本能地感觉到下一个问题，然后回答它。就是这个技巧使得一个好的直销文案超过了一对一的推销。我们感觉到这些问题，然后回答它们——我们在大众范畴内做这些事情。

你可能还是会发现制作一份广告文案的流程图是有帮助的，在你写下这些之后，就可以看到广告的流向是否合适，是否在正确的时机提出了正确的问题。你希望在你的文案中怎样排列问题呢？你希望通过文案的前半部分编织出一种怎样的环境？如果你是一个推销员，或者你曾经一对一地卖过产品的话，哪些问题你认为肯定会被问到？

所有这些确实都是常识。当你的文案流泻出来，出现在电脑屏幕或者一张纸上的时候，这真的只是这个过程中程式化的部分，但不是重要的部分。你使用的预测问题的顺序和文案的流向，才是真正在这个阶段的文案写作过程中起作用的东西。由此引出我的下一条公理。

公理 13

你在文案中提出的创意需要以一种有条理的方式贯通起来，预测用户的问题，然后回答它们，就如同这些问题是面对面问的一样。

到这里，你已经理解了优秀直销文案写作的基本概念了，也了解了成为一个你写作对象领域内的专家的重要性了。你知道你对一个产品或一种服务知道得越多，就越有可能提出独特的文案视角、产品定位，或者好创意。

但我还能给你一些其他诀窍，帮助你催生出你想要的深入的概念。首先，把问题提出来，它可能非常简单，类似“我想要卖出这台弹球机”。然后，一旦你提出了问题，就以一种不同的方式来重新表述它，“我想要向我的目标客户介绍这种弹球机的独特之处”。然后再重新表达一次，“我想要使这种弹球机容易被购买，并且看上去有意思”。

正是这最后一次的重述使这台弹球机恢复了生机，也同我实际使用的文案方法更为接近。在这个问题的重述中（你可能会列出几十种），所有你所知道的关于这个产品的信息都汇集到了一起，发展出了一种新的视角。

准备一个大创意

一旦你重述你的问题，有了一个最喜欢的表达，那么坐下来，列出你的好点子或好概念来。把它们一一罗列，然后从中选一个或两个最能讲得通的。

将你的概念视觉化，然后看一下它能怎样跟你的广告联系起来。再想一想你重述的问题和你的概念是不是看上去一致。然后就停止工作，进入酝酿阶段。

在你脱身于这件事情一段时间之后，再开始写作。首先写下你的标题——一个吸引人们注意力的重磅炸弹，一个足够短的、能抓住读者注意力的标题。然后写下副标题——引人入胜，抓住人的好奇心，使你的读者去读第一句话。最后，写下文案的第一句话——短小，直中要害，强大到足以将读者带入到下一句话中——然后就进入滑梯了。

将你的广告图表化。开头的几个段落在广告中起什么样的作用？情感上的诉求是什么？你预测到这些问题并回答它们了吗？满足目标客户的需求了吗？回答这些问题时你是直率而诚实的吗？

试着将你的广告模式化

另外一个方法叫作“模式化”，只需拿起一则你很喜欢的某人写的广告，其中的产品或服务与你的类似，然后把他们的广告当作一种样式或者风格，照此去写作。如果他们使用了一个很长的标题，那就让你的标题也很长。如果他们使用了很多说明文字，那么你也可以创作很多说明文字。抓住这则广告的感觉，但是要小心。不要太过模仿这则广告的风格，否则当人们看广告的时候，第一眼望过去，会以为这是来自你模仿的那家公司。这种练习只是给你提供一种形式或者引导，你可以这样开始写作。你若过于模仿这种风格，就侵犯了这则广告作者的权利。

这一章的要点是，当你在构建自己的广告的时候，你所经历的基本步骤和思考过程。关键是并没有客户坐在你面前，所以你必须以客户提问的顺序来预测客户会问的问题。

这种流畅性是很重要的。但在文案写作过程中，有一个重要部分真正地将最好的文案撰稿人与其他人区别开来了，这就是编辑过程，我们会在下一章讲到它。

第 17 章

编辑过程

本章讲述的是在一篇有效的、有说服力的文案中最有价值的秘密，因为只有在编辑过程中，你才能将那些生涩的思想和创意的情感流露修整成打磨过的、和谐的、有共鸣的、可以完美打动客户的谐振音叉。

就像钻石一样，当一颗钻石被发现的时候，它看上去像是一块煤或碳。将这块又黑又难看的石头打磨打磨，它马上就会变成世界上最珍贵的宝石。

还记得我之前在第 11 章中提及的我在纽约大学的讲座吗？我跟学生们说如果班级上的所有同学都做一份文案作业，我的初稿很可能会是班上最糟的。拙劣的语法、糟糕的拼写和杂乱的句子结构——作文老师可能就会这么描述。

但正是我在初稿之后下的功夫才使事情截然改变。这就是一份平庸的文案和一份润色过的广告信息之间的区别——从一份不能打动客户的文案，到一份强烈打动客户、促使他们掏出腰包来购买你的产品或服务的文案。这是一个工薪级文案撰稿人和一个挣百万美元的高效文案撰稿人（或企业家）之间的差别。

编辑的秘密

编辑中有什么秘密吗？再说一次，编辑和创作的精神过程几乎是一致的。这需要很多练习，虽然你会发现这比写文案本身要容易，事实上，这里面有更多的乐趣。将撰写初稿的行为看成是生小孩，它可能是痛苦的，耗时长久的，或者也可能很快，只有很少的疼痛。再将编辑过程同抚养小孩做对比，即培养出一个健康快乐的孩子所需的照顾和养育过程。

你不会想要自己的小孩步入社会的时候，穿着一身搞笑的衣服，或者不能与别人沟通、联络感情，对吧？因此，你得培养和塑造这个孩子，因为你准备向这个世界的其他人展示。

编辑就是一个培养的过程。就像并没有完美的方法来培养你的小孩一样，有很多不同的方法都可以用来编辑你的文案。当我编辑的时候，我总是为一个目标而奋斗，这可以概括为下面这条公理。

公理 14

在编辑的过程中，你要精练你的文案，用最少的文字精确地表达出你想要表达的东西。

现在这听上去很简单了，是吧？但这就是编辑过程的精髓。你想要保持和文案写作时一样的感受和情绪，想要保持当时的思考过程、当时受到的精神震动，只不过是要用最少的文字达到这样的效果。

这就可能意味着你要重新编排你写的文字，使思想更为直接，或者也可能意味着你要删减那些对这则广告的整体效果没什么贡献的文字，用那些能更好地表达你的思想的新词来代替，甚至还意味着你要增添一些词语来阐明一种想法。但是，撰写广告文案的目标就是用最少的文字、最有力量的方式表达你想要传达出的想法。

我还记得在20世纪80年代我写《成功的力量》时的感觉。因为它是一本书，所以我并没有困窘于撰写广告文案时所遇到的相同局限，这是一个非常轻松的过程。事实上，写其他很多东西都比写直销广告文案要容易得多。你可以自由使用尽可能多的词语来表达一种想法或感觉，而且你也没有空间上的限制。

文案有空间限制

但是在广告文案里，你确实有空间上的限制。你的文案有一个非常专注的目标——促使你的目标客户掏出他们的血汗钱来购买你的产品或服务。你做的所有事情，你写的东西都必须指向这个目标。

以我写的一则广告为例。广告初稿的头两段，一共包含了66个单词，而最终稿只有43个单词[①]。我们研究一下这两种版本，就能明白一些道理了。这则广告是为一台浴室体重秤而写的，下面就是初稿：

> 减肥不容易，对谁都一样。
>
> 而且，如果你尝试过减肥，你就会知道——一个好的减肥计划要包括一台浴室体重秤。一台浴室体重秤就像一张成果报告单。它是一个能把减肥成效告诉你的反馈机制。事实上，减肥的愉悦之一就是站在你的浴室体重秤上，看见一个令人惊喜的数字。

现在让我们把这则广告去繁存精，压缩字数，不过要始终保持同样的意思和情感。

> 减肥不容易，对谁都一样。
>
> 减肥的愉悦之一就是站在你的浴室体重秤上，看见令人惊喜的数字。一台浴室体重秤就像一张成果报告单——一个能把减肥成效告诉你的反馈机制。

---

① 这里是指英文单词的个数。——编者注

可以看到在第二段中，几乎减少了40%的词语。而第二个版本的意思和情感诉求与第一个一样，甚至更好。

如果将整页的千字广告都用这个比例来编辑，你就会看见编辑过程所带来的差异了。事实上，现在我们可以来看一下优势。

词语精练的优势

如果文案用词简洁，你的广告看上去对目标客户的压迫感就要少一些，他就更有可能去阅读文案。第二个好处是将文案变短，你会将滑梯变得更滑。你的客户会更快地抵达滑梯的底部，同时还能收到你的全部销售信息。

我也在研讨班上讲过前面那个例子，学生们花了20分钟的时间，给出了他们对这则广告进行编辑后的版本。其中有很多都很棒，有些甚至比我的版本还要短。当然，文案就是来自于这两段中，他们并没有这则广告的剩余部分，也无法全面掌握这篇文案，了解我为这个产品创造的环境、我的销售目标和情感诉求。因此这可能并不是个完美的例子，但是这个例子体现了很多编辑原则。下面就是他们学会的5个原则；

一些编辑的原则

1. 找到每一个定语从句中的“那个”（that）。举个例子，在我的初稿中，我使用了这样的词语，“而且，如果你尝试过减肥，你就会知道（You know that）……”有很多单词，包括“that”之后的单词通常都可以删掉。在这个例子中，我可以删掉8个单词。

2. 编辑出节奏。确保你改变句子的长度后它们听上去不再单调。我会在本书的第18章讨论节奏的问题。

3. 想想怎么组合句子。请注意在编辑后的版本里，我组合了这两句话:“一台浴室体重秤就像一张成果报告单。它是一个能把减肥成效告诉你的反馈机制。”我把它们组合成了:“你的浴室体重秤就像一张成果报告单——一个能把减肥成效告诉你的反馈机制。”这样虽然我只是节约了一个单词,但是这样组合句子很有效,即便只减少了一个单词也是好的。

4. **删去不必要的词语**。看一下词组“看见一个令人惊喜的数字”中的“一个”。我们可以很容易删去“一个”,但是并不会改变意思,所以这一句就变成了“看见令人惊喜的数字”。

5. **重新编排想法,使它们更流畅**。请注意在初稿中,这个文案是:首先,指出一台浴室体重秤就像一张成果报告单。其次,减肥的愉悦之一就是站在你的浴室体重秤上,看见一个令人惊喜的数字。通过变换这两个想法的位置,我使这则广告更富有感情了。我先强调了减肥时看到磅秤变化的喜悦,接着,我又解释了原因。这样听上去要好多了,从流畅性的角度讲,比初稿更加符合逻辑。

只要你需要,想改几遍改几遍

有时候,编辑的过程就像养育和教导子女,你需要花上很多的时间。在终稿出来之前,你可能需要写10次草稿。而有时,它可能直接就从你的脑子里冒出来了,甚至不需要一点儿修改。

当葡萄柚商人弗兰克·舒尔茨参加完我的研讨班,撰写他著名的葡萄柚广告时,那篇文案就几近完美,已经不需要再进行什么编辑了。《懒人致富》的作者乔·卡伯参加研讨班时,他对全班说,他的广告完成后,只改过两个词语,其他都很完美。与此相反,一些之前有很多文案写作经验的研讨班参加者,却用了大量的时间来编辑他们的广告。

对我而言也同样如此。我也执笔(后来则用电脑)写出过一些一气呵成的广告文案,不需要过多编辑。但是大多时候,我需要修改很多次才能满意。这里就有经验的因素。你写得越多，你需要编辑的就会越少，文案就越容易从你的头脑中涌出来，你就能更好地表达文案的情境和每个词语象征的激情。

你要删去那些不必要的词语，还要让文案始终说得通。

新手一般都需要通过编辑来雕琢、打磨一则广告，但是有经验的文案撰稿人在头脑中已经有一套编辑机制了。那些看上去像是经过过滤器过滤出来的文案是源于他们的经验。

不过，你没法预料你的文案是否需要编辑，无论你有多少经验。因为你可能会创作出需要经过多次编辑的文案，你也可能一次性写出一个精彩绝伦的文案，而不需要过多的编辑。

阅读期刊

我经常惊异于我阅读的很多期刊文章是如此缺乏编辑。像这样的短语“最后，请注意……是非常重要的”完全可以删去，而不会影响后面行文的连贯性和理解。另一个例子：“不知是幸运或者不幸，这件事可能是……”，为了让信息更加明晰，这些短语都不是必要的。很多期刊文章中充满了这样不必要的初级词语，占满了所有空间，但是却没什么实际意义。为了写出有效的文案，你不能这样拖沓。

如果你想实践一下，看看下面这个例子吧，自己编辑一下。或者阅读任何一份期刊，检查一下有多少多余的词语可以被删掉，以此来练习编辑文案。你还可以撰写一个草稿来练习这种技巧。

例子1

这种产品唯一的可取之处，就在于我们的存货并不多。进口商不会订购太多，因为在正常的思维下零售商不会买它，更别说再卖了。所以我们只需要卖出几百个就可以了，就当作是一个市场测试。

例子2

我坐在纽约城的一间办公室里与一位朋友交谈，他是个成功的商人，我们叫他斯图尔特。我告诉斯图尔特，我必须在事业上做一个非常关键的决定，我需要一些引导和建议。

当我在20世纪70年代开始撰写大量文案的时候，我使用的是一种标准拍纸簿和圆珠笔，我会亲笔写下我的草稿。接着，我将它拿给我的秘书，她会帮我打印出来，并且预留双倍的行距。

接着我就会开始编辑修正，然后再让我的秘书重新打印出来。这样的过程会重复很多次，直到这个草稿成为交给排字工人的终稿。

电脑是伟大的助手

当装有文字处理系统的电脑第一次出现的时候，我很抗拒使用它们。我已经习惯了手写，看上去要将这一过程转移到电脑和键盘上是很困难的。但是我还是在20世纪80年代早期的某个时间开始转变，使用了一台苹果Ⅱ型电脑，从那之后我在就再也没有用笔写过了。

在电脑上面写文案使编辑过程变得非常容易。文字处理系统使你能挑出文字或者整个句子，然后把它们拉到文案的另外一个地方。复杂的拼写检查系统会浏览你所有的文案，纠正你的拼写，甚至是在你还在打字的时候。同义词、语法检查和所有种类的编辑工具都被编进了相当好的文字处理程序中。现在，我再也不需要给秘书一篇草稿了。我首先会在电脑上打出一份草稿，接着进行编辑，甚至经常在打印之前就已经编辑好了。电脑对我的文案写作和编辑来说贡献巨大，超过了其他所有因素。这给所有文案撰稿人都带来了改变。

另外一个会在编辑过程中帮助你的因素就是时间。如果你能在编辑之后，将文案放在一边，然后隔一天再看看，或者几天之后再看看，你多半会发现你之前可能永远不会发现的事情。如果时间比较紧张，那就把文案放一会儿，过一会儿再回头看看。关键是要让你的潜意识思维有时间消化你所做过的事情，然后把需要修改的地方找出来。

还有其他很多编辑规则可以在课本和写作风格书中找到。还有其他一些关于写作的书也很好地对这一问题进行了讨论。事实上，是一本我在大学时读过的书让我真正地打开了思维，意识到了在文案创作过程中编辑的重要性。

最终，在你认为你已经写出完美的最后一稿时——这是一篇编辑得极为优秀的文案，你再也不可能做一点儿修改的成稿——让某个专业编辑或文学专业的人来检查一下你可能疏漏的语法。这并不意味着你必须要接受所有的改动建议。当然，你要改正错别字和那些残缺的病句，或任何其他会给你的目标客户留下负面印象的糟糕语法。但是请估量每一处改动，如果你觉得改动影响了原有的写作风格，并且原稿没有违反语法或拼写规则，那就忽略它们。关键是，如果你对某人建议的改动感到不舒服的话，不要被他吓到。

逗号的使用

有个很好的例子就是逗号的使用。这里有两种观点——一种是使用很多的逗号，一种则正好相反。我并不认为要使用很多逗号，因为它们占了很多空间。作为一个文案撰稿人，你的写作空间并不大。所以我只是在那些语法规则很清晰地表示需要使用逗号的地方使用逗号。在那些我并没有违反任何语法规则，或者那些逗号是可用可不用的时候，我并不会使用逗号。举个例子，当3个物件放在一起的时候，比如“苹果，橙子和土豆”，在“橙子”的后面我不会使用逗号。

我会让我的姐姐朱迪——一个中学老师——和我在JS&A公司的合伙人玛丽·斯坦克来校对我所有的文案。我并没有接受她们所有的改动建议，但可以肯定的是，我对她们的建议都很重视。

重要的是，你需要使你的文案尽可能没有错误。否则的话，就会在很大程度上影响你推销的整体性。语法错误会在你的读者的脑中产生疑问。他们可能会想：“如果这个人不能将他的语法弄好，我怎么知道他能不能把自己的生意弄好？”

关于客户想法的一个好例子是，我曾收到过一位生气的航空杂志读者的来信。当时我们在杂志上刊登了“消费英雄”俱乐部的广告。我们收到的信是这样的：

> 亲爱的先生：
>
> 虽然在附带的广告里，你有意使用了谈话的语气，但是对于顾客导向的广告写作来说，没有任何许可允许这类明显的糟糕语法存在，就像你的文案第五段里写的那样。“We better not”，这可能会发生在随意的口语演讲中，但是在写作中是绝对不能接受的。这个短语应该是：“We’d better not”。
>
> 我不敢相信你的广告公司能允许这样糟糕的语法错误出现在一则广告中，还把它送到一位眼睛很尖的顾客手中，比如今天这些刚付了钱买了机票的人们，就不得不受到这本杂志里的糟糕语法的折磨。

上面这位读者会因为一个简单的语法错误花时间给我们写信。那么还有多少人也看见了这一错误，但没有做出反应呢？无论何时，我们犯了一个错误，而我们的读者通常都会发现它。

我们的编辑错误实际上是很有趣的。在一篇描写血压计的文案中，我写道，“血压是很危险的”，而正确的应该是“高血压是很危险的”。

但没人发现这个。有时候我会惊异于大众们视而不见的地方和他们所抱怨的地方。但是在编辑过程中不变的事实是，你确实得尽可能地仔细。

在本章中，我想要表达的就只是编辑过程的重要性，以及对于终稿来说编辑所具有的价值和一些我在编辑过程中使用的逻辑。

现在你已经为一些有趣、精巧和老练的文案写作做好准备了。你已经了解了所有的文案写作过程，你能写出一篇文案并进行编辑。在本书的第2部分，我会教给你一些在我长年的经验中得到的重要领悟。

第 2 部分

了解真正起作用的东西

概述

现在到了有趣的部分。在接下来的章节中，你不仅会找到怎样写文案的见解和诀窍，还会发现在我30年来文案生涯中那些特别好用的诀窍。

这一部分只包含5章。但这些章节是本书的核心部分——我撰写文案的基础，以及很多我的文案写作秘密。这是我花费了上百万美元去学习的课程，而你只需付出本书的价钱就可以学到。

在我的研讨班营销大纲中，我列出了不少要讲授的话题，其中一个就是“每则广告都应包括的64点”。我的学员也经常会在上课之前坐下来，预先列出一些要点，看他们能不能猜中我将要在课程上讲的内容。

一般他们会猜出6~7个要点。而且他们通常会对自己不知道的感到非常惊异。你们已经学会了前10个要点，即第4章中谈到的一则平面广告所包括的元素。现在，你们就要挖掘剩下的了——23个文案元素和31个购买心理诱因。从这部分的其他章节开始，你会更进一步地搭建好你所需要的基础，写出难以置信的高效文案。

所以完整地学习这一部分吧，继续打造你坚固的文案写作基础。

第 18 章

功能强大的文案元素

记得我们在第4章中关于平面广告元素的讨论吗？我们解释说，每个元素设计出来都是为了促使客户做一件事情——读第一句话。我们还阐述了，在你的文案中第一句话有多么重要。

如果我们知道所有的平面广告元素都是为了让读者阅读第一句话并最后读完所有文案而设计出来的，那么接下来，我们需要确定的事情就是在一则广告中文案元素的本质。

在这一章中，我会讲述所有的文案元素和它们与广告的关系——每则广告都应该检查的23个概念。

1. 字体：这个元素真的很重要。如果你是一位平面设计师，你就会知道每种字体都有它自己的个性、感情和清晰度，这就是这个元素的要点。你需要决定哪种个性和清晰度的结合能够使你的文案容易阅读，看上去吸引人。

对字体设计师来说，精美的字体可能看上去很优雅，但是如果没人看得清它，那它就是没价值的。这就像和一个外国人谈话，却发现他说的话很难理解一样。一个字体最重要的任务就是要具有尽可能高的辨识度，第二个任务就是要传达出一家公司的形象。

2. 第一句话：就像我们在第4章中讨论过的那样，这是一则平面广告中所有元素的目的——让目标客户阅读最重要的第一句话。第一句话要简短、易读、足够说服人，能让读者继续阅读第二句话。

3. **第二句话**：这句话几乎和第一句话一样重要。你必须保持住读者的兴趣，所以你必须制造出另外一句话，给人一个有吸引力的原因，能够让你的读者继续阅读。你必须在第一和第二段中都继续保持这种势头。将其他所有因素放在一边，无论是利益还是产品特性。你唯一的目标就是让这种势头持续，创造出购买环境。

4. **段落标题**：在第4章中提到了段落标题，作为平面广告中的平面元素之一，它们是用来使文案看上去不那么咄咄逼人，这样才能鼓励读者读完整篇文案。但是段落标题也是一种文案元素，同样也需要在这一章中提出。

段落标题可以介绍后面段落中的材料，或者它们也可以跟后面的文案一点关系也没有，甚至跟整则广告中的文案一点关系也没有。记住，它们设计出来是为了分割文案，使它看上去没有那么强的压迫性。它们与卖出或者展示你的产品没有太大的关系。它们仅仅是为了让文案看上去更具诱惑力，这样你的读者才会开始阅读。

当读者看到一篇段落连续出现的文案时，会下意识地觉得，与那些被段落标题分割成整齐小块的文案相比，这样的文案很难阅读。

使用段落标题来分割文案，要放在毗邻两栏的中间，而不是结尾或开头。避免将栏与栏之间的两个段落标题紧挨在一起。

就像我说过的，你的段落标题可以是任何东西。我曾经为一个雷达测速器做过广告，作为一个试验，我使用了你能想出的最过分的段落标题，包括“炒鸡蛋”、“工作和娱乐”和“成功和好事”等。虽然题不对文，但也没人注意到。没有一个人问过我这些标题是什么意思，或者评价说它们和文案内容不一致。但是，如果我在广告正文中拼错了一个字，我就会听到很多的批评声。

段落标题的首要任务就是使这篇文案看上去不那么咄咄逼人，让读者阅读文案。

段落标题的第二个目标则是引起读者的好奇心。也许我的“炒鸡蛋”这个段落标题就起到了这样的作用——催生出读者的好奇心，使读者开始阅读这篇文案，以找出炒鸡蛋和我提供的产品有什么关系。虽然我从来没有检验过这到底有没有道理，但我关于段落标题的经验告诉我，好奇心确实起到了一些作用，只不过这些标题的主要目的还是让文案看上去更亲切。

5. **产品说明**：这一元素听上去很简单，很基本。但是你会很惊奇地发现有太多广告没有这个解释产品用途的简单步骤。我的一般经验是，复杂的产品要简单说明，简单的产品要复杂说明。

举个例子，我曾经销售过一种烟雾探测器。那时，它是一种常见的普通家用产品，顾客们都很清楚它的功能。总之，这种产品是非常简单的。这则广告是为一个很昂贵的品牌写的，于是我讲述了一个关于烟雾探测器内部运作的故事。我描述了镀金接触点（这是每个烟雾探测器都有的），甚至还解释了精度测量器电路是通过怎样的工作来判定房间中是否有烟雾的。虽然这种烟雾报警器比市场的平均价格贵了10美元，但却依然获得了巨大的成功。这则广告说明了一种简单产品复杂展示的方法。当你销售一种非常简单、顾客一清二楚的产品时，你应该使用一种更为复杂的方法。而当你销售一种较为复杂的产品时，你应该用一种简单的方法。

当我第一次向我的顾客解释电脑时，只是简单地解释了它能为他们做什么。我的广告不是关于核心技术的（虽然我也做了一些技术性的解释），而是专注于这种产品及其使用方法的简便性。当时，顾客才刚刚开始接触电脑，它们是新的，看上去使用也挺复杂的，实际上也的确如此。而用非常简练和基本的术语来解释电脑，避免太过复杂，就能使他们放松，最终促成购买。

后来，当顾客知道得越来越多，电脑成为一种日用品时，你就可以介绍它们更具体的一些信息。这种方法被证明是有效的。

除了简单对复杂的概念，你还应该经常检查你的文案，保证你解释了所有的特性。问问你自己："我为目标客户解释清楚产品了吗？"你可以请一些顾客来阅读你的文案，看他们是否理解了这种产品和它的特性。看看他们提出的问题，看看你是否在文案中全部回答了它们。

6. **新特性**：强调那些使你的产品或服务变得新颖、独特或新奇的特性。这可能看上去和我们前面讨论过的文案元素中的"产品解释"很像，但却是不同的。在这里，你不仅要揭示出产品的特性，而且还要揭示出能够使它和市场上其他产品区分开来的特性。

7. **技术说明**：无论是哪种产品或服务，它们的广告都能够通过技术解释来提升。我们都喜欢从专家手中买一些东西，因为他们是我们喜欢、尊敬和信任的人。购买实际上是信任的一种过程。买家可能会这样想："我相信你真的很专业，完全了解你的产品类别，能给我提供一些有价值的、我愿意掏钱购买的产品。"

当推销员精于它们所销售的产品时，信任度总是能提升。让我们重复一下推销员的话吧："我已经研究过所有的竞争产品，知道了关于我所销售的产品的每件事。所以我知道，我提供给你的是最好的产品，并且物有所值。"你可能自然会因此感到放心，觉得这位推销员的产品确实是好。

一个技术说明会在客户身上建立信心。

如果这位推销员在描述这个产品时，用了一些你不理解的词语，你同样可能会印象深刻。为什么？因为这看起来好像这位推销员真的是这种产品的专家。这不是欺骗，推销员必须成为产品的专家，才能以一种技术性的语言来谈论它。

在一则邮购广告中，技术说明能给信用加分，但是在你撰写之前，你要确保自己真正成为一位专家。如果不是这样，顾客很容易就能看穿你的诡计。

下面的这段说明是一个应用该技巧的好例子，这是我为一款手表内部的集成电路的一幅图片而写的：

> 当显示器驱动时，新的解码器/推进器集成电路的针点，是从振荡器倒数计秒集成电路读取和计算时间的。这款仅有的太空时代设备取代了无数的固态电路，提供了终极可靠性——这是Sensor手表的独一无二之处。

很少有人能够理解这些技术解释。事实上，当我将这则广告寄给制造商，希望得到认可时，他让我看着图片下面的说明，然后说道："你写得都挺对，但是谁能理解这些呢？你何必写这些呢？"

提供一个读者可能无法理解的技术解释能够体现出我们真正进行过研究。如果我们说这是好的，那它肯定是好的。它在读者中建立了信心，让他们觉得自己是在跟一位真正的专家打交道。顺带说一下，这种手表是我们卖得最好的产品之一。

另外一个技术解释的例子出现在一个研讨班的提纲上。在探讨了需要技术解释的原因之后，CareerTrack公司的吉米·卡拉诺来到我面前说："乔，你知道我的一个研讨班提纲，其实就是一个技术解释吗？通过使用那些很多人不理解的技术性名词，使他们参加研讨班。他们认为我们了解我们正在谈论的东西。"

还有一个例子就是弗兰克·舒尔茨在参加了我的研讨班之后，写的一则广告。他的产品是葡萄柚，他是这样解释他是如何给它们评级的：

> 甚至在采摘之后，我验收它之前，每个水果还要通过其他的细致检查。我抓住这个水果，对它的美丽进行评级。有时候水果会有

风瘢，我就不会验收它。有时候它在茎上会有一个鼓起——我们称之为“绵羊鼻子”，我也不会验收它。你能看到，我真正的意思就是，我只验收完美的皇家红宝石葡萄柚。

在很多我的广告、邮购型录、直邮和专题广告片中，我会传达出全部的知识，不仅有我所销售的东西，还有其他产品的所有信息。我传达了我在拿起这种我选择的产品时的思考过程，还有为什么这种产品要比其他同价位的产品更好的原因。顾客会非常感谢我做出的努力，从而增强购买信心，结果就会掏出血汗钱来购买我的产品或服务。

8. 预测异议：这是写文案时一个非常重要的需要考量的元素。如果你感到，当你描述一款产品时，你的目标客户可能会提出一些异议，你就自己先提出来。记住，你不是站在顾客面前，你必须意识到下一个问题可能是什么。如果你意识到可能会有异议，但却忽略了它，那就像是忽略了顾客。你不要逃避它，因为顾客非常敏锐，他们会因此而不购买。

关于预测异议的一个好例子就是我的一则恒温器的销售广告。想必你还记得在第8章中，我说这款产品真的很难看，它的设计非常差。事实上，如果我是一位顾客的话，它是会让我望而却步的。所以，我在这则广告的开头就提出了这个异议，把它称为我看过的最难看的产品。稍后，通过将顾客的注意力转移到它无与伦比的性能上，我给这款产品重新正了名。但是这必须是在我自己将这个设计缺陷提出来之后。

通常，有些产品会要求顾客自己安装。所以，你必须自己提出这个关于安装的问题，而不要掩藏事实。

9. 解决异议：就像你必须意识到异议一样，解决这些异议也是你的机会和责任。你必须很诚恳地提出一种可供选择的解决方案，或者完全打消顾客的这种疑虑。关于电子弹球机，我们讨论到了那个模块电路板，当需要检修的时候，你只需要很简单地将它按出来，换一个就可以了。在稍后的文案元素14“服务”中，有更多关于它的信息。2006年，吉列公司推出了新的5刀片震动刮胡刀，在刮胡刀的把手里装配了一节很小的四号电池。顾客可能会想："这个电池能用多久？"但是吉列公司的广告做得很不错，在提出问题的同时也清楚地做出了回答："每6个月换一次电池，性能最佳。"

10. 性别：谁是你的顾客？男性、女性或者两者都是？她们会是女性高尔夫运动员、女飞行员或者职业女性吗？千万不要出现会侮辱人的带有性别歧视的言论，要了解你的目标受众，这样你就能用他们的语言与之进行交流。

我曾经为我的邮购型录中的黄金项链登过广告。它是以一个故事的形式展开的，一位叫作鲍伯·罗斯的推销员想让我卖黄金项链，我一直反对，直到他给我看了一张他表妹在广告中给项链做模特的照片。在看了鲍伯表妹的照片后，我很快就接受了这款产品。这篇广告文案被很多人认为是我最有创造力的推销产品的方法之一。这条黄金项链和我们真正要卖的产品——电子小玩意儿毫无关系。但是，结果我还是收到了一些来信。一位住在新泽西蛋港市的女士这样写道：

亲爱的先生：

你的朋友鲍伯·罗斯先生可能认为自己是一位成功的推销员，但不幸的是，他只是一个来你的广告里捣乱的混蛋。

这封信接着指出，女性在技术领域、军队、交通管制、体育、休闲、赛跑和其他一些职业中都很活跃，且已经取得了非凡的成就。她最后得出这样的结论：

正常情况下，也许我们很长时间内都很难看到那位负责第37页广告的人员。因为很明显，他必须"走很长一段路"才能赶上20世纪。衷心祝愿你马上破产，我坚定不移。

最后，她签上了自己的名字。这是一封两页的单行打字的信，还包含了我们邮件标签的复印件。我真的忽视了女性的感觉吗？我在我的广告文案中贬低她们了吗？我在第33章中会再现这则广告，它叫作“黄金空间项链”。看一下你是否也同意这位顾客的看法？

同样重要的是，你知道，对男人和女人来说，重要的东西是不同的。一般来说，女性对颜色、时尚、家庭、房子和人际关系更为看重，男人则更关心体育、军事斗争、机器、挣钱以及养家。当然，今天他们的职责在很多方面都有重叠。女性也承担了以往只是男性承担的职责，男性现在也开始干一些早年一直被认为是女性的工作。意识到这些不同（有时候是缺少这些不同）是这里最重要的要点。理解怎样与他们沟通，并知道哪些事情可能会冒犯到他们，这样的意识能够帮助你与你的目标受众产生共鸣。

11. 清晰性：你的文案应该要清楚、简单、短小和直中要害。要避免使用复杂的词语，这会让那些不认识它们的人感到迷惑，也会让作者看上去像一个自大的势利小人。要让文案简单。文案越清楚，越简练，就越容易让人阅读，然后坐上滑梯，一滑到底。这个规则的唯一例外情形就是当你需要做出技术解释的时候，就像在本章早些时候，文案元素7中描述的那样。

12. 陈词滥调：避免那些非常无趣的句子，例如“这就是众望所归的产品”或者“它好得几乎不真实”。如果你觉得自己要使用陈词滥调了，就停下来。陈词滥调是在你看上去真的没什么精彩的或不错的话好说的时候才使用的，它们是用来填充空间的。你怎样才能知道自己是不是在写陈词滥调呢？如果听上去，你就是在写一篇典型的广告文案，就像一家广告公司已经在20年前写过的那样，这就有可能是陈词滥调了。

我曾经使用过它们吗？你猜。我刚开始写的一些广告充满了各种各样的陈词滥调。在我写下它们的时候，我不知道还有什么更好的可写。

举个例子，我在1972年为一个台式计算器写广告时，这样写道：“这是一个全世界期待已久的突破！”很糟糕，不是吗？我那个时候就是那样写的，但是今天我再也不会写这样陈腐的东西了。我在1971年介绍第一台袖珍计算器时，写的第一句话是："这是自晶体管收音机之后电子界最令人激动的新突破！"具有讽刺意味的是，在那个时候，这的确是一个事实，而不是陈词滥调。

13. 节奏：就像一首歌有一种节奏一样，文案也有，幽默作家对这点很清楚。如果你可以写一个很好的笑话，你就已经将节奏这个事情理顺了。事实上，最难写的文案就是笑话。为什么是笑话？因为你必须要知道怎样创造一个包袱，然后把它抖出来。你必须要知道怎样才能不太明显地表达，你还必须了解时间的艺术。所以，在广告文案中这种节奏听上去或者感觉上像什么？

它没有不同的样式：一个小短句，然后就接着一个大长句，然后接着一个中等句，再来一个小短句，然后又是另一个小短句，以及一个真正的大长句。明白了吗？总之，它是一个长短句的混合，统一念起来时，就有了抑扬顿挫的节奏感。

如果一篇文案所有的句子都非常短，或者都非常长，或者都有一个明显的可预测到的样式，那你想想听上去会是什么样，无疑会很枯燥。而这就是文案节奏的意义所在，使你的句子多样化，变换它们的长度，使你的文案具有节奏感。

另外一个节奏技巧是使用那个所谓的"三元组"。通常，当我举一些例子或者一些东西性质的时候，我就使用这三个东西。比如这个句子："我去商店买一把锤子、一把螺丝刀和一把钳子。"在文案中，我用"和"这个词语来连接最后一个物件，把这三个物件串联了起来。这样你就在本句中创造出了一种很好的节奏。事实上，当你阅读本书第3部分的一些广告时，你会看见很多广告里都有这样的三元组。

14. 服务：如果你在销售一种非常昂贵的产品，或者是那种不太方便退货的产品，你必须提出服务的问题，并将服务的便利性传达给顾客。通常，品牌制造商都不会忘记要建立便捷的服务。但是如果顾客很有可能会对服务有所要求，那你就必须将这个问题在广告中提出来。

通过邮件销售Bally弹球机的时候，我们知道顾客会对服务有所顾虑。如果这台弹球机坏了，需要修的时候怎么办？它很大，而且昂贵，一台坏的弹球机所带来的不便会始终存在于顾客的意识中，所以我们在广告中将这一点提了出来。接下来就是我们使用的副标题和段落，以期减轻顾客的顾虑。

关于服务的诚恳讨论

> 弹球机是一台固态的电脑，它所有的电子元件都压缩在了集成电路中——所有元件都密不透气地被封住了，所有元件都提前被检测过以便服务终身。弹球机同时也可以自我检测，让我们来讲讲如果这个系统出了问题该怎么办。只需轻松按下你的机器后面面板上的检测钮，问题就会以数字的形式明确显示在你的得分盘上。查看一下指示手册，只需很简单地取出指定的插件程序电路板、灯泡或者零件，将它寄到离你最近的服务部门，就能获得一个全新的替换品。即便是你的电视或者立体声音响也不会这么好修。

这一整段都是讲服务问题的。我们因此将成千上万的弹球机卖给了那些一般情况下可能会因为顾虑到服务问题而不会购买的人。

另外一个很好的关于服务对卖出产品有多重要的例子，发生在20世纪70年代中期，电子表最流行的时候。这个行业扩展得非常迅速，但这些太空时代的计时器，始终有可信度的问题。与机械表不同，这些新型电子计时器有电池，使用非常复杂的芯片和电线，所以有很高的次品率。

我意识到了这一点，并将其作为一个在我的广告中必须要提到的问题。既然我把问题都视为机会，我就在想："关于这个又急又快的发展问题，有什么样的机会？"接着，我就写出了下面的文案，明确了我们提供的这种产品的质量标准，以及我们在退换货上的投入。

> Sensor 770手表拥有前所未有的零件和人工的无条件5年保修期。每一块手表都经过了数周的生产、测试，以及组装之前的质量控制和出厂检查，再也不需要额外的服务了。但是如果在这5年的保修期期间，有什么需要的话，我们会到你家来拿走你的Sensor手表，并在你的手表检修期内，临时给你一块Sensor手表——费用全由我们承担。

接着，作为这个广告的总结，我们又在服务上面玩起了花样：

> 我们已经挑选Sensor手表作为美国有史以来制造的最先进的固态计时器，我们以我们公司及其所有资源来维持这个选择。JS&A公司会无条件地对Sensor手表进行为期5年的担保——即便是电池也不例外。当你的手表在维修的时候，我们甚至会寄给你一块替代的手表以供使用，前提是如果它还需要检修的话。

在这个广告的文案中，我们消除了客户对服务的所有顾虑。如果我们的客户的头脑里曾经对服务的问题有疑问的话，那么，现在它就已经被解决了。通过这样一个强大的服务承诺的宣布，我们提前阻止了一个主要的异议。我们意识到了这个问题，将它转化成了一个机会。

事实上，当一位顾客的手表停止工作时，顾客会通过我们的免费电话打给我们，我们会马上寄出一个包含了美国联合包裹公司电话标签的包裹。我们会让美国联合包裹公司免费取走这块出了问题的手表，还会给这位顾客一块替代的手表和一个免邮费的信封，使他在收到修好的表时，能将这块替代手表寄回。

这就给了我们公司机会，向我们的顾客证明我们是如何以顾客为导向的。实际上我们的顾客会惊讶于我们紧跟着的服务计划的方法。在他们收到修好的手表之后，他们甚至会接到我们的一个电话，确保每件事都是完美的。

但这不是这个例子想要说明的问题。如果服务是顾客潜意识中的一种疑虑，而你把它放到台面上来说，你就可以消除所有对你的产品的抗拒因素。Sensor手表是我们卖得最好的手表之一，这种手表的顾客名单成了我们未来销售的最强大的邮件名单之一。

销售过程中的服务也是我的私交乔·吉拉德成功的一个关键因素。在《吉尼斯世界纪录》里，他是历史上在一年中卖出汽车最多的人。乔关于销售的书提供了销售术的很多卓越见识，值得一读。但是，使乔成为这样高效的推销员的一个原因（除去他是一个非常有风度的人这个原因之外）就是他处理服务的方式。他把顾客的服务问题当成是自己的问题。他每卖出一辆车，就成为买主的个人服务代表，并尽职尽责。这样当买主想再买一辆车的时候，他们就只会想要从乔这儿买。使乔成功的不是价格——虽然这也很重要，而是他对待服务的态度。

15. 物理性质：在文案中，你必须要提及一个产品所有的物理性质，不然你就有可能使你的反馈减少。我指的是重量、容量、大小、限度、速度，或者外观。有时候，你可能会想容量不是很重要，或者重量不是很需要。但不是这样的。如果你给了读者任何不买的借口，他们就不会买了。

我记得我曾为产品做完广告后，亲自去接听免费订购电话。我这样做是因为通过电话沟通，我可以得到对购买过程的很多认识。我的顾客掏出他们的血汗钱，是因为他们信任我卖给他们的产品。这是一个绝妙的可以深入到这个过程中的机会，可以得到人们在回答问题时真正的下意识的反应。

就是在我接听电话的这段时间里，我学到了：如果你不给出所有的事实，就会让你的顾客有借口不买。这可能是你觉得没有关系的容量或者重量，但是如果你没有提及它，人们就会打电话来询问这些。又有多少顾客甚至连电话都不打来呢？当然，他们更不会订购了。

我记得一则广告，是一台放在地上的天平的照片。我没有给出这台天平的实际重量。“谁会关心这个？”我这样想。但是我的目标客户确实关心，而且经常询问，我们最终在广告中加入了天平重量的信息。我记得曾用手拿着天平，展示过这款产品，我给出了客户期待中的容量，但是并没有给出重量，因为我认为重量问题并不重要。但我从那些想要知道重量的人那儿接到了很多电话，他们询问产品重量以决定是否购买。

要点在于：列出所有的物理性质，即便是那些你认为不是很重要的方面。

16. 试用期：对邮购项目，你必须为任何产品都提供一个试用期，因为当顾客订购时，他们并不能接触或者感觉到产品。唯一例外的就是当产品确实物美价廉而顾客对它相当熟悉的时候，顾客才会愿意冒这个险。如果我以折扣价销售一袋有24卷纸的卫生纸，并且送到顾客家，而它又是你用过的一种品牌，你就不会需要试用期。

确保你的试用期至少有一个月，甚至更长，比如两个月。检测证明，试用期的时间越长，产品被退回的可能性就越低，顾客在跟你打交道时，就会有越多的信心购买这款产品。

让我们设想你收到了一个只有一星期试用期的产品。你只有一周的时间来做出你的决定。你感到了压力，所以你检验了这款产品，希望尽可能快地做出决定。如果在这个周末快结束的时候，你还不是很确定，你会怎样做？你会说：“我不是很确定，所以我不想冒这个险。”接着你就会退还产品。

但是如果你有两个月的时间来做决定，你就会没有压力，对吧？你甚至会对这款产品的供应商有好感。这样的公司一定是对你会喜欢他们的产品很有信心，因为他们给你提供了两个月的试用期。

所以你就将产品放在一边了。你很自由地使用它，从不担心需要做出一个决定，在你知道两个月快要到了之前，你甚至都不会想去退还它。只是知道你可以退还它这件事，就让你对这次购买感到很舒服。

17. 价格比较：如果可能，最好提供一个和其他产品的价格比较，这样可以在购买者的心目中建立价值。这指出了一个非常重要的激励顾客购买的因素，即他们希望得到真正的价值。

一个价格比较的例子是我给Sensor手表写的广告。我是这样陈述的：

> 价值275美元的Pulsar手表使用的是LED技术，每次你需要看时间的时候，就按一下按钮。在我们的心目中，即便是价值500美元的太阳能Synchronar手表与Sensor手表和它的5年保修期相比也没有可比性。没有固态表能够同Sensor手表的质量、精准、耐久性和预期价值相媲美。

如果你是在卖一种很贵的产品，或者同别的产品相比性价比更高，你就应该考虑建立一个价格比较，作为体现你产品价值的一种方式。如果你的产品是曾被卖过的最昂贵的产品，你就应该暗示它拥有更多或更好的特性。如果你的产品比其他产品要便宜些，你就应该使用一个价格比较，专注于它的性价比。

但是这里必须小心。你的比较必须是完全精确的，百分之百公平的，否则的话，你就会被用来比较的产品的公司控告。

18. 代言：如果是来自一个非常有信誉的人或组织的代言的话，代言是一个很好的增加可信度的方法。这种方法不仅可以被用在文案中，而且还可以用在标题或照片中。看一下你的广告文案是否能用一个名人来做代言，但是要确保代言对产品而言是有意义的。

当我在销售一个太空时代的Medix防盗警报器时，我请了著名的宇航员瓦利·斯奇拉来代言我们的产品，这是非常合乎情理的事情。他这样做了，产品也卖得很好。如果我要销售篮球鞋，迈克尔·乔丹就会是一个很自然的选择。

要确保名人同产品是匹配的，并且能够提升信用。使用一个不能为你的产品创造出意义或者增加信用的名人简直就是后院放火，影响会很糟，如果代言不令人信服的话，还会毁掉整个销售。

你也可以使用我称为“反面代言”的方法。在这里，你不使用代言人，但是你要提及你的竞争对手。举一个例子，当我在销售奥林巴斯迷你录音机的时候，我是这样陈述的：

标题：表扬战役

副标题：一位非常著名的高尔夫球明星对Lanier录音机赞叹不已。而我们的产品是被我们公司的总裁所称赞的。你可以节约100美元。

文案：请自己判断。一台新款奥林巴斯迷你录音机的售价是150美元。而它最密切的竞争者是售价为250美元的、被一位著名的高尔夫球明星称赞的Lanier录音机。

奢华的代言

这位著名的高尔夫球明星是一个飞行员，驾驶的是一架私人Citation喷气式飞机。而称赞奥林巴斯录音机的是JS&A公司的总裁，他驾驶的是一架较为省钱的单引擎Beechcraft Bonanza飞机。这位高尔夫球明星不是免费来称赞Lanier录音机的，毕竟，他收入的很大一部分是从称赞该产品中得到的。

而另一方面，我们公司的总裁，却不会因为称赞产品而得到报酬——只会因为卖出它们而得到。他的Beechcraft Bonanza飞机也不像高尔夫球明星的Citation飞机那样昂贵。事实上，我们公司的总裁还驾驶一辆大众的Rabbit汽车。

我接着继续讲述Lanier录音机卖得如何差（通过直销），以及奥林巴斯录音机又卖得怎么好（通过直销和JS&A公司）。结论是：你为一个更好的产品节约了100美元——这一切都是因为我们没有请一位昂贵的代言人来称赞我们的产品。

另外一种推荐的形式来自街上的行人——最先在电视上使用。这招我在BluBlocker太阳镜的电视直销上用过很多次。最后，还有一种推荐可能来自那些使用过你的产品的人，他们主动给你寄来了未经要求的推荐。无论你使用的是哪种推荐方式，请确保它是真实诚恳的。公众很容易看穿谎话，联邦商务委员会也不是吃素的。

19. 价格：另外一个重要的、需要考虑的文案要点就是价格。价格应该非常明显吗？它应该用大字体还是小字体来表现？这些都是很重要的、需要查看的因素。

如果你是在以一种非常便宜的价格卖一个产品或服务，就把价格打成非常大的字体。毕竟，你想要人们很清楚地看到好处。如果这个产品是昂贵的，那么价格就不是销售它的关键，你就得对这点轻描淡写。不要隐藏它，只是低调处理它。

撰写广告时，我总是在预测我的目标客户会问的问题，不过有一个例外。我从来不知道什么时候他们会开始想知道产品的价格。我总是觉得，在阅读过程中的任何时候，你的读者都有可能想要知道价格，这可能发生在他们阅读广告之前，也可能发生在中途或者接近结尾的时候。作为一个高明的文案撰稿人，你必须回答读者提出来的问题。

通过将价格放在文案中一个合理的位置上——无论是放在优惠券里（这是个理想的位置），还是在文案中用黑体强调——来回答读者的问题，你并不知道读者准备什么时候问出这个问题。读者只是会很简单地扫一眼广告，如果价格是用黑体标示或者在优惠券中的话，就会突显出来，你就回答了读者的这个问题。

20. 提供总结：在你的广告中接近结尾的地方总结一下你给顾客提供的东西，这真的是一个很好的主意。“所以，这就是我为你提供的东西。订购两口有特氟纶涂层的锅，你就将收到两口锅以及我们的袖珍烹饪书和录像带，这一切仅需19.95美元。”你会惊奇于有多少广告忘记了这重要的一点。

21. 避免拖泥带水：这很可能是我的学生所犯过的最严重的错误，他们太啰嗦了。关于这点有两个问题。第一个是编辑的过程。先将你知道的关于某个话题的东西尽量说出来，然后再将文案精简到一个非常顺畅的程度。这一般意味着要编辑并且减少文案的长度，直到它拥有一种节奏并且很流畅。这可能需要一定的时间，并包含了一些步骤。

首先，在编辑的时候问问自己："有没有更简单的方法能够说清楚？"通常，你可以将你的文案减少50%甚至是80%，但说的仍然是同样的事情。这就是一个说得过多的推销员和一个说得正好在点子上并且非常简洁的推销员之间的差别。难道不是那个说得更在点子上的人更能向你卖出产品吗？

还有另外一个与不要拖泥带水有关的问题。在本书后面的第19章"心理诱因"部分，我解释了为什么不要拖泥带水实际上会提升甚至刺激销售的过程。关于编辑过程的第17章同样有一些可以帮助你精简文案的主意。

22. 订购的便利性：使订购变得很容易。使用免费电话、优惠券、一张可撕下的名片或任何可以很容易理解并使用的工具。我的建议是：使用一张有虚线的优惠券。在测试中，它经常可以获取更多的反馈，因为即便只是一瞥，这种虚线也能明显地传达出你可以从广告中订购产品的信息。

23. 请求订购：总是在接近广告结尾的地方请求订购。这经常被很多的文案撰稿人忘记了。在一则广告的结尾，我总是会说类似这样的一句话："我希望你今天就能买这个产品。"你有没有遇到过这种情况：一个以前卖过产品给你的推销员，你期待这个推销员能请求你订购，但是他并没有。我亲历过这样的事情，这也是很多没经验的推销员的问题之一。你必须请求别人订购，如果你做得对，那信息就应该出现在广告临结尾处，在那儿你向目标客户说的话已经说完了，也做完了总结，万事俱备，只欠东风。

这23个文案元素是在撰写文案时，希望你能考虑的元素。当你开始的时候，使用本章作为一个核对表。当你在撰写一篇广告文案的时候，将所有的要点都考虑进去。可以删去其中一些吗？可以。但是，只是很简单地将这个当作核对表来使用，你就可能会发现你的广告文案中的一些不足，并通过我的建议得到更正，最终提升你的广告的市场反馈率。

这个表的另一个好处就是给了你一个参考，以便了解多个文案元素的相对重要性。有些文案元素，比如段落、标题，除了使文案不具有侵略性之外，并没有其他目的。其他的文案元素，比如解决异议，可以令你的文案更具可信度。

使用本书附录3中的那个方便的文案元素一览表。当你在写一则广告的时候，在你的电脑或者桌子旁边放一份复印件。

但是我的一览表中真正有意思的部分是在下一章，在那里，你可以学到当你写一则广告的时候，需要考虑到的心理诱因。你先在第4章中学到了10个平面元素和它们的目的（让你的读者开始读文案的第一句话）。你刚刚又学会了23个文案元素及其用途。现在，请开始学习31个心理诱因——那些好的直销文案需要传达的潜在激励信息，经常是以一种非常精巧但是非常有效的方式出现的。当我在讲授我的研讨班课程时，这是我的学生最喜欢的部分。所以请继续往下读吧。

第 19 章

心理诱因

这31个心理诱因可能是你在写作直销平面广告，或者其他任何销售信息时需要考虑的64点中最有意思的部分了。

这个64点的一览表，第一部分包含了广告的10个平面元素——这些元素是设计出来吸引你读第一句话的。前面的章节包含了当你撰写一篇真正的文案时，需要考虑的23点文案元素。但是现在，让我们来看看当你写广告信息时需要考虑的心理因素吧——这些是我经历了多年的失败、经验并逐步深入才理解和应用的概念。

你可能马上就能理解并联系到其中的一些概念。但也有一些你可能因为经验上的欠缺而不能完全理解。最终，有些还是需要做一个比较详细的解释。

如果迄今为止，你发现这本书的信息还是比较有用的，你就会发现本章将更加引人入胜。让我们开始学习吧。

1. 参与或拥有的感觉

一个为家电行工作的大师级推销员曾告诉过我一个故事。他是那家商店曾经有过的最成功的推销员，他一直不停地超越其他所有的推销员。他有一些非常好的推销技巧，但这并不是令我印象深刻的地方，真正吸引我的是他能够提前推断出谁会是他最好的目标客户的方法。

他所做的就是站在一个通道上，看着那些走进商店的顾客，观察他们。如果他们走近一台电视机，开始扭开关，他就知道自己有50%的机会可以卖出产品。如果他们没有扭开关，他就有10%的机会卖出它们。这就是提前的远程控制。

直销广告不会给你机会观察客户。你不是站在那里，看开关有没有被扭开。但是你可以促使他们扭开关，通过赋予他们一种参与的感觉，或者是拥有这种你销售的产品的感觉。

在所有的广告中，我都试图让客户想象自己正拿着或者正使用我的产品。举个例子，在一则早期的计算器广告中，我这样说："将这台Litronix 2000拿在你的手中。看一下这些按钮是如何易于触碰，看看它是多么的小巧轻盈。"通过想象，我给读者创造出了扭开关的经验。

总之，我将意识集中在一段精神旅程上，以营造出读者的参与感。我让读者相信他或她真的抓住了这台计算器，经历了和我描述的相同的事情。这种精神上的能量为客户创造出了一幅画面，他们的头脑就像一台吸尘器一样等着被充实。

在你的文案写作中，让读者和你一起沿着一条小路漫步，或让他们通过你的鼻子闻到香味，或让他们经历一些你感觉到的情绪，从你的描述中形成一幅想象中的画面。

如果为Corvette跑车创作一则广告，我会说："驾驶这辆新的Corvette跑车去逛一圈，感受一下在炎热的傍晚驾驶的时候风吹过你头发的感觉。看着车头转过，将油门一踩到底，尝尝那种瞬间被冲击力顶到座椅后背上的滋味，看一看仪表盘上精美的电子显示屏，试试这种美式超级跑车的力量和激动人心之处。"

我还会解释这辆车所有特别的性能——尽可能地为购买建立理性诉求——但我会将这种参与和拥有的感觉真正表现出来。

这种技巧被用在很多不同的地方。在直销广告中，多半是同一个参与机制联系在一起——一些将消费者融入购买过程的东西。有时候它可能看上去很傻。你曾经收到过这样一些请求吗——“将这个‘是的’光盘插进‘是的’插槽，你就能免费订阅我们的新杂志”。我经常会想是谁发明了这个看上去很简单幼稚的概念。但是，就像直销市场人员会告诉你的一样，这种类型的参与机制一般会使反应率提高2~3倍。这绝不是一种简单的思维，而是一种非常有效的直销广告参与技巧。

读者会在这样的请求中享有参与感。同样，通过你写下的词语的力量，你的读者要么会采取行动，要么正在想象着采取行动。

电视和互联网的参与感

电视和互联网是关于参与感的精彩例子。你可以看到、听到，并且几乎可以接触到产品。电视和互联网成为最有效的销售产品的方式，一点儿都不奇怪。

当我女儿4岁的时候，她就非常清楚地演示了目标客户可以怎样参与到销售信息中来。有一个“花生情人节”的电视特别节目，我的女儿吉尔坐在那里和她7岁的姐姐阿普丽尔一起看这个节目。我的妻子也在旁边，正是她告诉了我这个精彩的故事。

> 查尔斯·布朗在一间教室里分发情人卡，并且将所有收到者的名字都念了出来：“莎拉、玛丽、萨莉……吉尔。吉尔在哪里？”查尔斯·布朗问道。我的女儿马上举手说道：“在这儿。”她是如此融入这个节目，已经感觉到自己就是其中的一部分了。

我经常使用参与机制。一种与你销售的产品联系密切的参与机制是非常有效的。让我给你举一个完美的例子，来自我写过的一则广告。广告的结果让我震惊。

我所提供的产品是Franklin拼写电脑——一种能帮助你改正拼写错误的设备。这是一种新出现的新奇物件，卖得很好。虽然我不是第一个卖这个的，但是我拥有一种比最初的版本稍微复杂一点的设备。

我看了这种产品，觉得价格有点高了。但是如果我降价的话，制造商会不满。所以我就采用了一种参与机制，作为一种降价方法。

首先，我写了一则广告来描述这种产品，但是采用了一个非同寻常的前提。我所写的这则广告有一些拼写错误的地方。如果你能找到这些拼写错误的词语，圈出它们，然后再将这则圈出错误词语的广告寄回来，每圈对一个拼错的词语，你在买电脑的时候就会得到2美元的优惠。如果你没有找出所有拼错的词语，你就会为这台电脑付更多的钱。但是同样的，与那些找出了所有错误的人相比，这台电脑对你会更有价值。

我在《华尔街日报》上刊登了第一则广告，收到了无数的反馈。我还接到了一些多年没联系过的人的电话。“乔，我希望你知道，我刚花了一个半小时的时间，希望能够找到所有拼错的词语，而我甚至并不想买你这台该死的电脑。一般来说，我甚至不会花这么长的时间读《华尔街日报》。”

我甚至挣了更多的钱

如潮的反馈令人震惊。我预测到读者会找出所有拼错的词语。事实上，甚至连“拼写错误”（mispelled）这个词语本身也是拼错的。当最终统计所有的回应时，让我惊讶的是，人们平均只找到了一半的错误单词。从这则广告上，我挣到了很多钱，远超预期。当然，那些真止需要这台电脑的人也得到了真正的价值。

拥有的感觉是一个与参与的感觉相当接近的概念，你使他们觉得自己已经拥有了这个产品，当你带领读者想象如果已经拥有这个产品会是什么样子的时候，你使他们运用了自己的想象。比如，“当你收到健身器材时，在上面锻炼，调整体重，看看它是多么易于储藏在你的床下面啊……”总之，你使他们觉得自己已经买了这个产品。

让读者融入的广告文案可以非常有效——特别是当参与机制是广告

的一部分的时候。无论你什么时候写一则广告，都应该将这个非常重要的概念铭刻在脑中。它可以使直销文案非常有效。

2. 诚实

如果我必须在64个要点中选出一个最重要的，我会选诚实。你的广告必须非常诚实。这并不意味着如果你不诚实，就不会获得一个好结果。给顾客一个难以理解的价格，或者一种名不副实的产品，你可能会侥幸成功一次，甚至是两次，但是不可能长时间成功。

但是，这个诚实的部分并不是教你如何才能侥幸不诚实，能维持多久。而是把诚实作为一种心理销售工具。首先，让我们以一种非常重要的前提开始。

顾客是非常聪明的——比你想象的要聪明。当他们集合在一起的时候，比我们中的任何一个人都要聪明。通过我给产品做营销所经历的事情，以及我在过去35年中得到的所有关于产品的知识，你可以相信我说的话，顾客的眼睛是非常厉害的。

顾客同样也会知道人们是否在他们试图传达的信息上面诚实。你在广告中越诚实，你的信息就会越有效地被顾客接受。

如果你试图在文案中撒谎，那只是在欺骗你自己。你的文案会说出那些你认为你想要让它说的东西，但是它同样会说出那些你认为你已经掩藏了的东西。即便是那些匆匆瞥了你文案一眼的人，也能感觉出不同之处来。

在写JS&A公司的广告的时候，我会写很多产品负面特性的信息。我首先就会指出那些有瑕疵的地方。当然，我还会解释为什么这些瑕疵是没有什么大碍的，为什么顾客还是应该买我的产品。顾客对这种方法印象深刻，并非常信任我们的信息，以至于会极其热切地购买我们提供的产品。

看上去，我的广告越真实、越坦诚，顾客的反响就会越激烈。我很快就意识到真诚是我所学过的关于广告的最好一课。

顾客非常欣赏真相。因为他们比你或我更为聪明，你不能伪造真相。他们会将每一个虚假陈述都找出来。

我学会了让每一次跟顾客的沟通都很真实，无论是在全国性的电视网上面，还是在我的平面广告上。我越诚恳，顾客的反响就会越激烈。

3. 正直

与诚实差不多的就是正直。广告是一种来自一个组织或者个人的私人信息。它是作者的个性和正直性格的直接反映。通过你的信息的真实性，你的广告的面貌，你传达的图像，甚至是你使用的字体，都可以传达出一种正直的性格。

正直也可以从你选择的广告样式上反映出来。它是干净、整洁的吗？或者它是否极力试图吸引你的注意力，使用了有颜色的、朝向不同方向的线条，使用了突出的标题，使用了有下划线的词语和夸张的图片？你知道是怎么回事了吧。对受众来说，一个正直的人传达出的信息，总是相当可信的。这种正直总是从广告的外观和你写的文案中体现出来。展现出良好的正直，你的广告信息就会很好地被接受。不要炫耀，不要加入到那些很难成功的人之中。

4. 信用

如果你在自己的信息中传达出了诚实和正直，你在建立自己信用的路上就跨出了一大步。但是，信用并不只是诚实和正直。信用是可以让人信赖。在一则非常低价的产品广告中，你必须要表现出：这种产品就像它看上去那样伟大，你所提供的产品事实上是非常值得购买的。

让我们想象一下，你正在销售一种价值10美元的产品，其他所有人都卖40美元。你的工作就是为自己的价格建立一种信用。你可以解释你从东亚地区买了大量这种产品，或者你以一种非常低的价格从一家主要制造商手里买了这些剩下的库存。总之，你必须为自己的公司和自己的产品建立信用。

信用也意味着符合实际。顾客真正相信你吗？鲁莽的陈述、陈词烂调和一些夸张的表述都可能会削弱你的产品本来拥有的一些信用。

影响信用最重要的因素之一，就是对顾客脑中会提出的所有异议视而不见，比如隐瞒一些东西，或者回避一些明显的产品或服务瑕疵。相反你需要提出所有的异议，并且解答它们。

那些需要安装或者组合的产品就是很好的例子。如果这种产品很明显不是打开包装就可以使用的，你就需要解释它确实需要组合。你可能需要说一些这样的话："为了使所有的事情简单，我们为你提供了工具。在我们的测试中，那些只有很少机械技巧的人，只需5分钟的时间就可以将它们装在一起。"同样，对一则广告的信用来说，对异议的预测和解决这些异议非常重要。

非常关键的是，你需要意识到顾客可能提出的下一个问题，并以一种非常直接、诚实和可信的方法回答它。你的产品、你的销售和你自己的正直是与这一点联系在一起的。如果你没有在你的广告中传达出最高的信用度，你的目标客户就不会感到非常舒服，也不会再从你那里买产品。

当我出现在电视家庭购物频道QVC上时，非常容易就可以卖出那些一般来说需要很高的信用度的产品。原因就是QVC在它的顾客群中，已经享有了很高的信用度。如果一款产品是在QVC上面卖的，它肯定不错，肯定拥有顾客所期待的那种质量，那些以前曾在QVC上买过产品，并且觉得这家公司非常有信用的顾客们可能就会买这款产品。总之，我将产品放在了QVC的信用度之上，QVC的信用度和我自己产品的信用度的结合是非常有力的。

信用的影响也可以延伸到刊登广告的杂志和报纸上。如果你将自己的广告放在《华尔街日报》上，你就利用了他们的信用度，以及他们不断确保自己的顾客不会被占便宜的警觉性。另一方面，将同样的广告放在《国家调查者》上，你就接过了这个出版物在读者心目中建立起的缺乏信用度的形象。广告刊登的环境会影响广告的信用度。

你可以通过使用品牌产品的名字提升信誉。例如，如果我提供一种叫作Yorx的电子产品，它和索尼公司的产品拥有完全一样的特性，哪一个会拥有更高的信用度？如果两种产品价格相同的话，那个索尼牌的很可能卖得更好。

请一位合适的名人代言是另外一种有效提升信誉的方法。公司的名字也能产生类似的效果。比如，有一家叫作The Tool Shack的电脑公司。这家公司的名字实际上降低了其销售产品的信用度。我们曾经在《华尔街日报》上面发布了一则同样的广告来测试JS&A公司的名字效果，同另一个知名度相对较小的名字“消费英雄”做比较。在这个测试中，JS&A公司的广告远比其他广告更有吸引力。而这只是公司的名字不同而已。有时候城市或者国家也可以增添信用度。这就是为什么有些位于小城市的公司会在伦敦、巴黎或者纽约设置办公室。增添信用度的不同方法应该是你在修正广告时着重考虑的因素。

5. 价值及其证明

即使你是一个百万富翁，也想要确保自己没有被占便宜，更重要的是，你要从自己的金融投资上得到价值。

在一则广告中，通过例子或者比较，文案撰稿人希望能够体现出：顾客要买的东西有着很好的价值。非常典型的例子是在一则广告中，我通过比较拥有类似特性的产品的价格，指出我所提供的产品拥有更好的价值。

通过定位你的产品，将它同其他产品相比较，或者通过证明你的产品在某方面的价值——虽然这些价值可能不是很明显，你就为客户提供了一个可以将他的购买合理化的逻辑。

只需要告诉读者你的产品的内在价值，就相当于降低了它的价格。总之，要让读者明白你的产品是非常有价值的。

购买交易是一种使用逻辑使购买决定合理化的情感过程。你受感情驱使买了一辆梅塞德斯汽车，但接着你又用它的技术、安全性和转手价值来从逻辑上合理化你的购买行为。所以，判断产品的价值应该是在受情感驱使购买之前，顾客想要做的事情。

这个世界上的竞争无比激烈，顾客的脑子中总是有一个问题："我是否以最合适的价格买了这款产品？"再说一遍，你必须解决这个问题，否则就无法有效地同你的目标客户进行沟通。

6. 使购买合理化

当阅读一则广告时，人们会想的一个问题是："我是否真的能使购买合理化？"同样，这也是一个必须解决的问题。如果这个问题没有解决，你就不能回答顾客所有的问题，就会给顾客"再想一下"的借口，当然，他们就不会买了。

在广告的某个地方，通过给购买者提供一些辩护，你应当解决掉所有疑问。有时候你只需要说："你应该得到它。"其他时候，你可能需要用节省（这样的价格只是一次机会的价值）、健康原因（保护你的眼睛）、认同（你生命中的另一半会喜欢你穿上它的样子）或者很多其他源于客户的理由为它辩护。

人们总是告诉我："乔，当我阅读你的广告时，如果不买这个产品的话，我会觉得很内疚。"这是一个很高的赞扬，很可能是由于我将顾客头脑中的购买行为合理化了。

价格越高，就越需要为购买找借口。价格越低，或者这种价格代表的价值越高，就越不需要为购买辩护。事实上，价格越低，贪婪就会发挥越大的作用。

7. 贪婪

以打折的方式吸引贪婪是一种非常有效的激励因素。我记不得自己有多少次只是因为打折而买了根本不需要的东西。

无论是对低价商品，还是以更低价格提供的昂贵商品，贪婪都绝对是一个非常重要的因素。产品价格过低可能会减少你的信用，除非你将低价合理化。很多人愿意冒险与不知名的小商贩打交道，只因为可以花更少的钱买到更多的东西。给顾客提供比这个价格通常能提供的价值更多的东西，是一种吸引顾客贪婪的方法。

在一则登在《华尔街日报》的早期广告中，我提供了一台价值49.95美元的计算器，制造商对我非常不满。“那款产品应该以69.95美元销售，现在全国所有的经销商都在给我打电话，向我抱怨。”制造商咆哮道。

“不要担心，”我说道，“我会改正它的。”所以我又在《华尔街日报》刊登了一则小广告来纠正这个错误，将我的价格从49.95美元提到了69.95美元，只留给消费者几天的时间以原来的价格购买。虽然这则广告的面积相对较小，但是它马上使人们聚焦到原先那个价格上，因为人们都急着在剩下的几天里以49.95美元的打折价格来买这台计算机。

贪婪并不是一种可以一直使用的技巧。但是它应该被认为是一种非常有效的能够作用在每个人的弱点上的元素。

降低产品价格的时候，你一般会得到更多的销售额。继续降低价格，你就会继续产生更多的销售——如果降幅足够大的话。如果降得太多，你就需要为低价做一些辩护，因为它会在你的顾客那里产生信用方面的顾虑。

贪婪确实不是一种非常正面的人类品质。但是它是存在的，它是你在同顾客交流的时候，需要考虑到的一种力量。

8. 建立权威

在建立公司的权威、规模、地理位置以及企业愿景方面，你需要做出很多努力。顾客喜欢同某一特定领域的专家做生意。这就是为什么潮流从销售各种一般商品的百货公司朝着销售特殊产品线的类型商店转变。这些商店拥有更多的某一类别的专家意见、知识和权威性。

举个例子，在很多年的时间里，我都把JS&A公司叫作“美国最大的太空时代产品的单一来源地”。我真正的意图是建立JS&A公司的权威性——作为一家主要的太空时代产品的提供商。“单一来源地”这个词语真正体现了我们从一个单独的地方将产品运出。同西尔斯公司或者RadioShack公司相比，我们可能不能运出更多的太空时代产品,但是我们从一个单独的地方运出更多，而且我们只专攻太空时代产品。

建立公司的权威性是一件应该在每则广告中都做的事情，无论公司大小。举个例子，“美国最大的烟囱清理业产品提供商”（其实是我的研讨班中一位来自烟囱清理业的参加者）。或者如果你的公司是最小的，你就可以说：“我们是广告业中一帮工作最辛苦的人。”如果你真正考察过你的公司，你总会找到一些东西可说，以建立你在销售产品上的权威性和专业性。

在建立了权威性之后，你总是想要停止使用那些建立了权威性的短语。我发现，在用了6年这样的短语之后，我开始猜测我们是否真正需要它。但是总会有一些读者是第一次看到这则广告，需要用这个短语来保证他们是在同一家他们正在考虑购买产品的行业里权威公司打交道。这个短语会给他们信心。

有时，建立权威性非常容易，只需通过这家公司名字的声望。American Symbolic公司是我曾建立过的一家公司，听上去很像是一家大公司。Jack and Ed's Video公司听上去就一点也不大。Computer Discount Warhouse公司会给你留下很好的关于他们的权威性的印象。它的名字具有辨识度，通过名字它也告诉了人们这家公司是做什么的。

人们尊重权威

人们自然会很尊重一位很有知识的权威人士。让我们假设你要买一台电脑。你可能会先跟邻居中的专家，那些众所周知的电脑高手商量一下。让我们把他叫作丹尼吧。他已经建立起了自己的权威性，去向他征求建议，你会觉得很放心。他会告诉你他认为你应该买什么样的产品，应该从哪儿买。然后他多半会推荐一些已经建立起一定权威性的零售商店，可能是最便宜的电脑公司，也可能是能够提供最好的设备的电脑公司。你会找出你所需要的权威类型。

有时候，这个权威性甚至不需要描述，但是可以从一则广告的文案、设计或者信息中感觉出来。在你所销售的产品或服务领域建立权威性，你会发现，这会在你的文案的有效性上产生巨大的影响。

让我举例来说明这一点。当我正准备走进拉斯维加斯当地的一家商业用品店的时候，一位年轻的女士走向我，问道："你能帮助我吗？"

对她忽然走过来的方式，我感到有些惊奇，事实上，我的第一反应可能是出了某种紧急情况。"当然，你有什么问题？"

她差点儿就要哭出来了，她说："我准备买一台电脑，我已经选了一台自己最喜欢的，但是我需要一个人来告诉我这是不是一个正确的决定。如果你知道关于电脑的事情，你能跟我进入这家商店，说说你的意见吗？"

我同意了，然后同她一起走进商店。这位女士解释说她在拉斯维加斯的内华达大学读书。因为这将是她的第一台电脑，她需要一个懂电脑的人向她保证这是一次不错的、明智的购买。她告诉我这家商店中的很多人对电脑并没有多少认识。我查看了这台电脑，因为对家庭电脑有相当不错的认识，我告诉她，她确实做了一个很明智的选择。这台电脑同时也拥有很好的价值。我指出一些能够在学业上帮助她的技术特性。虽然她对我说的事情一点儿也不懂，但是因为我说的话，她感觉自己做出了正确的决定。

没人想犯错误

在长吐了一口气之后，她感谢了我，然后就去买新电脑了。在走开时，她又转过头说道："为了挣钱，我工作得非常辛苦，我不想犯愚蠢的错误。"

在买一台电脑之前，你必须先叫上一个在电脑上有些专业知识的人，询问一些意见。同样，在购买之前你也希望得到保证和信心——你要非常明智地花掉买电脑的钱。当你买任何有价值的东西时，都是同样的道理。你只是想要得到保证。但是，如果你信任销售机构，认为他们就是该领域的专家，你就不需要任何外界专家的意见了，就像前面那个例子中的年轻学生需要的一样。

即便是在你买了一样东西之后，你也经常需要重新确认你的购买是正确的。已故的直销顾问保罗·布林基曾经写道："在进行了一次相当大的购买之后，我们首先会做的事情之一就是从别人那里得到我们的决定是好决定的保证。我们会告诉我们的家人、邻居、朋友以及商业伙伴，等待着他们的赞同。"

当我在JS&A公司接听电话订单的时候，其中一件使我感到惊奇的事情就是有很多顾客都会说类似这样的话："我打赌这是你们卖得最好的产品之一。"其实并不一定。但是每一次，我都会提到他们刚刚购买的产品确实是一件非常受欢迎的产品，接着总会有类似这样的一些评论："我就知道它是。"人们需要确定他们做出了正确的购买决定。

9. 满意度保证

当你看见这个标题的时候，你可能会认为我们要谈论关于试用期的事情。事实上，试用期可以被定义成满意度保证的一种形式。“如果在一个月之内，你对我们的产品不太满意，就可以退货并得到全额退款。”但这不是我在这里想要指出的。当然，每一件直销产品都会有一个试用期。毕竟，顾客需要通过触摸、感觉一件产品，来做出是否继续拥有它的决定。试用期会提供给购买者一定的信心。顾客可以改变他或她的主意，如果这并不是他或她真正需要的东西的话。

但是满意度保证不只是指试用期。它基本上传达了这样一种信息，“嗨，我们非常坚信你会喜欢这件产品，我们会做一些有利于你的事情来证明我们的产品是多么的不可思议。”

如果你的目标客户，在阅读了你将要做的事情之后，说出了这样的一些话，例如“他们真的非常信任他们的产品”，或者“他们是怎样做到的”，或者“他们会被那些因为他们的慷慨而占到便宜的顾客‘宰’了吗”，你就知道自己得到了一个关于满意度保证的绝好例子。

再举一个例子。当我第一次销售BluBlocker太阳镜的时候，我在电视广告上这样说：“如果你们不喜欢BluBlocker太阳镜，我会允许你们在任何时间退还。没有试用期的限制。”很多人就会这样对自己说：“这肯定是一种非常好的产品，否则的话他们不可能提供这样的条件。”或者他们会说：“伙计，他们会被宰吧？”在每一则广告中，我都会传达出一种能够使我的顾客满意的保证，因为我愿意做一些很难做到的事情。

在一则广告中，我曾这样写道：“如果你对你的购买不满意，只需要给我打一个电话，我会亲自来拿这件产品，费用全部由我承担，然后我会将你花过的每一分钱都退给你，包括这段时间内产生的利息。”

满意度保证的一个测试

有一次，我测试到了满意度保证的力量。在一则我为“消费英雄”写的广告中，我给顾客提供了一份可供订阅的折扣简报，用来展示以非常低的价格售出的重新修整后的产品。但是，我不仅仅是将这份简报寄给顾客，我还成立了一个俱乐部，并且给我们的简报提供了订阅服务。我在含有700个单词的广告中测试了很多不同的元素。我改变了标题，反馈率因而增加了20%。我改变了价格，整体的反馈率并没有什么变化。但是，价格越低，我所接到的订单也就越多。而当我只是改变满意度保证的时候，反馈率增加了一倍。

在一则广告中，我写道：“如果在两年的订阅期间，你没有订购任何东西，我们会将你没有使用过的订阅费用部分退给你。”

在第二则广告中，我写道：“要是你从来没在我们这里购物，而你的两年会员资格期满了该怎样呢？没有问题，你只需要将会员卡寄给我们，我们就会将你的5美元寄还给你，并加上利息。”

在第一则广告中，你看见了一个基本的简单的试用期类型的推销。但是，在第二个版本中，你看见了一则远远超出试用期的，可以被归类成满意度保证的广告。

在测试中，反馈率翻了一倍，即便这个满意度保证是出现在广告快要结束的地方。这就意味着人们读完了整则广告，然后在接近结尾的地方，当他们要做出重要的购买决定时，这个满意度保证消除了所有剩余的对接受这个概念的抵抗。

如果你使读者坐到滑梯上，一路滑到了广告的结尾，那么，正是在广告结尾的地方你有很多艰难的事情需要去做。想一下吧，你需要向读者介绍这个购买的提议，为什么这是一件很好的产品，为什么他或她应该买这件产品。接着，你就需要说点什么足以戏剧性地把顾客推过买与不买的边缘——全部都在你销售信息的最后部分。就像是推销员在请求一张订单时也会说：“如果你现在从我这里购买这件产品，我会做一些推销员很少会做的事情来保证使你满意。”

正确的满意度保证也是非常重要的。理想的满意度保证应该能激起一个异议，然后再解决它。就像我在前面的章节中所说的那样，通过解决异议，超出人们原来的预期。

“消费英雄”广告的满意度保证非常有效，因为它非常完美地解决了任何可能的异议。首先，它提出了异议——“如果在两年的时间里，我都不从你的简报上买东西，那又如何？”接着我就用一个满意度保证解决了这个问题——这是一些超过了人们预期的事情。

但是使用满意度保证要很小心，要使它能在销售上讲得通。你不会想要提出一个异议，接着用一种错误的办法解决它。要确保任何异议实际上都是用正确的办法解决的。总之，它要讲得通。

满意度保证是销售信息很重要的一部分。只有很少的人意识到了它的重要性。但是，如果你能创造出一种很有力的满意度保证，这种简单的机制就会在你的销售成功之路上做出很大的贡献。

10. 产品的本质

这是真正决定如何销售产品的关键因素之一。首先，你要意识到每种产品都有自己独特的性质，你要负责将它独特的本质挖掘出来。

你要怎样来展现这种产品的独特之处呢？每种产品都拥有一种展示自己的有力方式，能够表达出这种产品的真正优势和情感，更大限度地激励更多的人来购买它们。

还记得我曾经卖过很多年的，在全国性的杂志上使用整页广告的Midex防盗警报器吗？这种产品的本质是什么？我需要如何激励人们来购买？在第2章中我已经解释过了。

这是我使用保安系统作为产品本质的一个例子。这是一种不同寻常的产品，因为它具有非常独特的性质。产品本身的类别有它自己的轮廓。通过意识到每种产品的本质，并将它们以优点的方式表现出来，你会写出很有力、充满情感特征的广告文案来。

想一些其他的例子吧。一件玩具的本质是什么？是一个很有趣的游戏。这样你就找到了“有趣”这个特征。一台血压检测器的本质又是什么？是一个用来检测血压的严谨的医学设备。注意“严谨”这个词。一台防盗警报器的本质又是什么？它是一种重要的产品，应该是易于安装的，并在需要的时候发出警报，为家庭提供保护。一般情况下，你只需要常识就可以理解和欣赏到一件产品的本质了。

你必须了解你将要卖出的产品的本质，否则你就不能很有效地把它销售出去。

11. 客户的本质

在销售中，重要的不仅是要了解你要销售的产品的本质，还要了解你的目标客户的本质。当我在读大学的时候，曾经考虑过加入兄弟会，我有一段经历真正体现了理解这个很重要的因素的价值所在。

在所有我能在大学加入的兄弟会中，我选了那个最差的。为什么？在花时间参观了各种各样的兄弟会之后，我首先分析出了男生们希望加入兄弟会的本质原因。

我用这些知识推断出，自己可以凭借一己之力将校园里最差的兄弟会变成最好的，只需提出一个非常有效的营销计划来显著提高成员的数量。我的方法需要考虑我的目标客户（学生）的本质，再利用这些信息，诱惑学生们加入我们的兄弟会，而不是其他兄弟会。接着，我就可以通过扩张成员的数量，将我的兄弟会变成一个顶级组织，不管在我刚参加的时候它有多糟。这是个看上去相当天真的计划，但是我坚信自己能够创造变化。

在加入了一段时间后，我在兄弟会的兄弟面前发了誓，并且推出了自己的计划——我把它叫作“运筹生存”。我向这些兄弟们解释了大家加入兄弟会是出于两个心理激励因素：一是为了见到其他女孩，二是为了经历一个团体中男孩的友情和兄弟情。我指出，为了获得新成员宣誓加入，我们能制造出一种参加我们的兄弟会即可实现上述两种目的的幻象。目标是让更多的男孩加入我们的兄弟会。我们需要这些新面孔的加入，否则我们的兄弟会肯定没戏了——这就是过去这个兄弟会糟糕的地方，过去我们在吸引新成员方面做得很糟。这真的是“运筹生存”。

我的计划很简单，包含两个部分。第一部分是邀请最漂亮最性感的女孩作为招新会的女主人。我不希望按照惯例，让那些活跃的兄弟的女朋友来做女主人。那样不行，这些女孩必须具有世界级的水准——必须是那些在活动之后，男孩们还会花上数天时间和她们交谈的女孩。

第二个方法就是每个兄弟必须给每个备选成员介绍一个同伴兄弟。我坚持让这个兄弟对这个备选成员说一些非常和蔼和温暖的关于他的兄弟会同伴的事情。我说道：“将你的手臂围在你的兄弟周围，告诉这个备选成员，你的兄弟是多么精彩的一个人，还有你是多么真诚地欣赏和喜欢这个人。”

这个计划并不像看上去那样容易执行。首先，校园里具有世界级水准的女孩并不愿意成为我们兄弟会的一部分。其次，那些男孩彼此讨厌对方，要对一个你讨厌的人表现出喜欢是相当困难的。但是我做了一些事情使这一计划能够执行。

我们从当地的脱衣舞俱乐部雇了4个最漂亮的脱衣舞娘。她们都很年轻、性感，并且喜欢这样一个扮演成性感女大学生，成为3场我们计划的招新聚会的女主人的机会。然后，我又给这些男孩进行了排练，让他们彼此挽住对方的手臂，表达这种对他们来说很陌生也很排斥的兄弟感情。一开始他们都觉得很难忍受，但是队友般的友谊最后发生了作用。

我们不仅召集了历史上最大的宣誓班，击败了所有其他的兄弟会，而且还使得其中的一些男孩同他们的同伴兄弟们变得更为亲近，在兄弟会中传播出了一种完全新的精神。整个校园都在议论那些扮演我们的女主人的女孩儿们。到我们举办第三次聚会时，已经没有足够的空间给那些吸引来的人群了。事实上，这些脱衣舞娘非常享受她们的经历，还邀请了她们最漂亮的一些女朋友来加入这个活动。客人们对爱、兄弟感情和漂亮女人的展示都印象深刻，他们实际上是恳求着加入兄弟会的。

我理解了我的产品（兄弟会）和我的客户（寻找一个能够找到爱和社会交往的地方的年轻人）的心理诱因。这个例子中的关键就是了解客户本质的力量——这些客户的情绪因素会对我们计划好的销售方案做出最好的回应。“运筹生存”是一个巨大的成功，它将我的兄弟会变成校园中最棒的兄弟会之一，这源于一个几周内制订的简单推广计划。

让我用更多的一些例子来说明这个非常重要的原则。如果我在卖一栋房子，我需要知道能够激励目标客户的因素，以及他们对房子的需求是什么。我会研究他们的背景。我会问他们以往购买房子的经验和他们的爱好。我会尽可能地收集关于他们尽量多的信息，这样我就能知道他们可能有哪种情感需求了。

了解他们的需求和顾客的本质一般会给我足够的信息来孕育出一个非常有效的销售展示。理想的情况下，它会使我的产品的本质和我的客户的本质相匹配。

你的产品或服务要能解决客户的基本情感需求，无论你提供的解决方式是复杂的还是简单的。仔细考察这些情感需求。只有从情感的角度，你才可以直抵客户动机的核心。从中，你可以得到所有你需要的线索，来找到通向顾客心脏和灵魂的路，并最终到达他或她的钱包。

12. 当前的时尚潮流

在同一时间里，总是有很多时尚在流行。一种可能是服装的时尚，另一种可能是一个电视节目或者一则广告引发的潮流，或者是一种流行趋势。

在直销广告中也有时尚。在现在的电视节目上，最热销的产品是健身器材。以前有段时间，房产节目是非常流行的。要意识到当前的时尚潮流，这样你才能决定最热门的产品类别，以及我们这个时代最新潮的语言。你需要辨认出它们，并和它们产生共鸣。

一个很好的认识时尚并且知道怎样和它们发生关系的例子来自于我同理查德·吉尔福伊尔的一段经历，他是一位来自波士顿的直销市场人员。他对历史有很强的意识，非常自豪于他自己创造的美国历史物件的复制品——保罗·里维尔的灯笼、乔治·华盛顿在瓦莱弗戈的雕像、美国独立战争时期的盐和胡椒罐两件组。在1975年的时候，他的公司做得相当不错。

下面发生的事情就是顺理成章的了。当美国准备庆祝200周年国庆时，这种类型的产品被视为一种庆祝的方式，销量非常好。理查德抓住了那时美国独立战争时期产品的时尚趋势。

然后，他生意的低潮期出现了，销售开始下降，但是他却不知道为什么。这些都正好发生在1976年7月4日之前——那个200周年国庆的纪念日。

当他参加我的研讨班时，他对自己的生意非常失望。到底发生了什么？我认为可能是由于人们将他的产品同美国国庆联系在了一起，他们认为这一天马上就要过去了，销量下降正好反映出了这种认知。

但是理查德坚持并不是因为这个原因。“我的产品拥有真正的历史价值，同200周年的国庆没有任何的关系。”我能够只是看一下他的文案，然后就帮助他改进吗？

在看了他实际上还挺不错的文案之后，我清楚地认识到了问题所在。他并没有意识到，顾客只是将他的产品看成了200周年国庆热潮的一部分，而不是看成了一个他们可以保存并拥有的美国历史的一部分。

他接着又给我展示了一些作为参加我的研讨班的成果而准备的广告。其中一则是为一条项链写的，上面有一个保罗·里维尔灯笼的复制品，中间有一颗钻石代表了光线。这是一件非常漂亮的首饰。

我读了这篇文案，然后说道："你已经有一种最畅销的商品了。这则广告的效果会很好，并不是因为这条项链的历史性质，而是因为它本身就是一件漂亮的首饰。理查德，你现在是在销售首饰，而不是在销售美国文物。"

之后的这个广告当然获得了巨大的成功。他很快就意识到了一股充满力量的时尚潮流是如何产生而又消退的。

时尚潮流会产生公共宣传效果

当我在为一些客户处理公共关系的时候，我利用了时尚潮流来做宣传。一位拥有一个滑雪度假村的客户，希望在他的滑雪场增强大家使用雪地车的意识。那是20世纪60年代中后期，正是妇女解放运动如火如荼的时候。我建议他禁止女性做雪地车司机，并且发布一条新闻自豪地宣布这件事。他这样做了，成功地引发了全国热议。然后他又废除了禁令，因为受到了来自全国的关注，雪地车的销量迅猛增加了。

同时，我的一位客户——杰里·赫尔曼，是位于美国伊利诺伊州埃文斯顿的西北大学附近的一家Spot比萨店的老板。他也想得到全国性的宣传。在那个时候，妇女们正处在一个不同寻常的潮流之中——她们将胸罩扔掉，不再戴。我建议他可以设计一个胸罩形状的比萨，他就这样得到了全国性的关注。现在看起来，这些宣传技巧可能比较傻，但是在那个时候，它们的确非常有效，因为它们与那个时代的时尚紧密地联系在了一起。

一种流行时尚消失的速度与它出现的速度一样快。所以你必须很早就抓住这个时刻，然后在潮流的顶峰刚过时就马上抽身出来。那些做雷达探测器生意的人在其成为潮流的时候都做得非常好，他们中的有些人参加过我的研讨班，写出了非常棒的文案，将他们的公司变成了非常成功的企业。

其中一家销售雷达探测器的公司是Cincinnati Microwave公司，在公司真正起飞之前就派了3个他们最顶尖的人员来参加我的研讨班，并最终成为一家价值1.4亿美元的公司，赢利超过4 000万美元。

但一定要小心。我可以告诉你一些故事（应该称之为噩梦），它们会显示出危险的潮流会对你的财产造成多大的危害。“水门事件”发生的时候，我曾经介绍过“水门游戏——一个适合全家来玩的丑闻与欺骗游戏”。但是因为它的争议性，没有商店愿意进货，我损失了大量财产。为了抓住20世纪60年代的蝙蝠侠风潮，我曾经制造过蝙蝠侠信用卡，并且印了25万张，但最后被拒发销售执照。

但是正如你所看见的，如果你懂得如何在一个正确的时机认识到时尚潮流并利用它，就很可能掌握了一个非常有力的工具。这恰好就是我要说的下一个因素。

13. 时机

有多少次你想出了一个主意，但不是太早，就是太迟了？我从很多失败了的学生那里听到的抱怨只是因为他们的时机不对。

时机绝对和时尚有密切的关系。你会想要从一开始就介入时尚潮流，而不是中间或者结束的时候。这是非常明智的时机。但是还有很多产品只是生产得太早，或者太迟。这也是和时机很有关系的。你应该什么时候介绍一个产品？美国人为这个产品做好准备了吗？你又怎样知道？

答案真的是非常简单的：没有人知道。这就是为什么我总是会首先检测每一个将要销售的产品。顾客会告诉我们时机是否过早或过晚，还是刚刚好。

当犯罪率增加的时候，大家都知道销售防盗警报器应该是一个很好的主意。当辛普森案件发生的时候，有很多可以利用这个案件的机会，当然媒体也是这样做的。

卡特总统1980年在电视上指责美国人有太多的债务。他建议“停止使用你们的信用卡”。数百万美国人也是这样做的。信用卡直销率一夜之间直线下滑。我们之前进行的测验预测前景很好，但突然发生的一切却让大家不知所措。我们的时机显然很糟糕，但这并不是我们的错。知道问题的原因能使我们头脑清楚。

知道什么时机很糟糕也很重要。我们提供了一种叫作Bone Fone的产品，它是一台可以戴在脖子上的便携式收音机。在所谓的“随身听”出现之前，时机都很完美，“随身听”的发明“杀”死了我们的新产品。时机，可以扼杀一个产品，也可以制造一个产品。

我曾经为一台我们想要放在型录里的电子血压测量仪进行过一个媒体测验。我认为这款产品的表现会不错，但是当结果放在我面前的时候，我还是惊讶于它所取得的好成绩。因为拥有很多信心，我在我们发布过广告的所有国内主流杂志上发动了一场重要的全国性广告战役——那时花了30万美元。但是在这则广告准备发布之前，我发现这个我本以为非常好的报告实际上是有问题的。这款产品的媒体测验表现不是很好，事实上是非常糟糕。

但是因为已经安排了广告，我只好准备接受恶劣的反响。但是非常巧合的是，随后我的时机却被证明正好和目标相契合。就在这则广告开始运行的时候，美国心脏协会发起了一场大型的广告宣传活动，建议美国人有规律地检测他们的血压。我们的销售业绩因此飞涨，这个本来注定是我们最大的一场失败最后却为我们赚取了非常好的利润。我们甚至还赢得了生命延续协会颁发的生命延续大奖，因为我们在提醒公众规律检测他们血压上所做的工作。

14. 建立联系

我在邮购广告中曾用过的一个关键技巧就是建立联系，即一种将顾客已经知道和理解的东西和你将要销售的东西联系起来的技巧，这样就能使新的产品更容易被理解和接受。

解释这个诱因的最容易的方法之一是描述它在时尚中是怎样运作的，这里的时尚是指一种抓住公众意识，很快创造强烈需求、关注度或者行为变化的流行热潮。这种潮流可能是对一种产品的需求，比如20世纪90年代的豆豆娃[①]和20世纪70年代的民用波段收音机；可能只是对一种新的或者不同的产品或者概念的强烈关注，比如，1998年介绍的“伟哥”；或者也可能是行为上的改变，比如在20世纪60年代后期的妇女解放运动中女性将她们的胸罩丢掉。

也有一些在特别行业中的潮流。举个例子，在健身业中，可能有腹部锻炼设备的潮流；在商业信息广告中，可能会有很多商业机会涌现。

通常，潮流的出现和消失都很快。但是这个潮流例子的重要性是为了向你展示联系它的最基本、最显著层面的过程。接着，我就会更进一步，告诉你联系是如何被用来有效销售任何产品或服务的。

举个例子，我用了人们对总统行为的关注作为销售产品的一种方法。1973年，当尼克松使用电话窃听设备来记录所有他的电话谈话被发现时，吸引了无数人的关注。我马上就把JS&A公司的销售和一个任何人都可以窃听他的电话的系统联系了起来，我在《华尔街日报》上面打出了这样的标题：“窃听你的电话”。

这则广告是个错误。联邦调查局来找我了，《华尔街日报》也开始威胁再也不刊登我的广告了。更糟糕的是，我并没有卖出很多产品，在这则广告上我损失了很多钱。正如你所见，因为尼克松做的是违法的事

---

① 豆豆娃，一种填充玩具，由TY玩具公司出品。这种玩具在20世纪90年代引起了一股热潮。——译者注

情，虽然我自己并没有做任何非法的事情，但我的销售却鼓励了非法行为。

相反的例子是，我在对的时候，抓住了另外一个潮流。我提供了无线电话机，正好就在民用波段收音机潮流在美国最鼎盛的时候。通过将我的无线电话机称作便携式民用波段收音机——因为它是在一个民用波段上播放的，我抓住了一个民用波段收音机市场的主要高潮期。

在同一个时刻，某件事情的宣传得到了广泛关注，那么它就有潜力成为一种时尚。你就有很大的机会能将它联系到你正在推销的产品上，要么得到宣传，要么推销了产品。

时尚的力量是很强大的。你现在理解了联系的基本概念。但是这又能怎样帮助作为一个文案撰稿人的你呢?

无论我的卖点是一种新产品，还是一种独特性质，或是一种新的概念，我都会使用联系的方法。我会找出客户熟悉的东西，将它同我销售的东西联系起来，在我的客户的头脑中创造出一座桥梁。因为这个联系，客户只需花很少的时间来理解这种新产品。这种产品很容易就能和客户的需求建立起联系。这样每个人都是赢家。

联系一个身体部位

我为烟雾检测器写的广告就是建立联系的一个例子。标题是这样的:“鼻子”。我在谈论这种烟雾检测器的时候，不是将它当作一个烟雾检测器（很多类似的设备之前已经销售过)，而是当作一个放在你家天花板上的敏锐鼻子。当它呼吸到烟雾的时候，它就发出了警报。我使用了这个非常人性化的简单的鼻子概念——一个人人都知道其功能的身体部位——接着就将它联系到了一台电子设备上面。

在这则广告中，我同样使用联系来表达了质量。举个例子，我谈论了使用镀金作为接触点的集成电路。我的目标客户接着就能将镀金的花费和质量联系到产品上面，这就建立了一个质量上的联系，合理化了它比较高的价格。事实上，所有集成电路使用的都是镀金接触点，这没什么新鲜的，但是没有人花费过时间将这个解释给顾客。

我在很多其他地方也使用了联系。举个例子，我有一种远程汽车启动的产品。你在一个远程操控设备上面按一下按钮，汽车就会自动发动。我把它叫作“黑手党的自动机关”，你能不能看出名字和产品的联系？好吧，我在广告里面做了解释。黑手党经常使用汽车启动来引爆炸弹，除掉竞争对手。但因为这种装置使你在远距离就能发动汽车，它就排除了任何来自黑手党成员的恐惧和担心。当然，这个市场同样也能扩展到那些只是很简单地喜欢这样一种便利性的人们：在热天或者冷天提前发动他们的汽车，这样就能在进入之前使车内达到一个舒服的温度。但是这种产品的定位是通过建立一种顾客能够理解的联系完成的，即黑手党。

今天，这样的设备可能会被联系到伊拉克恐怖分子的汽车炸弹或者对国家安全的威胁上面——都是一些很强大但并不令人愉快的趋势。我怀疑这样的产品现在是否会流行，更不要说这种联系所令人联想到的糟糕的东西了。这也是一个关于为什么很多复制过去成功广告却都没有回报的完美例子，但那是另一个问题了。

我能给你举出很多例子。但是要记住，建立联系的要点是，你得将你销售的产品或服务联系到一个你的客户很容易认出的东西上面，这样你就能在客户思想的分歧上架起一座桥梁。

通常新产品只是之前卖过的产品的改进版。你需要将老版本和新版本联系起来，解释它们之间的不同之处。

使用联系最难的事情之一是牵扯到一种神奇的产品——一种因为太好而令人难以相信的产品。举个例子，我曾经销售过一种放在你汽车的汽油箱里的药丸，它能够增加汽油使用的路程，并清洁引擎，拥有10倍于超级无铅汽油的汽油添加剂。这真的是一件神奇的产品，非常难与其他任何这个市场上的东西联系起来。于是我们使用词组“汽车的维生素”和“用药丸进行汽车调整”建立了一些联系。

联系是一种基本的人类情感系统，用来储存经验和知识，接着再回忆起这种经历，然后将它们联系到一些我们日常打交道的东西，或者那些在公众意识里的东西。我们经常进行联系。当约翰·肯尼迪总统去世的时候，我正在德国法兰克福的军队中，他是在法兰克福的傍晚时分被刺杀的。我很清楚地记得当时自己在哪里，以及我感觉到的迷茫和疼痛。我适时地将所有的图像和情感都同那个时刻联系了起来。你还记得当第一次发现“9·11”袭击的时候，自己在哪儿吗?

15. 一致性

作为一个直销人员，我已经得出这样一个结论：你能做的将一位目标客户变成顾客的最重要的事情，就是让购买对他来说变得非常容易，无论这个购买的金额有多小。所以，购买的方法必须非常简单、小巧，并和目标客户的需求相一致。

一旦这个购买实现了，这位目标客户变成了一位顾客，游戏的领域一下子就改变了。现在，在你的偏好的指导下，存在了一定程度的承诺和坚持，来鼓励未来的购买。

关于这点还有一个很好的例子可以在一个汽车代理权中得到体现。推销员记录了你的购买，从总经理那儿得到了许可，然后就让你在购买合同上签字。就在她去将车预备好，让你可以开走的时候，推销员会转过头来说：“你也想要底面涂层，对吧？”你本能地点了下头。这个费用马上就被添在你的发票上了。“你同样也想要我们的地垫来保持你车子的干净，对吧?”……

还有这样一种情况。当你从一个型录里订购一些东西的时候，你对自己说：“反正我都要经历这样的一次麻烦或者订购，让我看一下他们还有没有其他我可能会喜欢的东西。”这样，你就可能会订购更多的东西。

一旦承诺完成了，就需要在行为上跟购买保持一致，顾客就会点头。

乔恩·斯波尔斯特拉——波特兰开拓者队的前总经理，新泽西网队的主席——曾经告诉过我这种现象的一个好例子。他之前的工作之一是销售门票。“我会亲自拜访一位目标客户，向他卖出一套简单但是基本的套票，然后准备走，当我准备走出门的时候，会转过头来，向他提供其他的一些东西。通常我的顾客会简单地点下头，然后说：‘是的，当然，把这个也加上。’”

一个需要记住的要点是：永远要使第一次的推销很简单。一旦客户从你那儿购买了东西，你就很容易向他提供其他东西，以增加销售。对那些通过邮购或者电视直销广告卖出的产品，也是一样的道理。我已经学会了把初次的销售变得非常简单。接着，一旦客户打电话来订购这种我提供的产品，我就会向他提供其他的项目，以完成一个更大的销售。有超过一半的概率会发生额外销售，这取决于我增添的产品是什么。

一旦你投入了最初的购买，你就开始了一个行动的过程。在购买的时候，由于最初的购买欲望，你现在准备买更多的东西了。

16. 符合客户需求

我在研讨班上面教过的一堂很重要的课是从20世纪50~60年代的流行歌手博比·达林如何出名的故事中学来的。

作为纽约的一名年轻歌手，在很长的一段时间里，达林都没有办法成功进入音乐圈。他从一家唱片公司走到另一家唱片公司，劝说他们为唱老式流行曲的他录一张唱片。

他被拒绝了。没有一个人相信音乐界会接受一个不知名的年轻歌手唱的老式流行歌曲。另外，在那时流行的音乐是黑人艺术家的老式摇滚乐，叫作摩城唱片[①]。

达林非常泄气，他决定自己来做。难道他自己录了自己的专辑？不，他没有钱。那么难道他说服了一家唱片公司来给他录音？是的，但不是那些他非常想录的歌曲。相反，他坐下来，写了一首和当时流行的音乐非常相符的歌。

他写的歌叫作《水花四溅》，歌词是这样开始的："水花四溅，我要去洗个澡，在一个星期六的晚上。"这首歌讲述了一个他洗澡时发生的故事，调子是老式摩城摇滚乐，他很容易就将这首歌卖给了一家唱片公司。他们录了这首歌，达林是主唱。在这张唱片中，他甚至听上去像是一位摩城唱片的艺术家。

达林意识到了在那个时候市场想要的和流行的东西。他创造了一些完美的符合市场需求的东西，虽然这首歌和他心中的音乐相距甚远。他做出了非常实际的选择，将自己的渴望放在了一边，将他的自我和目标放在了一边，只是录了一张能够卖出去的唱片，为自己争得了需要的承认，然后再录那些他真正想要录的音乐。

虽然这是一张热销唱片，最后售出超过百万张，他还是无法让一家唱片公司给他录一张流行唱片。所以他投入了所有从《水花四溅》的成功中挣得的金钱为自己录了一张唱片。在他录的唱片中有一首是他翻唱的库尔特·魏尔的歌曲，叫作《刀锋》。后来不仅他的唱片成了了不起的热门唱片，《刀锋》也成为一首在全世界销量超过数百万的单曲。从此，博比·达林不仅仅是因为《水花四溅》而被人们所熟知，同时更是因为他最喜欢的流行爵士老歌。

---

① 1959年1月12日，摩城唱片诞生于美国汽车城底特律，由非洲裔美国人戈迪创建。作为首家由非洲裔美国人拥有的唱片公司——摩城唱片公司签约的歌手主要是黑人音乐家。20世纪60年代，正是美国黑人民权运动如火如荼的时候，摩城唱片公司诞生并成长在这个时期，并致力于将黑人音乐介绍给世界。——译者注

来自博比 · 达林的一课

从这个例子中我们可以学到很多经验。首先要意识到，通常你必须沿着已经成形的那条路，才能完成你的目标。你得去模仿那些符合市场需求的东西，一旦你拥有了建立起来的声誉，就更容易去尝试一些不同的、你自己想要尝试的东西。

所以，首先你要满足市场的需求，来积累你所需要的资本，接着你就可以去追逐梦想了。一旦你积累了自己的基金，就可以做任何你想做的事情。你可以去追求其他人觉得不可能的事情，并付诸行动。

我还用博比 · 达林的例子来说服那些持有看上去相当非主流的理念或想法来找我的人。他们必须使产品符合市场需求。在有些例子中，他们的产品只需要跟原来的想法略有不同，即便这不是他们原来想象中的产品。这种改变一般包括移动一个部件，或者让这件产品更便宜，或者以一种全新的简单方法来展示产品。下面让我来举一个完美的例子。

1973年，一家计算器公司APF的总裁和国内销售总监拿着他们的新产品来找我。他们很激动，觉得自己拥有了自计算器发明以来，电子界最伟大、最令人激动的突破。

他们很有信心，愿意拿钱给我做测试广告。“乔，这种产品太棒了，你会卖出上百万台。”公司的总裁这样说道。

在那个时候，计算器的价格还是比较高的。作为一台好的有大显示屏的台式计算器，69.95美元是一个非常吸引人的价格。APF公司曾经以69.95美元一台的价格销售过计算器，但是他们认为由于最近的革新，他们拥有了能提供给我们公司的最终产品——这是一声电子界的真正革命（或者说他们是这样想的）。

“创新之处在哪里？”我问道。公司的总裁和他的国内销售总监打开了一个特别的盒子，将原型展示给我看。

这种计算器和他们以往销售的计算器是一样的，但是拥有了一种新性能——当计算器待机时，显示器上会显示时间。“你觉得怎么样？”总裁笑道，“我们计划以每台99. 95美元的价格卖这个东西。”

我不喜欢这个主意。我解释说顾客觉得计算器是一种非常严肃的商业工具。需要的时候就打开它，不需要的时候就关掉它。这种产品我已经卖了将近两年，对产品本身及顾客的情感诉求都非常清楚。放一个表在显示屏上面，让计算器一直开着，这与让顾客感兴趣的东西并不相符，这样是不会成功的。加价是不对的，要我选的话，我会将产品的价格降低以清空所有的存货，比如每台39.95美元。我只是觉得它会卖不出去。

公司的总裁不相信我的话。“什么？”他脱口而出，“同标准模式相比，这款产品要花更多的钱来制造。这是如此具有革新性的产品——我们凭什么要考虑以更低的价格销售？”

我同意撰写一则广告来证明自己的观点。“我会写一则非常棒的广告来获得你的认可。我会接着在《华尔街日报》上发布这则广告。我们会测试这则广告的反应，如果是成功的，我们会为你发动一场很棒的广告战役。”

我给APF公司寄了广告，他们非常喜欢。“如果这也不能产生作用，我会退出计算器业。”公司总裁说道。然后我就发布了这则广告。

广告效果凄惨至极。不久，这款产品就以每台39.95美元的价格结束了这场战役。当产品不符合市场需求的时候，市场就不会有任何反应。让产品符合客户的需求，只需要认真倾听和观察即可做到，并不需要任何天分，只要耳聪目明，再加上一点点直觉的帮助即可。

这是非常重要的，你的产品需要同你的客户产生共鸣，或者完全符合他们的需求。如果没有，你应该来判断如何改变这个情况，才能使产品做到与客户需求相符合。这可能意味着换一种不同的颜色来进行展示，减少或者增添一些附件——关键在于顾客就是上帝。你的目标不仅是符合市场需求，还要特别地符合顾客需求。

17. 归属感的渴望

归属感的渴望是营销中一种强烈的激励因素，但是通常它们并没有被意识到。我们不妨仔细想想。

为什么人们希望拥有一辆梅赛德斯汽车？为什么他们想要抽万宝路香烟？为什么有些时尚可以流行？这可能是由于：有些人会买一些特定的产品，因为他们下意识地希望自己归属于已经拥有或者使用了这种特定产品的团体。

在万宝路的例子中，吸烟的人潜意识中希望加入到这个吸烟者的团体中，他们与香烟广告公司创造的颓废的西方形象相对应。

那些买了梅赛德斯汽车的人总是希望归属于那个梅赛德斯汽车拥有者的特殊团体。你认为这是因为特别的刹车和悬吊系统吗？把这个忘掉吧。他们走出去，花100万美元买一辆可能只比其他很多车稍稍好点的车。其他的汽车也能以同样的速度把你带到同样的地方，但是这些人——都是非常聪明的——会去花很多的钱来买一辆梅赛德斯汽车。

这样的例子有很多。你说一种已经建立起了形象的产品，我就会告诉你一位希望归属于拥有这种产品的团体的顾客，这来自他们潜意识价值体系的某个地方。时尚、汽车、香烟、小机件，无论是哪个类别——买一种特别品牌的顾客被鼓励购买这种品牌，因为他们想要归属于这种已经买了这个品牌的团体。

当沃尔沃发现它的顾客群是所有汽车制造商中具有最高教育水平的，他们将这个事实进行了宣传。接着，他们注意到当同样的调查在几年之后进行时，这个比例甚至变得更高了。这个增加是被促使的，在我的判断中，通过这样的联系，其他新的受高等教育的买主们也希望加入到沃尔沃汽车的拥有者中——他们想要属于这个团体。

一些学生这样对我说："好了，那些隐士们呢？不要告诉我他们也有归属的渴望？"

我的回答是，他们希望属于隐士们的团体。认同一个团体并不一定意味着你必须同一个人在一起，或者要非常社交化。可能在这里的关键词是认同。梅赛德斯汽车的拥有者希望能和同样拥有梅赛德斯汽车的团体或者阶级相认同。

在20世纪70年代的加州，拥有一辆劳斯莱斯汽车是最终的地位象征。当人们同拥有这种汽车的人在一起的时候，他们印象深刻的程度让我难以相信。作为一个美国中西部的男孩，我不是出生在一个充满了汽车意识的西海岸，意识到一辆劳斯莱斯汽车对西海岸的人有多大意义对我而言完全是一种文化冲击。但是当你看着这辆汽车，这是今天在路上你能看见的最保守、最老式的汽车之一了。

归属和认同于一个拥有某种特定产品的团体的渴望，是营销和文案写作中被意识到的最有力的心理动力之一。但是我能给出的最好的例子是一个个人经验，这就是我要说的下一个心理因素。

18. 收藏冲动

我从自己的营销经验中学到，人类肯定有一种收藏的天然冲动。

如果你销售一种收藏品，你就非常容易懂得这种冲动是存在的，所以，作为一个直销市场人员，你需要利用它。但是经常被忽略的事实是，这也可以用在销售任何其他产品上。让我们看一下买表的人。一个狂热的买表者是你的下一款手表的完美客户。

当在印刷品上面销售手表的时候，我会将邮件寄给那些之前从我这儿订购过的顾客，给他们提供其他的手表。我收到了很多反馈。我最好的手表顾客名单包含了我已经向他们成功推销过手表的顾客们。现在你会想，如果你已经拥有一块手表，你还需要另外一块做什么？你错了。很多人事实上是在收藏它们。他们会有很多块手表，很多副太阳镜，很多条牛仔裤，很多盘录像带和光盘。这样的列表是没有尽头的。

我总是惊讶于QVC观众收集玩具的数量之多。有些观众是老妇人，离童年已经很远了，但却是QVC最热心的收藏者，他们拥有很多的玩具。

QVC上面也销售小的汽车模型。它们是一些最流行的产品。不相上下的是，一定会有无数的观众拥有BluBlocker太阳镜——一般都是很多不同的风格。

关键在于，在销售的时候，无论是在印刷品、电视，或者互联网上面，你都需要认识到有很大部分的人，无论是为了什么原因，都有一种感情需求来收集一系列相似的产品。这些产品会给他们带来极大的愉悦和满足，有时候也具有实用价值。

你会对人们收藏的东西感到吃惊。

再想一下那些收藏真正的汽车的人。很多有能力这样做的人，收藏了成百上千辆真正的汽车，他们又是出于什么样的情感需求？

直销市场人员利用收藏冲动的方法之一，是通过邮寄试用装和系列产品来推动持续收藏。

我还记得曾经订购过一系列银色飞机尾翼，在它们上面有来自Franklin Mint的不同的飞机标记。我订购它们更多地是为了看Franklin Mint怎样运行他们的计划，而不是出于对收集飞机尾翼的兴趣。

我收到了一个很漂亮的盒子，里面有每种飞机尾翼的剪贴。每个月他们都会寄来一个新的飞机尾翼，每个月，我都会放一个到盒子里。每当放一个新的尾翼进去时，我都会看一下自己的收藏，感受那种知道我的尾翼收藏在增长的自豪。最后，我将这个盒子填充得足够多了，每当客人来的时候，我都能够展示自己所有的尾翼收藏。最终我清醒了过来，停止了收藏。这花了我一大笔钱，毕竟，我开始的唯一意愿只是为了研究。而且这个收藏有点糊里糊涂。航空公司要么合并，要么破产，要么会很迅速地改名字，连Franklin Mint也不能持续。

但正是这次经历使我相信，有很多销售给收藏者的机会。

19. 好奇心

如果我必须选出一个使直销像今天这样成功的主要心理因素，我会选好奇心。在零售业中，顾客可以第一手地接触、体验产品，然后决定是否购买。而邮购顾客就做不到这些。这款产品可能看上去不错，能做和顾客的期望相同的事情。但是，是好奇心使产品对目标客户充满了吸引力。“这款产品真正的样子是什么？”可能是目标客户的一种典型想法。

当我在电视上推销BluBlocker太阳镜时，我故意制造了无穷的好奇心。我让我的对象——我们从大街上找到的普通人——试着戴一副BluBlocker太阳镜。然后，我就会拍摄他们的即时反应，其中有些相当精彩。当我把这些在电视上播出时，观众们就会想：“从太阳镜里面望出去，会是什么样呢？——这样一副有着橙色镜片的太阳镜会让每个人都变得很狂野？”

我并没有让电视摄影机从太阳镜里面的角度望出去。这可能会损害好奇心，也不能展示出太阳镜给你带来的真实画面（当你的视线透过镜片的时候，你的大脑会使颜色改变，但是电视摄影机不会）。相反，因为没有提供这些景色，我提升了人们的好奇心。你唯一能透过它们去看的方法就是买一副。公众们也是这样做的——这个发布了6年的系列商业广告片卖出了800万副眼镜。

对图书而言，好奇心也同样很有效果。你可以诱惑客户们，告诉他们通过阅读你的书，他们能够找到什么。事实上，销售图书中最强大的激励因素就是好奇心，紧接下来的是声誉和信用。

因为目标客户不能接触或者体验产品，好奇心成了邮购中重要的激励因素。所以，如果我能意识到这一点并非常迅速地将产品配送出去——比如用联邦快递——就与零售业的优势不相上下，因为我在邮购中充分利用了好奇心。

我把产品卖出去完全是依靠好奇心。在1973年，我销售了一种便携式计算器，并没有展示过它的任何一张照片。通过勾起强烈的好奇心，我卖出了成千上万台计算器。当然，价格也很适中，产品也很棒，但是我并没有展示这款产品，甚至没有提及品牌的名字，即使如此我还是能将销售信息变得非常吸引人。

你又应该怎样利用好奇心来推销产品？首先要意识到，当你在销售图书的时候，好奇心是关键性的购买动机，你应该使用这一点作为首要销售工具。但是同时你也要意识到，还有很多其他产品在它们的故事中留有余地，正是为了引起好奇心，制造需求。

当使用邮购作为媒介时，如果展示太多，叙述太多，你就在冒险毁掉自己所拥有的优势。

我的一个朋友史蒂夫·多尔曼，办了一份贸易信息报。他对我在BluBlocker太阳镜的广告中成功使用好奇心作为主要销售工具很着迷。他对自己说：“同样的技巧能在直销广告中出现，那能用在那些不可能在电视上销售的东西上吗？”于是，他组织拍摄了一则商业广告片，以好奇心作为它的主要激励因素。

在广告片中，每个人都为香水倾倒，但是电视机无法使观众闻到它，除非他们买了史蒂夫的产品。这则广告片制造了足够的好奇心。

你有多少次说得过多，展示得过多，或者没能使用好奇心的力量？在直销营销中，这是非常有力的激励因素之一。

20. 紧迫感

你可能已经想到这点了。你差点就销售成功了。客户相信你的产品，已经准备买了。但是就像很多你的其他顾客一样，这个人说："算了，还是让我再想一下。"

事实证明，当这种情况发生的时候，客户多半是不会买了。原因是：首先，经过一段时间之后，你写得很棒的销售广告很可能会被忘记；第二，如果你很幸运，广告没有被忘记，但也不会具有和初次阅读时同样的影响力了。那句老话"眼不见，心不烦"，同样适用于这样的例子。

为了避免这种拖延，你必须给目标客户提供一个马上就买的刺激或理由。事实上，如果你做得很好，而客户没有马上买的话，客户会感到很不好意思。但是你应该怎样做呢？

首先，你不会想要这样的结果：目标客户已经在你的广告上花了很多时间，你已经劝服他们购买。而因为你在广告结尾处说的一句不真实的话损害了自己的人品。千万不要做这样的事。比如这样的话："如果你不在接下来的几天之内购买，我们就会卖光了。"或者其他谎话，这会马上就把客户赶走。所以要小心，你在结尾说的任何事情都应该是真实的、经过考量的，要和你的广告中全篇表现出来的诚信具有统一性。

现在，为了提供一种紧迫感，你能做什么？有些广告本身就充满了一种紧急性，不需要再增添任何内容。比如，我曾经撤过一则广告，上面列的计算器的价格是错的，新的价格应该要比原来的价格每台多20美元。但是在新的价格真正实行之前，你有几天能够以旧的价格买到产品。这个方法是这个概念不可分割的一部分，提供了一种很明显、很真实的紧迫感。

你还可以通过提供一些限量版，传达出一种紧迫感。“我们只有1 000套产品，这可能是我们最后一则广告。”这可能是非常诱惑人的，能鼓励买主马上行动。

你可能已经写好了一则非常精彩的具有紧迫感的广告，但是一个致命的错误还是可能将你的广告效能完全抹杀掉。这个致命的错误是什么？即漏掉了一些买主需要知道后才能做出购买决定的重要信息。这样，买主就有理由了。“我有一个疑问，但是我太忙了，懒得打电话来咨询了。”或者另外一个简单的原因。总之，如果你的广告文案漏掉了一些关键的信息，即使有一种强烈的紧迫感也只是在做无用功。

你可以在很多方面使用这种紧迫感——现货少、出清存货、提价、产品短缺、限时促销，或者限量版。比如：“现在购买，你明天就可以开始享受产品的好处了。”或者甚至是：“在接下来的3天内购买一件，你就能免费得到另外一件。”

另外一个提供紧迫感的办法是通过你的配送方法。“我们会通过联邦快递配送你的产品，如果你在某日之前订购的话。”或者，“因为你是我们的顾客之一，如果你在某日之前订购的话，你可以在我们向全国推广之前买到这件绝妙的产品。”

我们曾经用“全国推广价”作为广告语来进行所有的新产品推销。“全国推广价”暗示了这样一种可能：现在这个价格是推广价，以后可能会涨价。事实上，计算器和电子产品的价格总是在往下走的，所以最后我们弃用了这个词。

你能想到的可能性是有限的。引发紧迫感的陈述总是出现在广告末尾。如果在你的广告中有两个关键位置，那就是开头和结尾。在结尾处，紧迫感和其他重要的概念才会出现，而且必须被天衣无缝地考量、结合在一起。

21. 恐惧

恐惧是很重要的激励因素之一，能够促使我们开始行动。如果告诉人们他们可能失去买一些东西的机会，你就给了他们行动的理由，他们一般会主动对你的产品采取行动。就像前面讨论过的，紧迫感是一种重要的心理诱因。

有一部分紧迫感是构建在恐惧基础上的。你的顾客担心他或她失去买这种产品或服务的机会，因为在未来这个机会就没有了，或者不可能再有同样的价格了。但是恐惧同样可以是其他情形的激励因素。

举个例子，当一种新的流感病毒开始威胁人类时，就可能给销售那些帮助建立免疫系统或者帮助防治疾病的产品带来一个机会。人们买这些产品因为他们想要保护自己免遭病毒的威胁，在今天，这是一种真实的危险。人们害怕如果不买一些东西来保护自己会产生很坏的结果。虽然卖出一种能治愈疾病的产品会比卖出一种预防性的产品更容易，但当恐惧变成一种主要因素时，这种规律一般就不再适用了。

对犯罪的恐惧

另外一个例子是防盗警报器的购买，或者是一支枪。有些城市可能会爆发犯罪，担心自己可能会被攻击或者被抢劫的居民们会采取行动，保护自己和自己的家。

还有一些产品是为了对抗我们对衰老的恐惧。人们购买延缓衰老的面霜、乳液和药，因为担心衰老的过程，并且担心其他人对他们外表的看法。

我们经常会听见，因为恐惧，人们采取了行动，做出了非常规的举止。股票市场中的人们常常会做出非理性行为——当人们担心金钱损失的时候。当这个市场崩溃，接近最低点的时候，也就是进入所谓熊市的时候，经济看上去会非常糟糕，股民就会开始抛出股票，因为担心这个市场会继续崩溃，他们会失去更多的金钱。事实上，这时通常是购买股票的最佳时机。而当美元的可靠性被质疑时，很多投资者出于恐惧，会购买金币或者储存黄金保护自己。

如果小心地使用，对一些个人可能需要面对的恐惧和危险做出回应，恐惧可以是一种很棒的激励。

22. 瞬间满足

零售业有一个巨大的优势。想想吧，在零售商店，你拿起一样商品，放在手上掂量掂量，仔细瞧瞧。你可以做出购买决定，接着就能把这件产品带回家，马上使用和享受这件产品。邮购没有这样的优势。

所以，作为弥补，你应该给顾客传达出的，要么是通过邮件从你这里订购的优势，要么是保证你的配送非常迅速，客户能够在很短的几天内就收到他或她的产品。

这些直销人员努力提供的瞬间满足——迅速配送——使邮购成为美国配送最为迅速的方式之一，也正是因此，它们从零售业那里抢走了很大的市场份额。我可以给一家电脑邮购公司打电话，在星期一早上订购一款软件，然后在星期一的晚上就可以使用它。这比跑到商店，停车，找到正确的部门，然后必须要和售货员打交道简单多了。所以，直销能从传统的零售市场抢走很大一部分份额就绝对不是一件奇怪的事情了。

邮购电脑业创造出了像戴尔公司这样的巨头和像Gateway2000这样专注于第二天配送的公司。

所以，如果你有一种产品，而且希望能够充分利用零售商所拥有的最大优势，那么就找一种方法迅速地将你的商品配送出去吧。要使配送更快一些，并提供比其他任何零售商都更好的服务。

23. 独有、珍贵或者特别

这些都是对合适的产品或合适的情形而言，非常强烈的激励因素。

这个概念基本上是指，要使目标客户感到如果他们买了这种特定产品，他们就非常特别了，因为他们就会属于那个非常特别的团体了——会因为拥有这种非常有限的产品而被别人嫉妒。

这种方法的情感诉求是非常强烈的。每个人都希望自己很特别。大部分的人都希望自己属于一个十分罕有的、拥有少数人能够拥有和享受的产品的团体。

通过限制产品的销售数量，一些营销公司迎合了顾客这种极强烈的诉求。Franklin Mint公司——一家价值百万美元的公司——是在限量版的前提下建立起来的，首先是硬币，然后是用盘子和杯子上的任何东西做模型车和玩具。对Franklin Mint公司而言，任何你可以收藏的、可以限量生产的东西都是很好的机会。

限量版背后的目的也是提供价值。当人们开始喜欢收藏各种各样的事物时，如果其他人也开始收藏同样的东西，这些事物的价值就开始增长了。很快，这些收藏品就成了大众市场的焦点，这样就吸引了更多的收藏者。这时，这种收藏品的价值就真正开始成长了。

那些以限量版发行，或者发行数量有限的收藏品的价值成长性甚至会更好。人们总是会听到这样一个故事，一个人在阁楼上发现了有一定价值的传家宝。当然，也有例外情形，一定要说一个的话，就是银飞机尾翼的例子。

独家产品的诉求之一就是通过限制这种产品的流通，提供额外的未来产生价值的可能性。

我是在1980年10月意识到独家性的力量的，当时我正在威斯康星州的米诺阔，刚上完一堂研讨班的课。

在上研讨班的地方，为了让参加者能够好好投入，我放了6辆雪地车。在冬天，无论我什么时候去教研讨班，我都会为学生找一些空的雪地车，让他们在休息的时候享用。开雪地车有很多乐趣，每个人都喜欢。但是有一天，Mattel Electronics公司的总裁杰夫·罗克利斯在一次很糟糕的雪地车事故中摔断了胳膊，我们的雪地车游戏也因此结束了。

现在，我有6辆雪地车放在车库里，基本处于闲置状态。出于好奇，有一天我参观了当地的雪地车商店——那个曾卖给我6辆雪地车的地方。显然，我不再需要更多雪地车了，但是我想知道新的车型有没有什么小的改进。

我走进了这家商店，向推销员问道："保罗，今年有什么新的车型没有？"

保罗将我带到一辆放在竖板上面的雪地车面前，指着它说："这个宝贝就是我们最新的油冷却的车型，时速大概160公里，每辆大约卖2 600美元。"

当时，雪地车一般每辆卖1 000美元以下，最高的速度大约是一小时84公里。所以很明显这种新车型是很特别的。但是无论它有多特别，我已经拥有6辆了，肯定不会想再要任何一辆了。我转头看向保罗，很客观地评论道："谁会真心想要买一辆时速160公里，价格在2 600美元的雪地车？这是非常荒唐的。"

保罗咻咻地笑了："好吧，今年整个美国也只有6辆。我们只拿到两辆，已经卖出去了一辆。"

我马上就脱口而出："我会把这辆买走的。"是的，我最终买了一辆。我想要成为那些少数拥有这个猛力新机器的人群中的一员。我想要感觉到，我是一个独特团体的一部分，这样我就是非常特别的了。虽然我不再需要任何雪地车，我最终还是买了一辆。而且我非常自豪自己这样做了。

就是这件事使我意识到了独有、珍贵或特别的力量。

24. 简单

你必须要使你的广告文案简单。你的产品定位必须很简单。你的要约必须简单。总之，你要使整个产品展示尽可能的简单。

有时，你希望能将一些简单的东西变成一些复杂的东西。我们在前面的章节中讨论过这一点。这个规则同样也适应于市场营销，这里我们就要探讨简单的基本心理激励。

对你的广告文案来说，这意味着什么？我通常会告诉我的学生要专注。专注于你将要达成的事情，除去那些使你的陈述复杂的东西或者不必要的东西。

这并不意味着你要写一篇非常简单的、即便是3年级学生也能读懂的文案。这并不是我们所谓的简单。这篇文案应该能被受过较低教育的人接受，也能被受过较高教育的人接受，应该非常清楚，容易理解。对任何人而言，由过于简单的词汇组成的文案都不是很好的。

试图使用长单词使人印象深刻，是另外一个容易犯的错误。你希望自己用的词语使人牢记，那么你就失去了其他一些不太熟悉你的时髦词语的人群。要使用容易理解的词语。毕竟，词语是故事（有感情的画面），每个词语都可能会产生比我们预期更大的影响。使用简单的词语就能产生最大的影响。使用每个人都能理解的词语，比那些大部分人理解起来有困难的词语能产生更大的影响。

保持你的版式简洁。试验已经证实，贯穿广告的色条、时髦的字体这样的东西是非常影响阅读的。将客户注意力从文案上吸引开的线条可能会伤害其对文案的理解程度。时髦的字体可能看上去很好，但是在便于理解上它们的分数多半会最低。

简单是一种有力的工具

如果你喜欢将事情复杂化，你就不会在撰写直销广告文案上取得成功。当你在决定使用哪种字体、怎样展示你的产品或是如何销售的时候，意识到这一点很重要。

在我身上发生过的，关于如何在直销广告中运用简单的好例子是在默里·拉斐尔——一个亲切的朋友和伟大的公共演说家——接近我的时候。他同那些发明了瑞士手表的人们接触过，所以在想我是否对在美国销售这种产品感兴趣。是的，我的确感兴趣。我们安排了一个会议，我将看到这些手表的产品线。

在会议上，我看见了3种不同的款式，每种款式拥有3种颜色，总共有9种不同的手表。第一种是男款，第二种是女款，第三种是儿童款。颜色有黑色、红色和浅黄褐色。我仔细看了这些手表，了解了它们的历史，在总体上对手表本身有了了解。接着问题来了。

“休格曼先生，你已经看了这些手表。你是怎么想的？”

我将这个手表查看了一番，考虑了好几分钟，然后答道：“我只想要在《华尔街日报》上销售这款黑色的男士手表来测试一下。”

手表公司的主管们看上去很为难。“为什么你不销售所有款式呢？如果你能提供9种不同的款式，受众面会更广。除了男人，顾客中还有女人和孩子，你可以让他们选择各种颜色。”

我告诉他们：“我的经历告诉我，保持简单就是最好的方法。给顾客提供太多的选择是一件非常危险的事情。”

但是无论我怎么说，他们都不同意。“休格曼先生，正常逻辑是，提供更多的选择会带来更多的销售。”

接着，我就提出了一个证明我是否正确的主意。我提出分别发布两则广告，以那种所谓的“甲乙分开，同时进行”的形式。也就是说，《华尔街日报》会印出相同广告的两个不同版本——版本甲和版本乙——在相同的时间配送到相同的地区里。所以一个家庭会收到这个广告的甲版本，而隔壁的邻居可能会得到乙版本。这是一种非常好的测试两种不同广告以决定哪种更好的方法。

我提出做这样一个测验，以几乎一样的文案和版式，发布这两则广告。唯一细微的不同之处是在广告甲中，我同时展示了男士和儿童的手表，为了比较它们的大小。而在广告乙中，我只是展示了男士的手表。接着，我就列出了可以选择的款式，在广告甲中是9款，在广告乙中只有1款。

当我完成这则广告后，其实版本甲看上去要比只有一种选择的版本乙更好。但当这两个版本都发布出去后，只标注了一款男士手表的广告比另外那则介绍了9种款式的广告效果要好得多，比例居然达到了3∶1。总之，我们每从这则推销9种款式的广告中卖出一只手表，我们就从另外那则只推销1种黑色款式的广告中卖出了3只手表。

几乎是靠直觉，我就知道，给顾客提供一系列非常混乱的手表款式就意味着这些顾客可能会退缩，不会购买。

什么时候我可以展示所有这9种款式的手表呢？稍后，在我的型录里。一旦我使客户对瑞士手表产生了兴趣，我就可以在型录中展示所有9种款式。当这些型录送到我的顾客手中时，他们已经是典型意义上的手表购买者了，我现在可以为他们提供更多的选择。

另一个关于简单威力的好例子，发生在我为一种减少皱纹和改善皮肤的药品制作的一则半小时的电视广告上。这种叫作Miracell的产品真的是革新性的。我使用了几个月这种产品，注意到了显著的改善结果。我们做了两个双盲研究[①]，证明了这种产品真的会起作用。但是这里有一个大问题。

为了实现最好的效果，你必须要在头3个月里每天服两颗药丸，之后再减少到一天服一颗。

这就破坏了我的简单原则，我非常担心顾客会很困惑。一开始，你

① 在一个双盲研究中，参加者中有些接受真实治疗，其他一些接受安慰剂治疗，即“假治”，在结果出来之前，研究者和参加者都不知道谁在接受真治，谁在接受假治，即他们都是“盲”的。谁被安排接受真治，谁被安排接受假治，完全是随机的。——译者注

这两则广告在实质上是一样的：左面的广告甲提供了9种不同的款式，右面的广告乙只提供了1种。

首先要使一种连续性产品非常容易卖掉，其后你再升高价格。举个例子，电视上销售的一个录像带系列中的第一盘录像带可能只卖5美元，这是一个很容易购买的、不贵的产品。于是你就买了这盘录像带，为了得到剩下的那些，你必须每个月支付19.95美元确保在剩下的12个月里每个月收到这些录像带。

我的方式却正好相反。在头3个月里，药丸的价格会是第四个月和之后时间里的双倍。我需要告诉顾客头3个月里要每天服两颗药丸，然后在接下来的时间里，每天服一颗药丸。目标客户可能会发现这真的令人困惑，而选择退缩，不再购买。

所以我做了两件事来保证广告的成功，我们花了上万美元来准备。第一就是让广告的主持人核实药量，告诉受众这个计划是如何运作的，哪怕我已经解释过了。我们为了回答所有可预期的问题花了约3分钟来解释这个复杂的产品用法。

但是我知道，这第一个方案还是太复杂了。所以，我准备了另外一个备用方案，以防万一。在第二个版本中，我多拍了一些镜头，只给了一个简单的提议："Miracell药品25美元一盒，一盒能够吃上一个月。"就是这么简单，很容易理解。我知道我必须在头3个月里给顾客提供双倍的剂量，如果第二则广告发挥作用的话，这3盒药的成本就是我来负担了，不再需要复杂的第一个版本。

当然，在测试后，发挥作用的版本是简单的那个——它产生了非常大的利润，大大超过了第一个版本。我们因此提供了大量的产品，为了让这个提议简单，同样让这个计划也变得简单。

简单在直销广告中非常关键，而且非常必要。这两次经验只是我在各种媒体上直销的多年经历中典型的两次。

25. 人际关系

用人性化的词语将你所销售的产品或服务联系起来总是非常重要的。这种产品如何和人们的需求相符？感觉怎么样？看上去怎么样？——这只是其中一些你可以联系的方法。这些联系可能看上去相当明显。

但是也有一些其他文案或者图标的方法可以给广告带来人性的元素。让我们来看看为什么这些东西如此重要。

当我们用血汗钱和一种产品或服务进行交换的时候，购买成了一种情感上的人生经验。为了赚取这些钱，我们相当努力地工作，所以购买这个行为代表的绝不仅仅是拿出我们的金钱。购买某种东西变成了一种情感事件。

与你的目标客户产生共鸣

现在让我们考虑一个物理设备——音叉。我是在讨论那些U形金属。碰一下其中的一个叉，你就会听到振动的声音。拿两个音叉，如果它们是在相同的频率上的话，你只敲击其中一个，另外一个也会开始振动，即便它同第一个没有任何接触。

将这个实验的步骤更进一步，如果你拿了很多音叉，将它们放在一起敲击，它们自己会创造出一个和谐的频率。如果你碰巧知道这个复合频率是什么，而且还有一个音叉符合那个频率，那么它也会开始同其他所有的音叉共振起来。

在创作一则直销广告时，创造出一种顾客和文案完美的和谐共鸣的情况非常重要。在本书的早先部分，我们谈论了让顾客在认同中开始点头，直到最后。该客户已经点头同意了，接下来就会变得容易。这样，当最后提出“我能请你下订单吗”的问题时，顾客会很容易就会说“好”。

如果你把广告的所有元素看作必须与你的读者相共鸣的一系列音叉，你就会得到一幅很有价值的销售过程动态图。

第一个响起的音叉可能是标题，接着可能是图片，然后可能是图片说明，下面就进入第一句话，通过整篇文案，到了最后的劝服。在一则平面广告中，这种共鸣必须通过广告中的元素们传递出来。

为了创造积极的共鸣，首先你要使读者对你的文案产生阅读兴趣，然后你就要真的开始“奏乐”，并同你的目标客户产生共鸣。

通过将一个故事联系到你的文案中，你可以增添一些生动性。故事能吸引人们的兴趣。这个技巧就是下面要讨论的一个诱因。或者你可以使用一个署名，用一种第一人称谈话的口吻写文案。这能使你的文案变成一对一的直接交流。以一种轻松、不讨厌的方式使用幽默，也能同你的读者发展出一种关系来。幽默能以一种平易的方式联系一个故事，就像第29章中我的“宠物飞机”广告一样。或者，它能体现出推销这种产品或服务的人的“人情味”来，就像在第28章中我为Magic Stat恒温器所写的广告一样。

另外一个方法是使用一张人手执一件小产品的照片。通过手能显示出商品尺寸，令展示商品更有真实感，同时也增添了一些生动性。

你可以使用吸引人的模特。人们喜欢同漂亮的女人或者英俊的男人相联系，即使他们自己可能并不很吸引人。他们微妙地希望自己成为照片上的那种人。相反，如果你认为你的一些读者可能会反感，你就不要使用自己的照片，特别是如果你看上去像从B级电影中跑出来的大胡子恶棍。

总之，在你的广告中，你要使用尽可能多的正面人性元素，避免收到来自感性反馈的负面效应。

如果你做好了自己的工作，你的广告就会激起共鸣——甚至有一些人会觉得他们仿佛已经熟知你。

26. 讲故事

叙述一个故事是一种创造你和目标客户之间纽带的有力工具。

人们喜爱故事。引起客户共鸣的一个好方法就是叙述一个故事。就像一幅图能抵上千个词语，一个故事也是无价的，经常能创造出一种情感联系或者纽带，使你的目标客户注意并倾听。故事创造了人类的兴趣。在童年的时候，那些父母读给我们听的故事是我们想象甚至是看待这个世界的方式。总之，在我们很小的时候，就已经为讲故事做好了准备。

想一下那些以故事开头或者在整个演讲中都贯穿着故事的公共演讲家们。他们创造出了有趣的演讲，经常能够保持住观众的兴趣。事实上也是如此，我一听到非常乏味的演讲，就开始走神，而当我听到一个故事时，就会变得很专注。

富有教育意义的故事

故事结尾一般都有些教育意义，或者经验分享，甚至是让人兴奋、吃惊或产生其他情感。这就是好的文案。如果你在文案中叙述一个故事，要么是和你销售的产品相关，要么是创造出了一种销售环境，要么是吸引你的目标客户阅读文案，你就在以一种高效的方法使用这个精彩有力的诱因，销售你的产品或服务。

最后，有些故事能够增添一种独特的生动性，使你与目标客户结合在一起，并且凝聚得非常紧密。

凯西·莱文，QVC最顶尖的前推销员之一，她在《最好微笑》（*It's Better to Laugh*）一书中写道："我很早就意识到，销售是一件用故事抓住并保持人们注意力的事情。"

我认识的最有趣的推销员总是有故事可讲。这是他们贴近顾客、娱乐顾客的方式。其中最特别的一位推销员有数百个笑话作为保留剧目——每个都是针对他的目标客户、销售环境，或者商品的。就像你可以想象的，他是非常高效的。

我最成功的广告战役全都用了故事作为陈述的基础。下面是一个使用这种技巧的例子，来自我最成功的广告之一。我为BluBlocker太阳镜写了一则广告，你可以从中看出一个故事可以怎样引起人们的兴趣，促使你的目标客户阅读所有信息。

标题：视觉突破

副标题：当我戴上这副眼镜的时候，我简直不能相信我所看到的一切。你也不会相信的。

作者：约瑟夫·休格曼

文案：我要告诉你一个真实的故事。如果你相信我，你会得到丰厚的回报。如果你不相信，我会令它值得你花点时间来改变你的想法。请看我的解释。

伦恩是我的一位朋友，他知道一些好产品。一天，他很兴奋地打电话给我，谈论他拥有的一副太阳镜。“真是令人难以置信，”他说，“当你第一次用一副这样的眼镜来看世界时，你简直无法相信自己的眼睛。”

“会看到什么？”我问道。“什么会令人如此难以置信呢？”

伦恩继续说道：“当你戴上这副眼镜的时候，你的视觉提升了。目标事物显得更加轮廓鲜明。每种事物都有了增强的3D效果。而且，它不是我想象出来的。我只是想让你亲眼看看。”

这个故事接着讲了我自己试戴了这副眼镜，并且从伦恩那儿学到更多东西等。它以对话进行，但还是涵盖了这幅太阳镜所有的要点：避免受到来自紫外线的危险和过滤掉蓝色谱系射线的优势。这个故事有效地催生出好奇心，促使读者读完了所有的文案。

这则广告最终卖出了2亿副太阳眼镜，并使BluBlocke成为价值几百万美元的公司。

当你为产品写文案时，想一个你的目标客户可能感兴趣，并且能帮助你销售产品的故事：关于一种新发展以及你是怎样发现它的，关于你自己并可能使目标客户感到有趣的。

在叙述过程中，时机同样也很重要。以故事开头非常好，因为它能吸引注意力，使目标客户投入。叙事是一种艺术形式，在平面广告中有效使用它的能力是随着经验的累积而成长的。只是意识到它的潜力和它的有效性，就是一个很好的开始。你会吃惊地发现，一旦你专注于此，能想出来的故事有很多很多。

一个好的故事应该能抓住读者的注意力、与文案中的产品或服务相关，并把你与目标客户凝聚在一起。

27. 精神投入

你有没有这样的经历：去看一部电影，只看了几分钟，就知道结尾如何，或者每段剧情都能被轻易地预测到。这样的电影总是不太能让人享受到乐趣。

当你看一部电影，总是让你处在悬念中，直到最后才出现一个可信但却令人惊奇的结尾时，情况就不一样了。任何不能被预测的电影都更有趣。最近我看了一部叫作《内部人士》（*Inside Man*）的电影，我本来以为讲的是银行抢劫案，但最后却变成了我最不可能预料到的结局。而且这个抢劫犯的身份也是电影结局的一个意外。我喜欢这部电影。

我们头脑中的什么力量促使我们认为一部电影比其他要好很多？

我认为：越要动很多脑子才能最终成功得出结论的电影结局，就会越有益，越有趣，越刺激，也就越成功。

在我的研讨班上，这个理论我教了很多年。有一天，一个学生拿了一份媒体新闻稿的复印件，来证明了我所教的东西。这篇文章宣称一个因素的缺席会导致广告的失败——缺乏对全脑的吸引。

接着，这篇文章解释了科学是怎样迅速发现大脑的不同部分能实现不同功能的。一些大脑研究者建议，当大脑的所有部分都投入到舒适水平的刺激和行动中去的时候，人类会享有最愉快的经验。

被讨论的四个大脑部分是那些控制思想、直觉、感觉和情感的。这篇文章建议广告要令人愉悦地投入到感觉、情感和思考过程以及我们的固有直觉中，这样更有可能成功。

那些仅仅是抓住了感觉的注意力的广告多半只具有暂时的吸引力。

今天更多的广告测验证明了日后记忆的力量，但是并没有预测到来自全脑广告的反应。

让我们来看一下全脑广告是如何被运用到有效的广告文案写作中来的。如果你将自己的广告意图写得太过明显，读者要么会觉得自己被轻视了，要么会觉得很枯燥。提供一些小小的悬念，让读者必须要通过直觉、思考、感觉和情感，得出自己的结论。这是一种非常有用的工具。让我以我为电子表写的广告为例。

这则广告是为一个带报警功能的计时电子表写的，我们卖99美元。在那个时候，精工是这种类型手表的行业标准。精工是第一个采取这种新技术的。下面这个来自广告的段落很好地解释了我要谈论的东西：

> 精工计时报警表售价为每只300美元，钟表商生产这只表的成本是150美元。他们超爱这款产品，不仅是因为精工品牌的优良声誉，而且因为这可能是美国最昂贵最畅销的新电子表了。精工对经销商们都出现了供货不足的现象。

现在，注意一下我并没有说出来但是却仍然很明显的事实。将这一段话再读一遍，看一下你是否找到了。你放弃了？我没有说出的是当钟表商每次卖出精工手表的时候，他们都小赚了一笔。我并不一定需要说出来。读者完全可以通过他们自己的直觉、思考和情感，得出结论。如果我添一句“钟表商们小赚了一笔”，这就太明显了，这则广告就不会这么有力。头脑必须要小小工作一下，通过它自己的思考过程，得出最后的结论。当读者将我们售价为99美元的手表和精工手表做对比的时候，钟表商和精工在向消费者敲竹杠这一结论就会自己显现出来。

这是一个非常精巧但是很有力量的概念。这就是高人一等地同顾客谈话和让客户觉得你在直接跟他们对话之间的差别。这也是最难理解的理论之一。

努力工作带来成就感

为了更好地理解这个理论，回想一下你生命中那些必须努力工作来获取一些东西的时候。对这些你获得的东西，你会有多么大的成就感。我记得在拿到了私人飞行员执照之后，我为了得到仪表飞行等级认证书所经历的所有事情。我花了数月的时间飞行和学习，更别提上千美元的花费了。当我最终得到仪表等级认证书时，感到无比激动。

相反的是，我经历的商业飞行等级测验是很简单的。学得少，飞得也少，只在几周之内，我就获得了认证。当然，我非常自豪自己最终成为一位商业飞行员，但是绝对没有像我通过仪表飞行等级测试时那么自豪。为一个成功的结果辛苦地工作，会给你带来无穷的个人满足。

对大脑和思考过程来说，也是一样的道理。任何让大脑努力工作来得出一个结论的事情，都会创造出一种积极的、有趣的或者刺激性的对大脑的影响。相反也是一样。因为如果结论已经非常明显了，大脑就没有必要工作了。

向非常顽固的客户推销，比向那些易于征服，只需要一分钟的客户推销，更能得到成就感。当一种进行推销非常困难的产品交给我，而我的推销最终获得成功的时候，我从这个成就中就得到了更多的愉悦。但是如果给我一个真的很容易进行推销的产品——一些已经有很大需求的东西——我就不会享有同样的成就感。

任何让大脑努力工作来得出一个结论的事情，都会创造出一种积极的、有趣的或者刺激性的对大脑的影响。

模糊描述鼓励思考

当海明威在他的书中描述漂亮女人的时候，他从来不会描述得特别精确。他只使用一般性的词语，让他的读者自行想象。

如果你让自己的意图太过明显，目标客户要么会觉得被轻视了，要么会觉得无聊。让客户为了得出一个结论进行思考，你就创造出了刺激性的精神影响。

很多时候，我们写得太多了。我们将产品的优点揭示过多，而没有让客户的大脑和智力投入进来。只需意识到这个有力的诱因是如何工作的，就会帮助你改进文案，促使你让客户的大脑经历一段愉悦的、刺激的时间：让他们通过自己的努力得出你想要他们得出的结论。

28. 内疚感

你曾经收到过来自慈善机构的附有一件小礼物的邮件吗？这些礼物一般都是地址贴、彩色邮票或者一些其他便宜的纪念品。你又是否收到过那些放了一美元现钞或者贴好回邮邮票的回复信封的调查邮件呢？在这两个例子里，你可能都会有一点内疚的感觉。毕竟，你收到了一些有价值的东西，你觉得有义务采取某种行动作为回报，比如寄出一些捐款或者回复这个调查。这就是使用内疚感的好例子。当你并不能放地址贴或者一美元现钞时，你要怎样在一则平面广告里使用这种技巧？

很多人告诉我，在他们阅读过我的一则广告后，不仅会被吸引来买我的产品，而且如果他们没有买的话，还会感到内疚。我没有给他们地址贴或者一美元现钞，我给了读者很多令人信服的信息和阅读快感——多到让他们意识到了一种反馈的义务。对于平面广告来说，仅仅在不同杂志中反复地看到同一则广告，也会产生一些轻微的内疚感。

重复的邮件同样也可以制造内疚感。一直向某人寄出邮件，在一段时间之后，他们可能会对自己没有做出反馈而感到内疚。当我为一家叫作Ski Lift International 的公司销售运送滑雪者的上山吊椅时，我使用了这一技巧。每一周我都会寄出一封小邮件，附上小礼物。一封邮件可能会附有一颗纽扣，另一封则又会附上不同的小礼物，再一封又是另一种礼物。一段时间之后，很多接收者会觉得内疚，做出反馈。有一些甚至会对没有更早些反馈而感到抱歉。

29. 具体

让你的解释非常清楚是很关键的，这可以创建你的信用。让我先给你举一个例子。如果我说，“每个地方的新牙医都使用和推荐CapSnap牌牙膏”，这听上去就像典型的广告术语——专门设计出来为了推销产品。这句话太概括了，很可能会让读者对我的陈述做出低评价，或者对我说的任何其他东西做出低评价。但是如果我说，“92%的新牙医使用和推荐CapSnap牌牙膏”，听上去就要可靠得多。顾客很可能会认为我们做了一个科学调查，而92%就是结果。

当人们认为一些特定的概括性叙述是夸大或者典型的广告的胡言乱语时，这些叙述就是最不会被顾客相信的，或者带着一些疑问被接受的。相反，特定事实的叙述可以产生很强的可信度。在一则广告中，我曾经为一家我创建的叫作Battram Gallaries的收藏品公司写过广告。在广告中，我陈述了发布这则广告的具体花费，以及这种产品的具体价值。通过特定的数字，我明确地表达出我们并没有从销售上面挣得任何利润。这则广告非常成功，赢得了超额的订单。我在电视上也使用了这个技巧。

在我的BluBlocker太阳镜电视广告片中，我陈述了为什么将蓝色谱系的光线过滤出能够改进你的视野的特别原因。我解释了这种蓝色光线会在视网膜前面聚焦（这也是眼睛的聚焦平面），这与其他颜色聚焦的地方不同。所以，当你阻挡了蓝色光线时，就阻挡了那些聚焦到你视网膜上的光线，所以物体就变得更为清楚、明显，轮廓更鲜明了。我讲得很具体。它听上去很可信。这个叙述就比只说“BluBlocker太阳镜让你看到的更清楚、更明显、轮廓更鲜明”要好得多。

如果你描述一种设计出来为了改善身体的循环功能的产品，你可以说“242公里长的血管”，而不是“数公里长的血管”。当你在讨论足底时，除了说“在你的足底有很多神经末梢”，你可以说“在你的足底有72 000个神经末梢”。你是在陈述一个与概括性或者模糊性的事实相反的事实。你会更可信。

你听上去要更像一位专家

具体化还有一个好处。通过非常清楚的陈述，你听上去就像自己产品的一位专家——你确实调查过，非常有知识，这也同样会令读者对你产生信任和信心。

一般来说，人们对于广告都是很有疑问的，不会相信广告中的很多说法。但是当你使用精确的事实和数字做一个很特殊的陈述时，你的信息要更为可信，更令人信任。

30. 熟悉

香港的九龙城是这座城市一个非常有异国情调的区域。它的店面，移动的人群以及很多声音和气味，都使这里成为一个独特和激动人心的参观的地方。这里是非常特别的。当你在九龙的时候，美国看上去非常遥远。

我沿着街道往下走，吸收这个地区的能量，偶尔停下来走进一家商店。忽然，就在我的面前，我看见了我的一个美国供应商在人行道上走着。

这是怎样的一个惊喜啊！在像香港这样的异国他乡，看见一个我认识的人是一种多么棒的感觉啊！

虽然之前我与这个供应商并不是特别友好的关系，但是我一下子就觉得很亲密了。我问他是否有时间共进晚餐。我为那个晚上做了安排，和他一起待了一会儿。最后，他向我卖出了很多我平常不会买的东西。在一个完全陌生的地方看见一个你熟悉的人，这样的反差制造出了一种强烈的吸引力。这样的道理也适用于广告。

一则广告就是一位老朋友

如果一个人阅读一本杂志，看见了你的广告模式——一个他们已经看过很多次的东西——而且辨认出你的商标或者公司名字，这对他来说就有了一种熟悉的感觉，就像在异国看见了一位朋友一样。因为对他而言你是熟悉的，所以你的提议就会具有吸引力，就像在香港我的供应商会吸引我一样。

发布多次广告，或者向你的顾客销售一种名字很熟悉的产品，你会创造出相同的吸引力。这就是为什么品牌会这么重要。这就是为什么购物环境的熟悉感同样这么重要。

当我第一次在家庭购物频道QVC出现时，几分钟之内，我们就销售完了我们所有的BluBlocker太阳镜存货。当我们的太阳镜第一次出现在Walgreens医药连锁店的零售架上时，它们很快就在几天之内卖光了。总之，我们的产品为顾客所熟知。每一次我们将产品介绍给一个熟悉的购物环境的时候，品牌熟悉度和购物环境熟悉度的结合马上就会使产品销售一空。

在“熟悉的”（familiar）和“熟悉”（familiarity）这两个词中，都有“家庭”（family）这个词。在自己家里的时候，人们觉得最舒适。他们觉得有信心，可以信任，并且允许自己变得很脆弱。任何人们熟悉的东西，也是一样的道理。他们相信品牌，这会使他们更相信自己是在买一种正确的产品，也会更倾向于买这种产品。

传统的广告商犯过的大错误之一，就是停止使用他们用了很长时间的广告片，因为他们自己感到厌倦了。“飞翔在美国友好的天空上”和“你今天应该在麦当劳享受一下休息”是两个典型的顾客很熟悉的例子。

另外，顾客经常会跟着这些商业广告片哼唱。在很多的传统广告中，经常是远在公众厌倦之前，广告客户自己就对广告片感到厌倦了。

在直销中，不能随意放弃一则广告片。你要坚持发布你的产品或服务的广告，直到销售量变低，公众会告诉你什么时候应该停止。只要没有订单了，你就需要以其他一些东西来替代你的广告，引来更多的反应。好的直销技巧是要不断地修正、微调你的广告，直到它能够做得更好。但是你永远不能只因厌倦而放弃一则广告。只有当公众不再用他们的血汗钱买你的产品或服务时，你才能放弃这则广告。

现在，传统的广告公司会告诉你这样一些东西："好了，让我们询问一下目标客户群是怎样看待我们的宣传语的，如果他们已经对这个厌倦了，我们就把这个撤了。"这也是一个大谬论。除了用销售量来衡量，并没有一个真正的方法能够测试一则商业广告片的效果。目标客户群只会告诉你他们认为你想要听到的东西，而不是他们自己是如何行动的。如果产品的销量不好，就来看一下广告。也许并不是广告的问题，更多的是竞争或者是销售组合中的一些其他因素造成的。

使用熟悉的词语

有一些特定的词语，对大部分的人或人类意识来说都是更为熟悉的。举个例子，如果你要一个人马上从1到10之中挑个数字给你，相比其他的数字来说，数字7最有可能被选出来——通常超过其他任何数字的选择。所以，使用数字7在一本书的标题中——比如《改进你的人际关系的7种方法》或者《成功的7个精神法则》，都是利用了这10个数字中最普遍和最熟悉的那一个。这样，你就利用熟悉和你的读者产生了共鸣。

让一个人马上从他的脑子里选一种颜色，大部分的回答会是"红色"。叫他们说一种家具，答案很可能是"椅子"。这些都是很熟悉的词语，能够使你与你的读者产生共鸣。你需要找到它们，并且使用它们。你从哪里找到它们？很多关于词语的有效使用的书都获得过很好的反响。大卫·奥格威或约翰·卡普尔斯的书都是很好的阅读材料。在附录4中你可以找到一个列表，里面有很多有力的词语，比如“销售”和“自由”。还有很多不是那么明显的词语——一些特别关联到你的词语，作为你的产品的狂热信徒，你应该已经知道是哪些了。最后，还有一些并没在你的意识里面的词语，也没被任何的书挑出来，可能要经过测试才能发现。有时候，只是在上千个词语中改变一个词语就可以使反馈率翻倍。

作为文案撰稿人，你需要意识到熟悉的有力影响，使顾客对你的产品或服务感到舒服，你需要意识到一个熟悉的品牌名字，一个出现过很多次、变得有名的标志，一个人们能本能辨认出是你做的设计，人们熟悉的短语（不是陈词滥调）以及能够使你和公众产生共鸣的词语的重要性——所有这些都强化了熟悉在你和目标客户之间创造出来的纽带。

31. 希望

在购买过程中，希望可以是一个很伟大的激励因素。一位女士买了一种新的面霜，便获得了一种希望：这种面霜能修复她的皱纹。一个热情的高尔夫球手买了一颗新的高尔夫球，便获得了一个希望：他也许能在一场高尔夫球比赛中击出几次标准杆来。总之，有一种暗示出来的可能性：使用一种产品或服务能提供一种好处。实际上，未来的好处并没有被保证，也没有被担保。它是一个梦，一个幻想或者最多是一个可能性。希望能够取代一个已交付的好处的现实，或一个像当你买其他类似于收音机或者电脑这样的产品时得到的担保。让我举一些个人的经验，描述一下希望是如何应用到一些特定的产品上的。

1996年，我认识了一位非常成功的科学家。据传他发明了一种治愈了很多人类疾病的配方。这个配方包含了他叫作“生物修复机器”的东西，能在你的身体内找到产生疾病的根源，然后修复它。如果一个器官被损坏了，这些微型的“机器”能修复器官，即使这意味着要重新创造一个新的器官。

你每天两次在舌头下放几滴这样的产品，它就能被你的身体所吸收。

在同科学家的讨论中，我忽然想到，如果它确实修复了人类任何出毛病的部分的话，如果人们服用这种产品的话，他们将永远不会死去。他同意道：“我就在服用它，不骗你，我觉得自己变得更年轻了。看，我的灰白头发又开始变黑了。”

这位科学家之后又宣称，没有任何因素能阻止他的配方使我们一直活到300岁。对我来说，这些都是很不可思议的。如果这是真的，这个人就真的发现了年轻的秘密。

这位科学家看上去有些不可思议。他有好几个博士学位。我真的认为他是我曾经遇到过的最聪明的人之一。他在世界上3个不同的地方拥有制造设备。他享有一直延伸到欧洲和亚洲的声誉。他还告诉我他是怎样帮助一个亚洲国家的——他治愈了该国很多患有一种特殊癌症的公民。

他发现的这个“生物修复机器”，是来自古代人造物品中隐藏在编码里未被发现的配方。很显然，通过一个他叫作“神圣的几何学”的过程，他解开了密码，开启了信息的财富。他花了两个钟头向我一张照片接着一张照片展示，来证实他从人造物品上得到的信息。

我有一个不是很严重的健康问题，但是因为某种不知名的原因，医生们都不知道它的来源和治愈方法。这个问题是在我的皮肤下的一些小生长物。它们并不是恶性的，其他人很难注意到。它们也没有产生健康上的威胁。但是它们是存在的，这很不正常。

手术是唯一的办法

医生们清除这种生长物的唯一办法就是开刀，通过外科手术除去它们——一个相对简单的程序，只需在门诊的基础上完成。

这位科学家告诉我，实际上他的配方能够完全解决这个问题。“只需要在几个月内，它们就会消失了。”他说道。总之，我从他那里得到了一个非常清楚的时间表。这个承诺不是一种希望的结果或者梦想，甚至不是一个可能性。它是一个它们会消失的确切保证。

我对他和他的发现印象深刻。他看上去很有信用，我决定试一下他的产品。一瓶750毫升的配方（一个酒瓶的大小）卖600美元。这是相当贵的，但是能够持续使用很长一段时间，因为你每天只需几滴就够了。因而它比外科手术要便宜。

几个月过去了

几个月之后，我注意到这些生长物并没有如承诺般消失。接着，他又建议我买更强的配方——那种具有更多“生物修复机器”的浓缩液。我买了，花了2 000美元。两个月之后，仍然没有任何的进展。

我又被告知有一种20 000美元的配方可能治好我（伙计，他们知道我陷进来了）。无论信还是不信，我差点就被诱惑买了一瓶。当然最终，我还是没有买。

注意：要公平地评价这位科学家。一家可信的医药公司组织临床学生在老鼠身上用他的配方进行过试验，产生了非常正面的结果。这个试验一直在人类身上进行，并继续到现在。他可能真的创造了一种有力的新医药概念。

我从这个经验上学到了什么呢？这位医生应该只是很简单地告诉我，他的配方是怎样改进了他的生命的。我信任他。他拥有所有我需要让这种外国物质进入身体的信用。如果我能活到300岁的话，将会怎么样呢？如果我真的变年轻了，又会怎么样呢？我本应该非常高兴地服用这种配方，继续购买很多瓶，因为他的话令我充满希望。

科学家犯了一个致命的错误

但是，这位科学家犯了一个致命的错误。如果他没有对我宣称某种特别期待的结果，我就不会感到失望，而会继续服用这种产品，等待着，希望这种配方能够发生作用，消除掉那些生长物。在希望的基础上，我会继续购买它，并且买更多。但是一旦做出了一个特别的承诺，当看见这个配方并没有在时间表内发生作用时，我马上就会拒绝投入更多。即便他可能拥有很好的产品，他的信用也会受到质疑。

使用希望作为心理诱因时，你必须要避免掉入做出一个可以被测量或者被保证的特别声明的陷阱。你要提及这种产品是用来干什么的，但不做出任何特殊结果的承诺。

还有一些其他的因素希望导致人们反复购买的产品。让我们看一下维生素的例子。人们能够说出服用维生素使他们的健康有了什么不同吗？是的，有些人可以。采访一大群人，他们都会说维生素产生了一些不同。将这些采访在电视上播出，他们都令人印象深刻。接着，那些对这些在电视上展示的结果印象深刻的目标客户，就会开始买这种产品，并且继续有规律地买它们，希望能给他们的生命带来不同。但是这里的关键是不要做出一个特别的承诺，而是通过推荐来暗示结果。

这些技巧要怎样适用到印刷品和互联网上的销售？有一些产品是因为利用希望作为一种强烈的激励工具而被卖出的。你要决定你产品的本质，找到一些东西来暗示未来的结果，而不是进行一个特别的保证（特别是如果你想要在这一行长期发展的话）。

很多产品类别本身就给了它们希望的力量。比如，整个健康食品行业都是很好的例子，包括维生素、食物补充品，甚至大脑营养品。减少你的高尔夫球杆数，找到一个新的人际关系，阻止皱纹生长，让你的约会对象印象深刻——这些都是很好地辨认出“希望”这个心理诱因的机会。

专注于可信度

当你使用希望的力量来创造一则广告时，有一个方面需要特别关注，即可信度。如果你表现出你是一个可信的人，代表一家可信的公司，你所说的话就会在你的客户身上产生一种有信心的感觉。接着，无论你说你的产品可以为你做什么，或者是为你以前的顾客做什么，都会被目标客户看成是有可能的。希望的力量会促使你的客户购买，并且再次购买。产品可能是一本关于人际关系和信息是怎样改变你和以前的读者的人生的书，也可能是一种你服用的配方，希望能活得更长，效果很好。无论你是卖什么的，有了合适的可信度，你都会自动地使用希望的力量来进行销售。这一章是非常重要的，有助于使你理解人们为什么会进行购买的深层原因。对之前的你来说，这31个购买心理诱因的其中一些因素可能不是很明显。但是，无论如何，认识它们会为你成为一个伟大的文案撰稿人带来巨大的推动力。

第 20 章

推销治愈性产品，而不是预防性产品

关于很多产品失败的最不为人知的原因之一，是与人类本性的一个方面联系在一起的。了解了这个方面，你不仅能抓住创造一则直销广告的关键，同时还能很清楚地理解为什么很多平淡的产品卖不出去。

成功定位一种产品的关键在于这种产品的本质，以及市场对这种产品的看法。引导性的原则可以被很清楚地总结成：总是推销治愈性产品，避免推销预防性产品。

这到底是什么意思？我来解释一下。如果你是我的目标客户，而我试图向你推销一种包含了胡萝卜精华和各种绿叶蔬菜浓缩物的魔力药丸，因为它可以预防癌症，那么，要把它推销出去的机会是很小的。但是，一旦你发现自己罹患癌症，然后我告诉你我有一种魔力药丸可以治愈这种疾病，你不仅会非常愿意买这种药，而且愿意付非常高的价钱。在第一个例子中，你可能愿意付20美元来买一瓶以阻止这种疾病。但是在另外一个例子中，你可能愿意付1 000美元，如果它可以治愈这种疾病的话。

人性在发挥作用

上面那个例子是一个非常极端的例子。让我们来举一些不那么极端的例子。你是一位经常出差的推销员，经常要待在旅馆里。有人试图向你推销一种可以睡前喷在脚上的喷雾，是用来防止染上脚癣的，因为你在那些没有完全清洁干净的地面上行走了。你会忽略这个推销信息，因为你很少会染上脚癣，而且喷雾用起来也很麻烦。但如果下一周，你得了脚癣，你就会去角落上的药店，希望能买到最强劲的治愈脚癣的东西。

这两种状态展示了两个基本原则。第一个是：认为自己将永远不会得这种疾病或者痛苦，这是人的本性，所以很难推销出预防性的药；第二个是：如果你确实得了这种疾病或者痛苦，你会愿意花比买预防性的药多很多的钱来获取这种治愈性的药，这就很容易卖出去了。

我是用医学或健康的术语来讲述的。但是这同样也适用于很多其他的产品和概念。我很快就会讲到这些地方，但是首先，还是来看一下进入这个治愈/预防理论的第一步，看看你是否可以使预防性产品的吸引力与治愈性产品的一样强大。

这是可以做到的，但是只有当你可以将这种产品从预防性的定位转变成治愈性的时候。让我举一个例子：

当Midex防盗报警器在20世纪70年代晚期第一次被JS&A公司销售时，它绝对是一个更倾向于预防性的产品。但是，我又知道确实有些人最近被抢劫了，或者他们的邻居被抢劫了。对这些人来说，Midex报警器就更像是一个解决问题的产品了。想想看，最开始的时候他们会想：“不，我们这个社区是很安全的。我不需要这个东西。”然后，当他们的周围有人被抢劫后，他们就会需要一个解决之道了，“兄弟，我最好也买一个Midex报警器，或者其他什么，我可能就是下一个被抢劫的啊”。当然，还有一些顾客是那些刚刚被抢劫的人，他们正在回想：“我是在哪儿看到的那个防盗报警器的广告啊？”

我还知道，如果我以一种专业的方法来打广告，解释产品的质量和价值，以及它迅速容易的安装方式，就会同引用犯罪率这个吓人的技

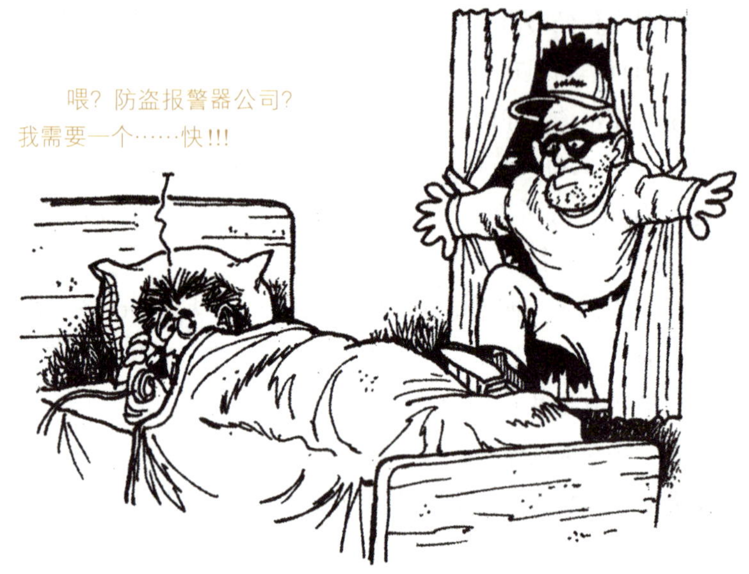

在购买之前，顾客会等待，直到他们觉得被威胁了。

巧相反，可以吸引到不同类型的顾客。我可以吸引到那些没有被威胁到，但是考虑周全的人——这种产品现在对他既不代表预防，也不代表治愈。总之，这是为了那种自己并没有被抢劫，他的邻里也没有人被抢劫，但是意识到这是一个问题的人。最后这个群体可能会保存我的广告，当他们需要的时候，就会把它从档案中拿出来——一般是在几个月之后——并且打电话。这种情况实际上发生了很多。

20年前，推销Club汽车驾驶盘锁设备非常困难。当时汽车盗窃并不像现在一样是一个很大的问题。但是今天，随着毒品贩运的增加，还有每小时就有上千辆汽车被盗窃，Club汽车驾驶盘锁越来越成为一个治愈性产品，用来抵御你对自己的汽车被盗的恐慌。

几年前，健康食品和疾病预防品中最流行的是对褪黑激素的狂热。这是一个松果体腺——一个豌豆大小的在大脑中心的物体——自然分泌的一种激素，被认为可以阻止衰老。当时上百万个在生育高峰时出生的小孩正好到了60岁，因此这就成了一个很热销的产品——其治愈性多于预防性。

很多产品创造了强大的治愈效果

当我卖防皱霜Miracell的时候,它也是一种治愈性的药品。如果你有皱纹，你就是这种防皱霜和防皱治疗最好的目标客户。它们代表了治愈，而不是预防。想想看，那些预防性的产品，比如能够保湿的面霜，以及能够防晒的太阳镜，花费不是要比治愈性的产品少很多吗？但有些有效的皱纹消除产品，即使只是一小瓶，也要花很多钱。Miracell防皱霜就需要花25美元，而且只够使用一个月。

保险是另外一种预防性产品。“在你死后使你的家庭远离艰难的日子。”有什么比想象你有一天将要死亡更难受的事？但是当你越老的时候，你就越会想到这个。还记得那个关于我的朋友，一位保险推销员的故事吗？他总是试图卖给我保险，最终他也成功了。当隔壁的邻居在壮年突然去世时，我简直是迫不及待地去签那些保险文件。

评估一种产品的时候，你必须首先做出一个决定：这种产品是预防性的还是治愈性的？这种产品能被定位成一种治愈性的，而不是预防性的吗？市场的变化趋势会使产品从预防性变成治愈性吗？又或者你只是单纯拥有一种预防性的，没有足够人的市场空间的产品？

如果你得到了一种治愈性的产品，而且市场空间足够大，你就获得了一种很有力量的产品。如果你获得了一种预防性的产品，想想看你可以怎样把它改变成治愈性的。下面让我为你展示一下怎样可以做到这一点。

将预防性的产品转变成治愈性的

在过去几年中，我曾经销售过的另一种药名字很简单，叫作“The

Pill”。这是一种放在油箱里、改进汽车燃料状态的药丸，它不仅是预防性的，也是治愈性的。

首先，作为预防性的药丸，它帮助你避免了引擎的问题，在任何严重的事情发生之前，它清洁了你引擎里任何可能堵塞燃料喷射器的杂质。它减少了污染，帮助你多次通过全国强制性排放测试，它还使你不用去修理。当然，这些都是预防性的。

但当在QVC的电视上展示“The Pill”时，我并没有大肆渲染它所预防的东西，而是宣传它所治疗的东西。它能治愈引擎堵塞，它能降低发动的声音，它能节约最多10%的汽油。如果你的排放测试失败了的话，使用这种药丸，下次你就会通过。总之，我强调了这种产品治愈的方面，而低调处理了它预防的特性。“The Pill”真的是一种神奇的产品(我发誓，它确实能起作用)。

注意到我是如何必须发誓“The Pill”是真的有作用的了吧。销售那些真正具有开创性的产品是这个世界上最难的营销任务，因为人们将很难相信这些产品真的能起作用。而相信是人性中最强大的激励因素之一。如果你的目标客户相信一些东西，他或她就会消除障碍来得到它，但是如果他或她并不相信这些东西，你是不可能将这些客户打动半分的。

在这一章节中，你已经学到了：你应该销售治愈性的产品，而不是预防性的产品。预防性的产品很难被销售出去。有些产品可以从预防性的产品转变成治愈性的。与预防性的产品相比，治愈性产品可以卖出更高的价钱。最后，我告诉你可以通过强调一款产品的治愈性因素，削弱其预防性因素，而成功地将一种产品定位成既是预防性的，也是治愈性的。所以让我们用一句简单的话来总结你的所学吧，将来我们可以以此作为参考：

公理 15

销售一种治愈性产品要比销售一种预防性产品容易得多，除非这种预防性产品被看作是一种治愈性产品，或者这种预防性产品的治疗作用被着重强调了。

这一章的信息对你很有帮助，在你未来评估产品的时候。只需简单了解治愈与预防因素的存在就能帮你挑选产品，并对你下一种要卖的产品进行定位。

第 21 章

给你的写作水平打分

通过阅读这本书，你获得了大量的知识。在第3部分，你将会使用这些知识来评估我和其他那些参加我的研讨班的人所写的邮购广告。

但是在未来，你要怎样给自己打分？有没有什么方法可以适用在自己的写作上，来决定你是否以一种你需要的水平来同你的受众沟通？

嘿，幸运的是确实有一种办法能给自己打分，这多亏了罗伯特·甘宁。他创造了迷雾指数[①]，帮助报纸作家避免所谓的模糊写作，帮助他们自己来决定他们所写的文案的分数。总之，他们的写作是否足够清楚，连5年级的学生也能明白他们的意思？还是读者必须是高中生甚至大学生才能理解？分数越低，受众面就会越广。

进入大众市场

举个例子，如果我想要进入大众市场，我会将自己的文案写得尽量简单，尽量让句子短小，而且我不会使用很高级的单词。另一方面，如

---

① 罗伯特·甘宁设计的迷雾指数，是参照音节多少、句子长度、长单词的多少来确定的。迷雾指数高，说明读者阅读理解这篇文章的难度大，反之亦然。他设计的计算方法如下：迷雾指数=[(单词总数÷句子总数)+(长单词×数量÷单词总数)]×0.4。——译者注

果广告的受众非常高端，我可能就会使用一些高级的单词和句子。

畅销书的受众是8~10年级的学生。《时代周刊》《商业周刊》和《华尔街日报》的受众是11年级的学生。“葛底斯堡的演说”和《读者文摘》的受众普遍拥有10年级学生的水平。对大部分人来说，美国受众的平均阅读能力在11~12年级学生之间。

下面就是决定你写的文案的分数水平或者迷雾指数的步骤：

1. 选一个你的文案样本——从广告开头选取100~125个单词。

2. 数一数每个句子中的单词数。数据和数字等于一个单词，每一个独立的从句算一个单独的句子（比如，“我们学习。然后我们学会了。”这就是两句话）。

3. 将总的单词数量除以句子数量，得到平均的句子长度。

4. 计算长单词的数量（那些拥有2~3个音节的单词），但是：

   - 不包括那些短单词的组合，比如当铺老板、黄尾鱼等；
   - 不包括专有名词；
   - 不包括那些通过动词变形而成为3个音节的单词。

5. 用长单词的数量除以节选部分的单词总数，得出长单词所占的比例。

6. 将平均的句子长度加上长单词所占的比例。

7. 将这个总数乘以0.4得到最后的分数。

现在让我们以“视觉突破”这则广告为例，我们曾在第19章“讲故事”这个标题下讨论过它。在第32章中，你可以看到这则广告的全部。下面我会写出这篇文案的头102个单词。然后告诉你怎样决定分数水平。

我要告诉你一个真实的故事。如果你相信我，你会得到丰厚的回报。如果你不相信，我会令它值得你花点时间来改变你的想法。请看我的解释。

伦恩是我的一个朋友，他知道一些好产品。一天，他很兴奋地打电话给我，谈论他拥有的一副太阳镜。“真是**令人难以置信**，”他说，“当你第一次用一副这样的眼镜来看世界时，你简直无法相信自己的眼睛。”

“会看到什么？”我问道。“什么会如此**令人难以置信**呢？”

伦恩**继续说道**：“当你戴上这副眼镜的时候，你的视觉提升了。目标事物显得更加轮廓鲜明。每种事物都有了增强的3D效果。而且，它不是我想象出来的。我只是想让你亲眼看看。”

我将3个长单词标上了黑体。在节选部分中，有102个单词和11个句子。这就意味着每个句子的平均单词数量是9.3。

下一步就是用长单词的数量（3）除以单词总数（102），得到一个长单词所占的比例：2.9%。

现在，将每个句子的平均单词数量9.3和长单词所占的比例2.9相加，结果为12.2。接着将12.2乘以0.4，结果为4.9。总而言之，市场上的大部分人都能够理解这则广告的开头，因为5年级的学生及其以上阅读水平的人都能理解。

偶然的是，这篇广告文案的下一部分也有着基本相同的阅读水平。而再下一部分的阅读水平就一下子跳到了7.2，但在那个时候，读者已经很好地进入了文案。我建议你从广告的不同部分选取不同的100个单词来做测试，看一下你的风格是否前后一致。

用这个标准来测试你的广告，或第3部分很多广告中的任意一个。这是一个非常简单的决定你的文案的阅读水平的方法。同时，它也可以使你意识到多音节词语和长句子对你文案理解程度的影响，以及能够与你的文案产生共鸣的读者水平。

这则我们刚刚测试过的广告是JS&A公司最成功的广告之一。看上去在我的很多广告中，越是清楚的广告，吸引力就会越大，反应就会越大。在你用这个标准测试过本书中的一些广告或者其他广告后，你就会惊奇地发现，只需要阅读开头的几个段落，你就可以很容易地猜出它的迷雾指数来。

清楚是撰写文案最重要的因素之一。迷雾指数给了你一个了简短句子和简单词语重要性的视角，但是不要因为太着迷于达到低迷雾指数，而失去了对一般常识的感觉。当需要的时候，你要使用不同长度的句子，要使用3音节的单词。你得意识到，每个受众都是不同的。

第 22 章

写出伟大文案的 7 个步骤

阅读完所有写作文案需要的步骤之后，你的反应之一会是：当你在打磨文案的时候，有很多事需要记住。事实上也是如此。

但是如果要将所有的东西精简到7步的话，我会建议下面7个。记住，你已经阅读了这本书，并且理解了这些原则。

步骤1：成为你计划销售的产品或服务的专家。当我深入研究产品或服务的每件事情的时候，我得到了比其他任何资源都要多的伟大创意。

步骤2：了解你的目标客户。你可能成为你所销售的产品或服务的专家，但是如果不了解你的客户，你就处于一个非常糟糕的位置。哪些可以激励你的潜在客户最终成为你的顾客？谁是你的典型客户？了解这些能够开阔你的视野，同时激发出很多好主意。

步骤3：写下你的标题和副标题。它们必须要能抓住读者的视线，创造出足够的好奇心，促使读者开始阅读第一句话。我喜欢那些很简短的标题，例如“视觉突破”、“便携式民用波段收音机”、“袖珍黄页”——所有这些都很精准，但是又制造出了足够的好奇心使读者阅读副标题。副标题应该在16个单词左右，第一句话则应该尽可能的短。

步骤4：撰写文案。不要为句子结构、语法和标点担心——只要开始写，并且继续写。将你所有的主意和想法都写在电脑上，不要担心犯任何错误。要点是将你脑中所有关于这个对象的事情运转起来。无论你是用笔还是打字机来写文案，都要倾注同样的热情。但是，如果你是用电脑写文案，就可以获得更大的自由，特别是在编辑环节的时候。

步骤5：编辑文案。浏览文案，改正拼写、语法、标点和句子结构的错误。删除那些与表达你的想法不相关的多余词语。让文案变得精简。

步骤6：酝酿。停止编辑，将文字放在一边，出去散一下步，或者做一些其他令人愉悦的事情。你会很惊奇地发现从文字旁边离开给你带来的好处。如果你能够在第二天才回来，效果会更好。酝酿的时间越长，效果就会越好。

步骤7：最后看一下你的文案。你会惊奇地发现在这最后一看中，还有很多东西需要修改，还有很多地方需要精练。当然，你还可以简单地重复步骤5和步骤6，继续编辑，直到你对结果满意为止。

这7个步骤总结了你作为一个文案撰稿人需要在写作文案中经历的东西。真的就是这么简单。如果你学会了这些撰写文案的原则，每这样做一次，你就会在这方面有所进步。这是我可以保证的。

你已经学会很多了

在第1部分中，你学会了是什么造就了一个伟大的文案撰稿人。在第2部分中，你学会了哪些东西是有用的，以及为什么它们是有用的。

在这本书的头两个部分，我已经教给了你们大部分我曾经教给我的研讨班成员的文案技巧。你已经学会了那些我花了多年时间才总结出来的技巧。你已经学会了我直到职业生涯高峰期才发现并且使用的概念。最为重要的是，你从我的失败中学到了东西——这曾让我付出了沉重的代价，但是你并不需要亲自重新经历这一切。最后，你还不需要同我的研讨班参与者一样，花3 000美元来获得这些知识。

在本书第3部分中，我将通过讲评很多我在研讨班上作为例子使用的广告，把那些你学会的东西拿出来，运用到实践中。这是一个重要的部分，在这里，你会看到你学到的每个部分是如何拼凑到一起的。我们还会讲评一些各部分不是很和谐的广告，并告诉你如何使它们更有效。

除了从头到尾讲评一些广告，我还重新创作了一些JS&A公司的广告，在实践中体现我的原则。

如果你在理解任何一个原则方面有问题，在这里你会得到更好的理解和阐明。正是在我的研讨班的这一环节中，参与者总是会说："现在我觉得自己可以写出一则精彩的广告了。"事实上也的确如此。

第 3 部分

证明论点
——广告范例

概述

你已经学习了文案写作的规则和理论，并且通过我的许多个人经验了解了它的整个运作。现在，在接下来的完整的广告案例中，你将看到这些规则是如何进行实际应用的。为了使新学到的技巧尽善尽美，这是你需要进行调整的部分。

在研讨班的课程期间，我展示了各种广告的幻灯片来阐述需要介绍的理论。在刚开始的研讨班中，广告案例主要来源于我和我的竞争对手——就是那些抄袭我的广告设计的公司们。但是随着课程的持续，越来越多的学生掌握了我教给他们的知识，所以在随后的研讨班中，我也展示了我以前的学生的创作。

最后，我会花些篇幅来展示那些最好和最差的邮购广告，甚至还有些非邮购类广告。在课程结束之后，学生们不仅能说出我展示给他们的每则广告的缺点，还能创作出精彩的广告文案，甚至还可以帮助他们的研讨班同学修正和改进广告。

在研讨班里，我展示了数以百计的广告文案，都采用了幻灯片的形式。我还复制分发了其中一些经典的案例。在这本书中，我只挑了几个最优秀的广告案例，来阐述自己的教学理论。这些案例可以巩固你迄今为止所学到的知识，增强你的文案写作技巧和洞察力。

“但是，”你可能会疑惑，“还有那些20世纪七八十年代邮购广告的典型代表——最著名的JS&A公司的邮购广告呢？难道它们没有指出什么真正重要的规则吗？难道它们不是广告文案的最佳范例吗？”

唉！好吧，如果你坚持的话，在本书中我也挑了几个JS&A公司的广告案例进行讲解。

从第28章开始，就会有一些JS&A公司的广告出现，它们确实满足了家庭的各种需求。它们不仅是成功的广告文案案例，还很有娱乐性。事实上，我可能会用巨大的热情长篇大论地讲述它们，所以请多包涵。其实我是个非常谦虚的家伙。

如果你的未来在电视媒体营销界，这些案例也会有助于你理解这种媒体的营销方式。一旦你掌握了这一切，我的广告文案和市场规则就可以适用于任何广告交流的形式。

现在，是用一些典型的广告案例来证明我的论点的时候了，并巩固你们在第1部分和第2部分的收获。

第 23 章

懒人致富

这是一个经典的邮购广告案例。有些人在整个职业生涯中创作了数以百计的广告，但是乔·卡伯却恰恰相反。

这则经典的邮购广告卖出了300万册书。

乔·卡伯只写了少数几篇广告文案，我在此特别突出的这篇是他写得最好的一篇。它几乎没怎么经过编辑。正如他后来在我的研讨班里讲的那样：“我只是坐下来，花了几分钟时间就写出了这篇广告文案，然后重看了一遍，做了几处小修改，就这样。”

卡伯创作的这则广告在数年内登上了几百本杂志。在随后的年月里，为了反映与时俱进的邮购广告撰写模式，它被重写过，但与之前的基本无二。它已经成了经典。

首先，让我们来了解一点卡伯的背景。乔·卡伯于1945年从军队退伍，20岁的时候结婚生子，除了一张高中毕业证之外身无分文。于是，他开始了自己的商务生涯。卡伯在废纸生意上取得了一定的成功，然后转行去做演员，继而进入广告业、广播电台，最后是电视行业。

卡伯在好莱坞有自己的电视节目，与他的妻子贝蒂一起，节目从午夜到上午8点播出。因为很难找到赞助商，卡伯就开始了一种直邮业务，在自己的节目中卖几种产品。不久卡伯就精通了直销广告，并兴旺发达起来。

在1973年，卡伯把他的个人理论写成文字，出了一本名叫《懒人致富》的书。在书里，他分享了自己在成功以及直销广告两方面上所坚持的信念和原则。在此展示的这则广告就是他为推销这本书而写的。

让我们来看一下这则广告，因为它可以巩固你已经学到的许多东西。我们将从标题开始，然后系统地运用我们的方法把这则广告从头到尾地读一下。

标题：懒人致富

副标题：“大多数人整日里只为养家糊口而忙忙碌碌，却因此失去了发财致富的机会。”

标题很有煽动性。在当时，这是一种新的方法和新的标题。此前，类似的广告只会在无数归类为“创收机会”的杂志中才会发现。《收入机会》（*Income Opportunity*）《成功与企业家》（*Success and Entrepreneur*）等诸如此类的杂志上有很多类似于卡伯所提供的东西，但是广告的类别并没有使之进入主流。卡伯是第一个打破常规的人。他的大标题就抓住了你的视线，让你开始阅读副标题，然后副标题又引导你进入正文。

让我们阅读一下正文，看看他是不是在建造一座滑梯。首先，注意他是如何使用短句来使你进入正文的。注意他的第一句话有多短，他所有的句子有多短，还要注意他是如何与他的目标客户——那些渴望成功、想过上好日子，但发现自己拼命工作却一无所有的男男女女们产生共鸣的。正文是这样开始的：

> 我过去常常拼命工作。一天工作18个小时，一周工作7天。
>
> 但是我并没有挣大钱，直到我的工作时间减少——少很多之后。

广告继续，你不得不跟着读下去。

> 例如，写这则广告花了我两个小时。幸运的话，它应该能让我挣50美元，也可能是10万美元。

要注意，这则广告写于1973年，那时的10万美元相当于现在的50万美元。卡伯再次激发了读者的好奇心。他会提供什么呢？为什么这则广告能让他挣这么多钱？你必须继续读下去。还要注意的是，这里面没什么豪言壮语，也没有什么复杂长句。随着他勾起的好奇心，他渐渐不动声色地把读者引入了正文。接下来，他讲述了一个故事。

> 而且，我要求你为某物寄给我10美元，虽然它只花了我不到50美分。我会尽量使你无法拒绝它，如果你拒绝，你就会是个十足的傻瓜。

在此，卡伯正在与他的读者建立某种信任关系。他的诚实让你卸下心防。他先给你打了一剂预防针，告诉你他要把一个只花了自己50美分的东西用10美元的价格卖给你。他也在激发你的好奇心。他使用的是最简单最基本的陈述语句，寥寥几句就让你乘坐他的滑梯向下滑了一段。接下来，注意他是如何证明这笔交易的合理性的。

> 毕竟，如果我能告诉你如何发财的话，你为什么还要关心我那9.5美元的利润呢？
>
> 要是我能确保你将来一定能通过我的懒人方式赚到钱，并且给你一个世间最非同一般的保证，你会怎样？

> 保证如下：在我把东西寄给你之后的31天内，我不会兑换你的支票或汇票。
>
> 这样你就有足够的时间来收到它、研究它、实践它。

注意行文的流畅性。他再一次勾起了读者的好奇心，尽管他还没有告诉你他的东西是什么，却已经证明了这笔10美元交易的合理性。现在，你真的好奇了。他保证在31天之内不会将支票兑现，这在当时的确是个新奇的方法。我称之为“满意度保证”，因为你肯定会有这样的反应：“天哪，肯定会有很多人一脚把他踢开。他们会拿到他的书，读完然后退回去，再收回寄去的未兑现的支票。”在第19章你已经知道了“满意度保证”有多么重要，卡伯在文案的前半部分就是在使用这个技巧。在他的概念里他显示出了高度的热情和自信，这使你好奇心更甚。他接着这样写道：

> 它的价值至少是你的投资成本的100倍，如果你不认可这一点，那就把它退回来。我会把未兑现的支票或汇票回邮给你。
>
> 我不会把它寄给你然后给你账单，或用货到付款的方式来寄，这么做的唯一理由是：这些方法牵扯到更多的时间与金钱。
>
> 我已经准备好和你做这笔你一生中最划算的买卖了。因为我要告诉你的东西花了我11年时间来使之趋于完美：如何用懒人的方式挣钱。

再一次，卡伯在甚至都没有告诉你它是什么的情况下，就证明了这项交易的合理性。同时他也证明了，为什么接受支票支付是他把它卖给你的唯一方式，这也同时给了你一个经济性方面的依据来支持他的决定。他勾起了你的好奇心，但他还是不告诉你提供的是什么，而是话锋一转，以这个计划已取得的成功作为范例，通过展示自己来建立他所提供的东西的可信度。

好了——现在我得自夸一下。我不介意自夸。我觉得这是必要的，它能证明寄给我10美元——这10美元我会保留在“第三方托管”账户里，直到你满意我才兑现——是你这辈子做得最明智的事情。我住在一栋价值10万美元的房子里。我之所以知道这栋房子的价值，是因为我拒绝过一个这么高的出价。我的贷款还了不到一半，我没有把它还清的唯一原因是因为我的税务会计说：“白痴才这么干。”

我的“办公室”就在海滩上，离我家大概1.5英里。目之所及的景色如此壮阔，大多数人都认为我无所事事。其实我挺忙的，一天工作约6小时，一年工作八九个月。

其余的时间我都是在山中“小屋”度过的。我为此支付了30 000美元——用现金付的。

我有两艘船和一辆凯迪拉克——都是一次性付清的。

我有股票、证券、基金，以及银行存款。但是我拥有的最重要的东西是无价的，那就是与家人相处的时间。

我要与你分享我是如何做到这一切的——懒人如何致富——一个迄今为止我只跟少数几个朋友分享过的秘密。

在以上几段文字里，他显然是在吊你的胃口，告诉你他的方法对他自己的生活所产生的影响。不过这也是他的另一个狡猾之处。他试图让自己与读者打成一片。他没说自己开的是劳斯莱斯，而是凯迪拉克。他说自己有贷款，这也是大多数有房的读者可能都会有的。他只是适度地显摆财富，因为如果读者觉得目标太遥不可及的话，就不会联系他了。

他是在卖烤牛排时发出的嗞嗞声，而不是在卖牛排。他列举了一大堆事情来邀请你加入，这些事情大多数听起来都很美好；他还再现了一些购买其方法之后的结果，那是许多读者一生都梦寐以求的。他让目标客户们产生了共鸣。然后在他列出的这个单子的末尾，他说自己的方法所创造的最无价之宝是与家人相处的时间。所有这一切都让读者感同身受，情不自禁地读下去，读者甚至可能会说："这家伙会提供什么样的东西，能让我有机会过上乔·卡伯式的生活呢？"所以你会继续读下去，看看这个他仅与少数几个朋友分享过的秘密。

在下一段你会发现他这篇广告文案的真正高明之处。他正巧妙地试图扩大产品的影响力，覆盖更广泛的市场。想想看，如果他说一个人挣了几百万美元，你可能根本没法认同他所说的，因为你实在没法相信你能挣几百万美元。但你可能会对这样的人产生兴趣，比如一个现在能去任何地方旅行的矮小老妇人，一个每年挣25 000美元的寡妇，或是一个没受过很多教育的家伙。

当你阅读下面的文案时，看看他是如何吸引大众市场的——这可能就是这篇文案能有如此广泛的影响力，且不局限于"创收机会"领域的唯一原因。还要看一下，当他谈到自己几乎宣告破产之事时他又在哪里建立了诚信——因为这样，他又跟许多可能面临财政困难的读者们站到了同一战线上。

不需要受过什么"教育"。我不过是个高中毕业生。

也不需要什么"资金"。当我起步的时候，我是一个深陷债务纠纷的人，当时一位律师朋友建议我宣告破产才是唯一的出路。但他错了，我们偿清了所有的债务，从抵押借贷中解脱，不欠任何人一分钱。

也不需要什么"运气"。我拥有的并不仅是我分享的这些，但是我也不能保证你会挣到跟我一样多的钱。其实你有可能挣得更多：我知道有个运用了这些规则的人，努力工作，在8年内挣了1 100万美元。当然钱并不意味着一切。

也不需要什么"天赋"。只要你知道自己所追求的是什么，我会教你方法。

也不需要什么“青春”。与我共事过的一位女士，已经70多岁了，按照我教她的方法，她赚够了自己所需的钱，环游了世界。

也不需要什么“经验”。有位芝加哥的寡妇，使用我的方法，在过去5年内，平均每年都挣25 000美元。

以上这些语句很重要。简而言之，他吸引了机会市场中非常广泛的群体，甚至还吸引了那些可能原本没有在寻找机会，但却发现了这则使人无法忽视的信息的人。而且卡伯表现出了令人难以置信的诚实。记住，他明确地告诉了你他要卖给你的东西的成本，在这则广告里他看上去由始至终都很诚实，甚至让你完全没有戒心。记住，诚实是一种强大的心理推销工具。

带着对他的书和理念的全部的热情，现在我们来看看广告结尾的推销行话。在这里，卡伯意识到他的许多读者都是有工作的，他们读到这里的时候势必会怀疑自己是否需要放弃现有的一切来学习他所提供的东西。他展示了一点儿智慧，这是一个他曾遇到的智者传授给他的。然后他以一个问题结束了整则广告，这个问题是建立在强烈的好奇心之上的，它会迫使你为了看到这个人所提供的东西而不得不有所回应。

它需要的是什么？是信念。它使你足以得到一个机会，足以吸收我要寄给你的一切，足以把理论变成实践。如果你恰如其分地做到了这点，结果就将令人难以置信。记住——我保证过。

你不用辞去你的工作。不过你很快就会挣到很多钱，到时候你就能够辞去了。再一次——我保证。

我曾认识的一个最聪明的人跟我说过一句让我永生难忘的话：“大多数人整日里只为养家糊口而忙忙碌碌，却因此失去了发财致富的机会。”

千万不要像我一样花那么长的时间去发现他是对的。

如果你现在寄出订单的话，我将向你证明这一切。我并不要求你“笃信”我，只是要你试一试。如果我错了，你失去的不过是几分钟的时间和一张8美分的邮票而已。但是，如果我是对的呢？

回顾一下1973年一张邮票的价格是很有趣的。在我写这本书的时候，一张邮票的价格是39美分，所以，与邮票的价格相比，他的书的价格就大约相当于今天的50美元。

然后你再看订货单。就在订单的正上方，你首先会读到一份来自于他的会计师的宣誓声明：

“我已审查过这则广告。凭我和乔·卡伯18年私交以及作为其会计师的职业关系，我保证其句句属实。”（根据要求，会计师的名字可见。）

他还提供了银行证明。再一次真的非常令人信服，在乔·卡伯之前，还没有人会把这样的东西放入广告中。通过使用银行的证明来作为诚实的间接证明，他强有力地建立了可信度——他的目标客户需要这种诚实，才能对掏出他们的支票簿感到有信心，并愿意把他们赚来的血汗钱寄给他。

订货单是这个文案的摘要。

卡伯，你可能会赚得盆满钵满，但我会失去什么呢？把《懒人致富》寄给我。但是在我汇钱给你后的31天之内不要兑现我的支票或汇票。

如果我退回你的资料——不管什么原因——在限定时间之内，把我未兑现的支票或汇票退给我。在此基础上，奉上我的10美元。

如果你想让他把他的“资料”通过航空邮件的方式寄给你的话，他甚至还可以提供一个小包装盒，只要你愿意多花1美元。

注意，他要寄的是“资料”，而不只是一本书。“资料”使之显得更有价值——相对一本书而言，它更像一个课程。比起只说是一本“书”，它更有想象空间。

如果你寄钱了，你就会收到一本精彩绝伦的书，它实际看上去就像是花了50美分印出来的。但是它包含了励志信息以及通过“懒人方式”挣钱所必需的直销技巧。

卡伯的这则广告使用了好几年。通过我的全国性广告，我已经学会了这样一个事实：太多话是不必要的。到1973年我们真的创造了大量广告，大部分都出现在《华尔街日报》上。一年之后，当我们在许多国内杂志上做广告的时候，我们发现卡伯的广告文案又扩大了篇幅，它增加了一些推荐信和更多的例证，来覆盖他试图进入的广阔市场。一年一年过去，这则广告也越来越冗长了。

但这是卡伯的第一则广告——它是来自创收机会领域的第一场主要的大众市场广告战役——那是我在研讨班里所教过的最纯粹的范例。

乔·卡伯于1978年参加了我的研讨班。在我的研讨班里，他分享了他的故事，并告诉我们他是怎样写出这样一则广告的。

1980年卡伯死于一次严重的心脏病发作。当时他正在加利福尼亚州他家附近的一个地方电视台接受采访，记者完全不遵守采访前的协商，开始不公正地攻击卡伯。卡伯的第一反应就是心脏病发作，从此就再也没有苏醒过来。卡伯留下了他的妻子贝蒂和8个孩子。

在他的书的最新修订版中，卡伯的工作和努力得以延续，该书还附送了一本练习册。每个需要一些真正有益的激励的直销业新人都应该购买它。请看一下本书附录4中的列表，在那里我还列出了其他几本优秀的直销书籍。

卡伯的广告是一个经典。在邮购业务中，这是他最大最好的广告，几百万购买了他的书并在后来确实受益的人们都已经感受到了其重大意义。但是，如果你觉得它看上去实在像是一次侥幸成功的话——一生中仅此一次不可复制的经验——那么你就错了。甚至就在你读到这里的时候，其他很多企业家就在使用直销的方式销售他们的产品。

在接下来的真实故事中，我要讲述这样一个人：在他参加我的研讨班，坐下来写这篇文案之前，他从来没写过任何邮购广告文案。这篇文案成了10年来长期运作的一篇经典邮购广告文案。继续读下去吧。

第 24 章

自然的意外恩赐

弗兰克 · 路易斯 · 舒尔茨是在得克萨斯州里奥格兰德山谷种植葡萄柚的一个农场主。数年来他一直使用一种简单的信函或直邮方式，把顾客群扩展到了一个令人满意的规模。他通过邮件来卖葡萄柚。但是有些事情总是困惑着他。他无法让印刷品上的邮购广告产生效果。

这是弗兰克的第一则广告，现已成经典。

他听说了空间广告，听上去像是一个伟大的理念。而且，除了人数有百万人以外，他还能增加公司的信用度，并在他的底线上得到更多的利润。

这听上去很伟大，直到舒尔茨雇用了国内最有名望的直邮广告代理商之一。第一则广告重磅出击了，接着是第二则。但实际上，他的销售额连广告成本都没有收回。舒尔茨沮丧不已。

当我在1977年宣布成立自己的第一个研讨班时，舒尔茨是第一批登记报名的人员之一。在研讨班学习期间，他很安静，但是看上去吸收了我说的每一句话。那时，我还不知道他有一个加州大学伯克利分校的营销学学位。

研讨班结束之后，他带着脑子里的新鲜知识，去了威斯康星州米诺阔当地的假日酒店，开始起草自己的第一则平面广告。

在自己成功实行多年的信函销售和我传授给他的知识的基础上，舒尔茨起草了一则广告。当我结束研讨班的教学刚回到在伊利诺伊州诺思布鲁克的家时，就收到了他寄给我的这篇广告文案。

这则广告很精彩。它没有JS&A公司广告的那种很学术的风格，但是有一种朴素的感觉，可以从一开篇就抓住你的目光，让你一口气从头读到尾。正如弗兰克后来谈到研讨班和他所学到的文案写作知识时所说的那样："其实真的很简单，每件事突然都一目了然了。我知道我必须要告诉别人的东西是什么，也知道如何去表达。我由此学到的就是，你不必是一个职业广告文案撰稿人，也能写出令人印象深刻的文案来。"

在收到舒尔茨的广告文案后，我打电话告诉他："你的广告很不错。我只有一些小小的修改建议。你最大的问题就是标题。"他写的标题是"来自自然之母的幸运机缘"，我建议用"自然的意外恩赐"来取代它。我建议将副标题改为："一种新葡萄柚的发现可能会改变你的水果理念。"我还建议他去掉这句："皇家红宝石葡萄柚果汁的热烈风味，将使你用微笑开始每一天。"因为它看上去有点老套——就像一家广告公司常写的那样。我还建议他进行其他一些小修改，我要再次强调，的确只是一些小修改。

广告里还含有配有文字说明的两张图片，解释了他提供的东西是什么。当然，所有这些设计元素都是为了让你能去读第一句话。就像我们对乔·卡伯的广告所做的分析那样，让我们来审视这篇广告文案，看一下舒尔茨是如何领会我所教授的精华，采取了一种简单而有说服力的方式的。这篇文案的第一段就像一个副标题，是用黑体字印刷的，用来引领你进一步阅读：

> 我是个农场主。我要告诉你的故事完全属实，尽管它看上去可能令人难以置信。

对于一篇广告文案来说，这是一个经典的开场白。记得我们谈论过的，每个词语如何具有一种感情和一个独有的小故事吗？“农场主”这个词会把什么带入你的脑海？是不是诚实、努力工作和正直？只是通过简单地表明自己是一个农场主，他在广告的开篇就建立了一种可信度。再看看他接下来在第二句话中创造的好奇心。你怎能不继续读下去呢？

> 一切都源于我们的家庭医生——韦布医生所拥有的一片果园。在医生的果园里摘水果的一个工人，带了6个前所未有的最奇怪的葡萄柚来到韦布先生的房间里。一棵普通的葡萄柚树的一根单独的枝丫上，长出了这6个不同寻常的水果。
>
> 这是些个头很大的葡萄柚，非同一般的大。它们的表皮泛着微微的红色。当韦布医生切开这种葡萄柚时才发现，果实的颜色是一种耀眼的宝石红。
>
> 韦布医生决定尝尝这种奇怪的新葡萄柚——简直太完美了，甘美且多汁。它不像其他葡萄柚那么酸——它没有糖，却有种自然的香甜。
>
> 因为某种我们永不知晓的原因，自然界选择了在我们神奇的里奥格兰德山谷创造了一个葡萄柚的全新品种。它令人难以置信——人类劳作了许多年，想生产出完美的葡萄柚，却以失败告终。但是，突然在某个果园的一棵树的枝丫上，自然之母全凭一己之力就把它创造出来了！

神奇的里奥格兰德山谷这个名字的使用，以及关于这个意外发现的故事，让这篇文案读起来就像是一个童话故事。舒尔茨创造了这样一种环境——这一切都是通过一个引人注目的有趣故事编织起来的，它吸引了你的注意力，让你继续阅读下去。现在你停不下来了。你得看看它会把你带往何处。接着，舒尔茨深入到水果本身更多的细节当中。而且，他使用了一种你永远无法相信能使用到水果上的技巧。他让他的产品成为稀有物——一种只能被有限的人所分享的有限的东西。接着读下去吧，看看我说的是什么意思。

你可以想象得到的这种激动

从那根枝丫上长出来的水果开始，现在一个又一个的果园生产着我们自己的得克萨斯州红宝石葡萄柚。当我说“1 000个人里面都没有一个人曾尝过这种葡萄柚”时，你很容易理解这是为什么。

从一开始，红宝石葡萄柚就是稀有的。你可以去商店里找找看，但是我怀疑你是否能找到。你能找到粉色的葡萄柚，但是你很少能看到真正的红宝石葡萄柚。

所以你开始认识到红宝石葡萄柚的珍稀了，皇家红宝石葡萄柚则更加稀有。所有的葡萄柚里只有4%~5%有资格被称为“皇家红宝石葡萄柚”。

舒尔茨活灵活现地引出了他正在卖的绝对珍品。你当然可以这样对待一件收藏品，但是舒尔茨将他的水果变成稀有珍品的简单方法是具有独创性的。在他告诉你“1 000个人里面都没有一个人曾尝过这种葡萄柚”之后，你可能会猜想他马上就要把水果推销给你了。然而他却开始解释是什么使它变得更加珍稀。而且，说它很珍稀看上去也是挺有道理的，因为确实没什么人尝过这种水果。

在下一段里，舒尔茨继续勾勒这个故事，但是现在他使自己的信息变成了很个人化的信息。听着就像他正要带人进果园摘水果一样。他亲自参与了水果生长与摘取的每一步，他使用这种方式使他的信息个人化。第二步，他甚至使用了一个技术性的解释——用他在农场上的专业知识，让人真正建立信心。在卖电子产品时一个技术性的解释是有意义的，但是看看他在这儿，针对一种完全非科学性的产品——葡萄柚——是怎样做的。而且他也使你与水果本身产生了十分密切的关系。你的味蕾被触发了，当你读这篇文案时，你几乎就能尝到葡萄柚的味道。实际上他正在利用你的味觉作为一种参与机制，而不是转动电视的旋钮或敲击计算器上的按键使你参与进来，他正在让你分泌唾液。文案是这样继续的：

> 每个皇家红宝石葡萄柚都有一磅重——或者更重！每一个都红彤彤的，流淌着汁水，有种很自然的甘美味道，而且能持续保鲜好几个星期。
>
> 为什么直到我亲自确认每棵果树上的果实都成熟了，我们才会考虑采摘整个果园？我会检查"自然的糖分"、低酸平衡和高果汁含量。我会检查水果是否饱满多肉，我甚至还会检查它的皮是不是很薄。在我要对一个果园进行采摘之前，不仅每个因素都要检查，而且还要确保各个因素彼此之间处在一种适宜的关系状态中。
>
> 我们采摘水果时可不是瞎忙。采摘的时候，我们每一个人都要带一个"采摘圆环"。如果水果太小，能够通过这个圆环的话，我们就不会采摘它！它仅仅因为不够大，就没有资格作为皇家红宝石葡萄柚！
>
> 甚至在采摘之后，验收之前，每个葡萄柚还要通过其他的细致检查。我会抓住一个葡萄柚，对它的外表美观进行评级。有时候葡萄柚会有风瘢，我就不会接受它。有时候它在茎上会有一个鼓起——我们称之为"绵羊鼻子"，我也不会接受它。你看，当我说我只接受完美的皇家红宝石葡萄柚的时候，我是非常认真的。

到现在为止，你可以想象出这样一幅画面：弗兰克·舒尔茨带着他的采摘圆环在果园里，抛弃那些有风瘢或者“绵羊鼻子”的水果。到现在为止，你确实相信我们提供的葡萄柚是被精挑细选出来的——不仅因为它的果汁含量，而且还因为它的漂亮外观。漂亮外观？是的，漂亮外观。

很大程度上，他使用的唯一的伟大技巧就是人性化的描述。他的公司听起来比较小——好像就只是由舒尔茨和其他一些采摘者所组成。他们都会带着他们的采摘圆环出去，在采集最完美多汁的葡萄柚中度过一天，然后带着他们的收获物返回，第二天再把这些果实运送给他们的少数几位顾客。它是你想在杂志上看到的一对一销售技巧的完美范例，舒尔茨用一种很简单很出色的方式成功地做到了这一点。

再来看葡萄柚的本性。毫无疑问这是一种简单的产品，这一篇文案就是我的“简单对复杂”规则的一个好例子。当某个东西很简单，如葡萄柚，你就把它复杂化。如果它很复杂，你就把它简单化。有什么能比葡萄柚更简单呢？但是你看，通过叙述超出你想了解的关于葡萄柚的一切，舒尔茨完美地呈现出了葡萄柚所有的特征、挑选过程的复杂性，甚至他自己的专业技巧。

现在，舒尔茨已经为商品推销做好准备了。葡萄柚好得不能再好了。它很稀有，味道鲜美，很漂亮，又有价值。对舒尔茨而言，现在是时候让他的顾客把手伸进口袋，用他们的血汗钱来购买葡萄柚了。他使这个过程尽可能地简单化。

弗兰克通过提供一个货物样本来做到了这一点——一个低成本无风险的机会来尝试他的产品。他使它如此简单，你甚至怀疑他会吃亏。这意味着什么？对了，就是一个满意度保证，令人不得不信服，你甚至怀疑有人会占他的便宜。

当意识到皇家红宝石葡萄柚是极品水果时，我决定成立一个俱乐部，只把它卖给我的俱乐部会员。用这种方式，我可以控制自己的产品，以确保没人会失望。

但是在请你加入俱乐部之前，我想让你亲自尝尝我的皇家红宝石葡萄柚，不花一分钱。让我寄给你一箱装有16~20个预付过的皇家红宝石葡萄柚。把其中4个放入冰箱直到完全冷却，然后再把它们切成两半，让你的家人尝尝这种不同寻常的水果。

你来判定，这是不是我所说的那种皇家红宝石葡萄柚。你来评定，这种皇家红宝石葡萄柚吃起来是不是有我所承诺的那种奇妙的滋味体验。

你来评判一切。我很自信，你和你的家人会想要更多这种超级好吃的水果，并要求我定期供应。如果这4个皇家红宝石葡萄柚让你说了声“不错”的话，就留着剩下的水果吧。不然就把那些没吃过的水果寄回给我（邮费我出），你不欠我一分钱。

有可能你将永远不知道真实的皇家红宝石葡萄柚有多么的美妙，除非你尽快下订单。

通过这种方式，你会收到你的包裹，里面装有16~20个皇家红宝石葡萄柚，让你和你的家人品尝。不过，既然供应量是有严格限制的，现在下单就非常重要。

注意这个词的使用,“尽快”（Right Quick）。那是农场主说话的方式，不是吗？这种脱口而出式的文案可以迷住他的读者。实际上，舒尔茨曾问我他是否应该去掉这个词。他担心“那不是真正的好英语”。“务必留下它。”我建议道，“对我来说，它听起来棒极了。”

接下来他的文案继续展示了购买条款。第一箱将比标准货运少花5美元——进一步刺激你至少来尝尝他的葡萄柚。实际上，你确实不用预付任何费用，因为他同时寄出了一份9. 95美元的账单。只有在你想留下这个货物的时候才需要付费，然后你就成了他的月度俱乐部的会员。他继续写道：

> 现在，假定你的确喜欢皇家红宝石葡萄柚——假定你热爱它们——你确信能得到更多吗?
>
> 你一定能。只要对我的第一箱货物说“好”，你就获得了自动加入我的冬季水果俱乐部的权利。我保证你事先不用付任何费用。不过，在冬季的每一个月，我会寄给你一个包裹，里面有16~20个从果园新鲜采摘的、手把手精挑细选出来的皇家红宝石葡萄柚。
>
> 你收到的每个皇家红宝石葡萄柚都会经过我的严格检测。每个都会有一磅重，甚至更重。保证安全送达。从今年12月到来年4月，每个月我都会把采摘下来包装好的水果寄给你。
>
> 你只要在收到货物之后再付费即可。你可以跳过或者取消任何一次货运，只需简单地告诉我你的要求。

在广告结尾处，他总结了自己的文案，重申了前文里提到的大部分要点，然后用如下的话作为结束语：

> 记住，你什么都不必支付，只需来验证这有史以来最好的葡萄柚的味道，甚至连验证味道的费用都是由我来承担的!
>
> 当然，你可以想象得到，当我说供应量有限的时候，我不是在开玩笑！今年我只能接收这么多的俱乐部会员，然后就不得不停止接受申请了。

在这段，他给了你一种紧迫感，这种感觉既真实又可信。产品是有限的，尽快下订单很重要，这样才能确保你成为会员之一。他也使之听上去零风险，并且容易验证。

> 所以，来尝尝这种“奇迹般”的葡萄柚吧，而且还有机会在生长季的每个月都品尝到它。今天下单，你无须承担任何义务。

当弗兰克把他的测试广告登在《华尔街日报》上后，他又惊又喜："我们的广告人均成本是我们曾用过的所有广告方式中最低的，我意识到一则独立广告是公司迅速发展的关键。"

但是弗兰克并没有就此止步。他继续在《华尔街日报》《纽约时报》《大游行》《电视导报》等诸如此类的媒体上做广告。"当你是一个农场主的时候你总是很担心农作物。它长得太慢，你担心。它长得太快，你也担心。"弗兰克在后来写给我的信中如是说。

"我发现当一个农场主进入空间广告之后也同样如此。我们的空间广告带来了如此多的订单，我甚至开始担心了。我承认，这是一种高级的担心。"

1980年12月，《得州月刊》刊登了一篇关于舒尔茨的文章。这篇文章谈论了他精彩的广告文案，以及这篇广告文案如何使他的生意看上去又小又个性化。不过，这篇文章也解释了他的业务自那之后就变得非常庞大。1979年他收获了26 000吨葡萄柚，其中只有4%通过了舒尔茨严格的标准，成为皇家红宝石葡萄柚。剩下的都卖给了连锁杂货店。现在他在相邻的48个州中有8万名顾客，在得克萨斯州有14 000英亩的果园，从布朗斯维尔延伸至麦卡伦。他还有几百名雇员。他是个真正成功的传奇——以他手中笔的力量创造了一切。

而他的顾客还在想象：弗兰克在果园里，带着他的采摘圆环，挑选着没有"绵羊鼻子"和风瘢的、完美的皇家红宝石葡萄柚。

时不时地，弗兰克会寄给我一些他收到的信，都是赞美他的广告文案的。其中一封来自Neiman Marcus集团[①]的董事长斯坦利·马库斯。还有一些则来自于其他广告文案撰稿人，他们认为他的广告很出色。舒尔茨将这则广告用了很多年，直到最后被彻底用滥为止。

① Neiman Marcus集团是美国以经营奢侈品为主的高端百货商店。——译者注

多年来我自己一直是舒尔茨葡萄柚俱乐部的会员。从我的订单中赚到的钱，他可能都因为上我的研讨班而返还给我了。如果你想要皇家红宝石葡萄柚直接送货上门，请于美国中部时间早上8点到下午6点之间拨打弗兰克的免费电话：1-800-477-4773。不过要“尽快”哦！

第 25 章

男士内衣

现在，大型连锁店“维多利亚的秘密”有900家分店，销售额是24亿美元，还有一个重要的型录部门，该部门的销售额是87亿美元。但是早在1979年，它不过是由3家小商店和一本型录所组成，这些都是一位名叫罗伊 · 雷蒙德的企业家创立的。也是在那时，芭芭拉 · 邓拉普参加了我的研讨班。

她写的这则广告有助于阐明你在这本书上学到的许多原则，也暴露出了一些她所忽视的地方。让我们从标题和副标题开始阅读。如果你是一位正在浏览报纸的读者，不论男女，要是看到如下的言语，你可能都会死死盯在那儿，目不转睛了。

Lingerie for Men

How a Group of Very Special Men Made It All Possible

WE WERE ASTOUNDED! When we opened the doors of our new business, we thought most of our customers would be women. After all, beautiful designer lingerie is the kind of luxury a lady can't resist.

How wrong we were.

That first Valentine's Day, the men came in droves! Hundreds of men, who had secretly been dying to visit our boutique. At last, they had the perfect excuse—Valentine's Day gifts for their favorite ladies.

They loved the merchandise.

Can you imagine how shocked we were? All those men—milling about our Victorian boutique. Admiring the silk stockings and lacy garter belts from France. Totally smitten by the luxurious silk and satin kimonos from London. Crowding around the bra and bikini sets from Italy. They couldn't wait to surprise their wives or girlfriends with something truly special.

Weren't they embarrassed?

The truth is, they were. But not enough to keep them away! They had seen our exciting, full-color catalogue. A breathtaking picture book of beautiful women, wearing enticing creations. Besides, a few men became our first satisfied customers. And in a short time, they had managed to spread the good word. Victoria's Secret wasn't like shopping for lingerie in a department store. No matronly saleslady to make a man feel uneasy. No raised eyebrows or pursed lips asking about sizes. No racks of flannel and terrycloth to wade through. And no chunky, plastic boxes overflowing with boring white foundation garments.

The men in our life.

Since that first Valentine's Day, we've learned a lot about our male customers. Mainly, they can't be stereotyped. Some are conservative, some far from it. Some are rather old, while others are much younger. Whether doctors, accountants, salesmen or bankers ... they all have one thing in common. They are true connoisseurs of beauty. They know how sensuous and lovely a lacy camisole or elegant gown looks on a woman. And what's more, they know how wonderful a woman feels to receive something beautiful and intimate from a special man. And it takes a very special man to shop from Victoria's Secret.

Our luxurious photo album ...

If you're like our male patrons—sensuous and fashion-conscious in your own right—you've been dying to find a place like Victoria's Secret. However, if you live outside of Northern California, you won't find it. But for $2.00 you can have the next best thing. Our luscious, four-color catalogue of alluring designer lingerie.

What if you don't like our style?

We guarantee you'll be the first man who didn't. But ... if after you receive our catalogue, you find our fashions too sensuous or too luxurious for the lady in your life, you haven't lost a thing. Our lush, full-color catalogue is an elegant collector's item—a conversation piece your friends will adore! (Already, our customers are requesting previous editions of the Victoria's Secret catalogue.)

To receive your own personal copy, send $2.00 to Victoria's Secret, dept. W500, P.O. Box 31442, San Francisco, CA 94131. We'll send you our colorful catalogue of fashion romance via first class mail.

广告很引人注目，但在结尾处遗漏了一些要点。

标题：男士内衣（Lingerie for Men）

副标题：一群很特别的男人如何使一切皆有可能

注意，标题只有3个单词——短小精悍，当然也足以让你去读副标题了。接着要注意，副标题并没有泄露广告的内容，你仍然不知道它是什么。实际上，它听起来就像是一些男人聚在一起，使穿内衣变得可能。你就是不明白，所以会继续读下去。

现在来读第一段，广告上用的是大号字体，实际上是想吸引你进入正文。注意前几段讲故事的感觉。

我们大吃一惊！当我们打开新公司门的时候，认为大部分的顾客会是女人。毕竟，设计师设计的美丽内衣是一种女士无法抗拒的奢侈品。

我们大错特错

第一个情人节，男人成群结队地来了！几百名一直私下渴望参观我们精品店的男人。最后，他们有了完美的借口——为他们心爱的女人准备情人节礼物。

他们爱死这种商品了

你能想象我们有多震惊吗？所有这些男人都在我们的维多利亚精品店里漫无目的地瞎转悠，赞美从法国运来的丝袜和蕾丝吊袜带，完全被那些从伦敦运来的丝质和缎质的晨衣弄得神魂颠倒，簇拥在来自意大利的文胸和比基尼的周围。他们迫不及待地要用一些真正特别的东西来给妻子或女朋友惊喜。

再一次，随着故事的讲述，你能想象到这个场景。你几乎能看到这种商品，欣赏到各种商品怎样被巧妙地编入故事里。但是，当你读到这儿的时候，一个问题也进入你的脑海。而且，这个问题恰好也在此刻出现在了文案中。

他们不感到尴尬吗？

> 确实，他们感到尴尬。但这不足以让他们离开！他们已经看过我们那些激动人心、五颜六色的型录。一本令人窒息的图册，全是美女，都穿着很诱惑的产品。除此之外，一些男人还变成了我们的第一批满意顾客。在短短的时间内，他们就设法成功地宣传了这个好消息。在“维多利亚的秘密”进行购物可不像是在一家百货公司里购买内衣，没有会让一个男人感到不自在的主妇似的售货员。询问尺寸时，也没有扬起的眉毛和撅起的嘴唇。这里没有装满了乏味的白色打底衣的傻乎乎的塑料盒子。

这段话正好包含了很多好问题。首先，当邓拉普承认男人很尴尬的时候，她是实话实说的。简而言之，她在段落的标题上就提出了异议（“他们不感到尴尬吗？”），然后又诚实地回答了这个问题。不过她引入了这个事实——他们是被一本全彩型录所吸引来的，她提及这本型录是一本“令人窒息的图册”。在此她很巧妙地引入了型录作为激发因素，是它促使很多男人来到店里。

如果你决定去商店，你可能会提到的另一个异议是：商店本身的环境和商店里人的因素——售货员。如果你是一个男人，你会感到尴尬吗？在这同一个段落里（这里本应该是一个新的段落），她提及了这个异议，并指出在这家店完全不会发生在一家百货商店里会发生的种种尴尬，这样就解决了这个异议。总而言之，这是一家完全不会让男人尴尬的店。

在这则广告里，邓拉普先获得了你的注意力。如果你是一个男人，想在一家女性内衣店为你的妻子或女朋友买内衣的话，你可能会有的各种疑问她都提及了。在下一段，邓拉普把目标市场从一些男人拓展到了所有的男人，这跟卡伯拓展他的创收机会广告的方式很相似，涵盖了所有对把生活变得更加美好而感兴趣的人。她是这样说的：

我们生活中的男人

> 自第一个情人节以来，我们对男性顾客已经很了解了。多数情况下，他们不会很老套。有些人很保守，有些人则并非如此；有些人年纪相当大，有些人则非常年轻。无论是医生、会计师、销售人员还是银行经理……他们都有一个共同点。他们都是真正的美丽鉴赏家。他们知道一件蕾丝胸衣或优雅长礼服能使女人看上去有多么可爱，多么令人血脉贲张；此外，他们还知道一个女人从一个特别的男人那儿收到又漂亮又私密的东西的时候，她们的感觉会多么美妙。而且，它是一个特别的男人从“维多利亚的秘密”购买的。

邓拉普不仅提到了几乎所有的男人种类，而且普遍赞美了他们在女性方面的品位和理解力。

在下一段，我们最终会看到广告真正的推销术语。既然“维多利亚的秘密”的商店在那时候只在北加州有，这则刊登在全国杂志上的广告的真正目的就是从其他49个州吸引型录顾客。所以，在这段的标题“我们的精美相册……”之后，随之而来的就是推销术语。注意那些感情色彩丰富又刺激感官的语言，它们创造出了这则广告的氛围。

> 如果你像我们的男顾客一样——拥有自己的感性和时尚意识的权利——你一直迫切要找到一个像“维多利亚的秘密”那样的地方。然而，如果你住在北加州以外的地方，那你就找不到了。但是，只要你花2美元，就能得到下面这个最棒的东西——我们充满诱惑力的设计师内衣型录，非常精美，色彩缤纷。

要是你不喜欢我们的款式怎么办

我们保证，你会是第一个不喜欢的男人。但是……如果你收到了我们的型录之后，发现我们的风格对你的另一半来说太刺激、太豪华了，你也没有任何损失。我们丰富的全彩型录是一本雅致的收藏品——你的朋友们会喜欢的话题！（我们的顾客已经在索取"维多利亚的秘密"型录以前的版本了。）

为了获取你的私人文本，请把2美元寄到：维多利亚的秘密，W500部（这是地址）。我们将通过一级邮件的方式，把多姿多彩、时尚浪漫的目录寄给你。

这则广告有一个主要问题，而且不幸的是，它出现在最关键的部分——结尾。一些目标客户可能会提出这样的异议："要是我对这2美元的型录或是商品不满意的话，该怎么办？"这里没有注明退货政策。对于顾客的第一笔交易来说，一篇成熟有效的销售文案本可以让他们投入2美元来购买型录，甚至让他们花10美元下第一张订单。

从我的理解来说，这第一则广告恰如其分地引发了型录需求，其次是销售需求。这是一个两步策略——先扫描市场寻找目标客户，然后通过型录使他们成为真正的顾客。这是一个在平面广告方面的好应用，是一个对于许多原则而言的好例子。

你特别应该注意到的原则是：提出疑问的恰当时机、如何解决这些疑问、编织美丽的语言来讲述故事、为文案创造完美的氛围。真正的文案是型录，但是，讲述这个故事给了男人索取型录和从中购买产品的许可证——比进商店购买要更不显尴尬。

"男士内衣"是简洁的，它很有趣，而且比较流畅。尽管它的结尾本应更引人注目、更有效，但它还是自始至终像一个滑梯一样，引领你一路读到结尾。如果是我的话，还会在这篇广告文案中加一个署名，以使它更加私人化。

回顾1979年“维多利亚的秘密”印刷的型录，要比它们现在发行的型录更吸引人。如果我必须给它归类的话，我会说它是一个Frederick's of Hollywood[①]内衣型录的升级版。而且这两种型录的确都深受男人的欢迎。

在经销权卖给The Limited公司之前，两位来自“维多利亚的秘密”的广告人参加了我的研讨班。这两位女士都使用她们的文案写作技巧来撰写五彩缤纷的型录。她们都宣称研讨班是她们职业生涯的转折点，也是“维多利亚的秘密”早年成功的主要因素。悲剧的是，罗伊·雷蒙德，“维多利亚的秘密”的创始人，于1993年从金门桥一跃而下，自杀身亡。

从这个范例中学到的经验就是，你能写一篇伟大的广告文案，但是不要在结尾部分遗漏重要的机会。广告的结尾就是读者做出购买决定的时候——在任何广告中它都是一个关键点。

在下一章，我会给出一个公司的例子，它在没有提及问题的情况下就试图去解决一个问题。这个例子会阐明提出问题然后再解决问题的重要方法。

① 此品牌来自好莱坞，是许多电影明星的最爱。——译者注

第 26 章

你了解得越多

如果这则广告没有致命缺陷的话，它本应是一则很有力的广告信息的优秀范例。让我来解释一下。

这则广告有一个重大缺陷。整个第一部分都被遗漏了。

我乘自己的私人飞机从伊利诺伊州的罗克福德回来。尽管天气很完美很适合飞行，我还是在离帕尔华基机场大约50公里的地方安排了仪器导航着陆。在接近帕尔华基机场的时候，我发现空中交通管制员异乎寻常的安静。这是一个天气晴朗的日子，是少数能见度很高的日子之一。

当我接近帕尔华基机场的时候，远远便看到芝加哥奥黑尔国际机场附近有一场大火。飞机着陆后，我把它停好，走进机场办公室。从那儿的电视广播上我得知美国航空公司191航班刚刚在奥黑尔国际机场起飞时坠毁了，所有乘客罹难。那是1979年的5月25日，是我脑海中永远无法磨灭的记忆之一。

坠毁的这架飞机是一架DC-10飞机，是麦道公司最大最受欢迎的飞机之一。在坠毁事故发生之后，他们马上检测出是由于液压问题导致的。在某种情况下，液压问题能导致飞机失控并最终坠毁。麦道公司立即改进了这一问题，不过所有的DC-10飞机都暂时停飞了。

不仅如此，DC-10飞机在相当短的一段时间内还涉及了另外两起坠毁事故。这两起事故与飞机的缺点并没有什么直接关系，但是美国航空公司的飞机坠毁的污点仍留在公众的脑海中。麦道公司意识到，必须要做点什么来消除公众的疑虑。

在一则广告中，他们选取了彼得·康拉德作为代言人，来解除公众的担心。但是他们并没有提到飞机坠毁的问题，而是试图用优秀的书面文案来解决问题，异议完全被忽略了。结果广告变得很空洞。下面就是这个书面文案：

标题："你对我们的DC-10飞机了解得越多，你就越知道它其实有多伟大。"

署名：彼得·康拉德，前宇航员，麦道公司部门副总裁

文案：在我的成年生活中，我观察过很多飞机和宇宙飞船的成型过程。我很肯定，任何设计建造出来的飞行物，标准都不会比我们的DC-10飞机更苛刻。

在DC-10飞机的建造过程中，工程师们投入了1 800万个工时，包括14 000小时的风洞测试，以及相当于40年航空服务的全程"疲劳测试"。

我很确信DC-10飞机在已有的喷气式飞机中，是经过最彻底测试的飞机。除了美国政府的检测以外，DC-10飞机还用自有的方式按要求通过了结构测试，就像美国的空中歼击机所要求的那样。

DC-10飞机机队每天的独立飞行超过100万英里，在全球为90

个国家的170个城市服务。

这则广告是以一个地址结尾的，你可以通过这个地址写信给麦道公司获取更多信息。

文案是好文案，就建立对飞机的信心而言，非常有说服力。由一位前宇航员来介绍，这增加了一切信息的可信度。但是它缺了一个重要的开场白，而这原本可以使文案事半功倍。

要是这则广告有个不同的开头会怎样呢？如果让我来写这篇广告文案，我会这样写：

标题：DC-10飞机的大秘密

副标题：你已经听过了许多关于DC-10飞机的坏名声。但是这里有些事情是你有所不知的。

署名：彼得·康拉德

文案：这真是太可怕了。去年的5月25日，美国航空公司的191航班在芝加哥的奥黑尔国际机场坠毁，几百人失去了生命。这起事故被认为是美国历史上最糟糕的飞机坠毁事故之一。这架飞机是一架DC-10飞机。

但是，随着事实浮出水面，我们得知一连串的巧合都是由液压故障导致的，而这是所有可能引起的故障中最不可能发生的。但是它的确发生了。在随后的几个星期里，DC-10飞机安装了一系列自动防故障装置系统，它使DC-10飞机变成了最安全的喷气式客机之一。

此外，最近其他两起DC-10飞机坠毁事件已被查证完全与飞机的自身缺陷无关，而是由于飞行员的操作不当导致的。但是，由于美国航空公司坠毁事故和这两起事故而造成的负面公众影响，我们必须更加勤勉。以前每架DC-10飞机在飞行100个小时后就必须要作一次全面的检查，而现在每飞行50个小时就有一次。每次飞行前，飞机的液压系统都会被检查，而不是等到该检查的时候才检查。不仅每个机修工会检查飞机的结构体系，飞行员自己也会检查。没有比这更安全的飞机了。

然后我会选用现有广告中的这部分，来继续这则广告：

在我的成年生活中，我观察过很多飞机和宇宙飞船的成型过程。我很肯定，任何设计或者建造出来的飞行物，标准都不会比我们的DC-10飞机更苛刻。

接下来就是原有文案的剩下部分。你看到不同了吗？我所做的一切就是列出真正的问题（也就是我所说的“异议”），然后再解决它。康拉德的文案很顺畅地放在了我的广告尾部，这将会有助于解决问题。

读了我的版本之后，对这家公司和这则信息你都会留下一种正面的印象。你可能会想：“对于消除DC-10飞机安全性的负面影响，他们进行了一次诚挚的努力。”这则广告是一则充满感情的阐释，它表露了忧虑、诚恳和领导力。

现在把这则广告原来的版本拿来比较，原来的版本可能会给你留下一种讽刺性的印象，“它确实是一架安全的飞机……”，或者也许，“他们只是试图掩盖自己制造的所有麻烦”。

记住，他们写的这则广告是很优秀的，只是遗漏了整个前半部分，并且回避了真正的问题——促使他们发布这则广告的实际原因。他们只是用了大部分篇幅来解决异议，而没有直接承认和提出问题。

从中我们可以学到的经验是，要意识到提出一个异议的重要性，不论它有多么尴尬和不利，然后再尽你最大的努力去解决它。你会发现公众真的会欣赏你的直率、诚实、坦白，并对你的信息做出正面反馈，无论他们会不会购买你的产品，你都要让他们对你的公司产生好感。就DC-10飞机而言，你要让他们对飞机重塑信心。

第 27 章

一种更刺激的方式

即使一生中从来没写过一篇文案，当你看到索尼视频通信的这则广告时，也会像广告中的那幅卡通插图一样，你会感觉想要睡觉。

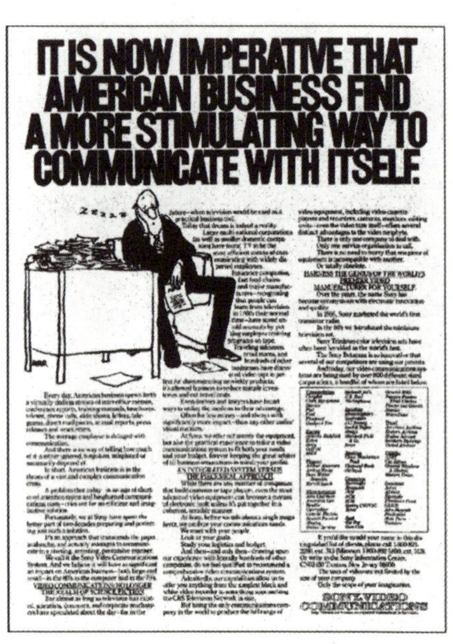

这则广告的主题是“乏味”。在这一点上他们做得很“成功”。

创作这则广告的广告公司可能认为他们有一个聪明的点子。他们的理念是通过对比体现传统通信方式的乏味和视频化新方式的刺激性（这则广告最早出现在20世纪70年代中期）。

与主题的步调一致，广告的标题无意中变得很乏味。对着这些密密麻麻的大写字母，我们难以阅读。广告的版面设计令人厌烦。最后，这篇广告文案很单调，一点也不符合我的原则。无论这则广告是谁想出的，此人肯定与广告的主题完全一致，那就是无聊。

虽然风格统一，却是朝着错误的方向，这不是什么好策略。几乎没有人想阅读一则乏味的广告。每天有成千上万则广告信息，你需要醒目的信息来抓住人们的注意力，促使他们阅读整则广告。为了让他们看完整则广告，你就必须使用我在本书中介绍的许多技巧，即便你要创作的广告不是邮购广告。

在这则索尼的广告中，他们首先推销的是使用视频的理念，一旦他们说服读者尝试这种新媒介，接着就会推销使用索尼视频的理念。而我的方式会是：创作一个人的故事，这个人因为使用视频，获得了空前的利益——更多的销售额，更高的生产力，更深的认知。

下面是这篇广告文案的前面几段，可以让你对它的行文有个认识。这篇广告文案没有副标题，没有图片说明文字，并以一句较长的话作为开始。

> 每天，美国的企业都在产生源源不绝的信息：办公室备忘录、会议报告、培训指南、说明书、传真、电话、幻灯片、信件、电报、直邮、年度报告、新闻稿和新闻通讯。连普通雇员都会被信息淹没。
>
> 没有人能告诉你有多少信息被忽略了，有多少被遗忘了，有多少被错置了，有多少被草率处置了。
>
> 简而言之，美国企业正在一个巨大而复杂的信息危机中挣扎。
>
> 今天，在这个注意力跨度缩短、信息消费提高的时代，我们急需一种高效而富有想象力的解决办法。

第一句话太长了，文案很乏味。不过，“乏味”不正是这则广告的主题吗？（我在开玩笑。）

接着广告讲述了当时视频的应用情况，以及索尼给这个新兴产业所提供的东西。如果你认为广告的前面几段很无趣，那么剩下的部分亦是如此。连我为了本书把这部分内容打入电脑中时都感到无聊，所以我就不打算让你读更多了。只要相信我——它真的很无趣。

你甚至不会想读整则广告，除非你对视频通信十分感兴趣，并积极搜寻与之相关的任何东西。

这是我的最终观点。这则广告是由一家专业广告公司创作的，用的是专业文案撰稿人、版面设计师和艺术指导。读了本书之后，你甚至不必是什么专业人员，就可以给广告公司当顾问了，并且会十倍提升他们的广告品质。写好广告文案的能力并不是专业人士所独有的。经常，一个几乎毫无经验的人也能写出一篇令人难以置信、印象深刻的广告文案来。当然，阅读本书之后，甚至在最专业的广告中你也能挑出毛病来。

第28章
胡扯的魔力

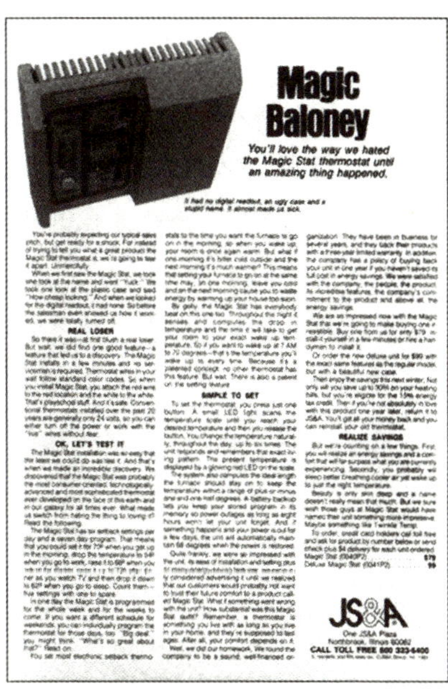

我挑出这种产品最糟糕的地方，将它转危为机。

这则JS&A公司的邮购广告是为Magic Stat恒温器而创作的，基本上就是讲了个故事，但是是以一种独特的先抑后扬的方式。故事开头说的是我们讨厌这种产品，但是随着故事的展开，这种产品在我们的认同中产生了一个质的飞跃，成了这个星球上最好的产品。我是怎么做到的呢？这个过程很有趣。

首先我意识到在恒温器的购买中，最大的问题就是安装。它是顾客不愿意涉及的事情之一。在处理那些电线的时候，很可能会发生危险，而请人来安装的话，会有许多额外的花费。所以，在我们的故事中，首先说明的优点之一就是安装的简便性。简言之，我们知道顾客不愿为安装问题烦恼，所以在广告开头就突出了这个特征。

文案本身列举了许多问题——它的设计、它的外形，甚至是它的名字。我们觉得这是顾客在看产品的时候，可能会提出来的一些问题。到文案后半部分时，我们再一个个地解决它们。

这篇文案好的地方就是用一种举重若轻的方式解释了产品的特征。在接近广告结尾的部分我们介绍了卖这种产品给我们的公司增加了信誉，并使顾客感觉更可靠。毕竟我们的竞争对手是Honeywell这样一家已建立了名气与声望的公司。

自1983年起，这则Magic Stat恒温器广告在纸媒上大概运作了3年，这种产品因而变成了一个很成功的品牌。这家公司最后被Honeywell公司收购了。

接下来是这则广告完整的文本内容：

标题：胡扯的魔力

副标题：你会热爱我们讨厌Magic Stat恒温器的方式，直到一件令人惊奇的事情发生。

图片说明：它没有数字显示器，样子也丑，还有个愚蠢的名字。它几乎令我们反胃。

文案：你可能在期待我们典型的推销员式的宣传腔调，但是准备好被震惊吧。因为，我们并不是试图告诉你Magic Stat恒温器是一种多么伟大的产品，而是要无情地揭露它。

当我们第一次看到Magic Stat恒温器的时候，我们仅仅看了一眼它的名字就离开了。“讨厌。”我们看着这个塑料东西说，“看上去多廉价啊。”而且，当我们寻找数字显示器的时候，才发现它根本没有这玩意儿。所以，甚至在销售人员向我们展示这种产品如何工作之前，我们就迫不及待地转身离开了。

真正的失败者

这就是它了，最开始像一个真正的失败者那样令人脸红。但是，等等，我们的确发现了一个优点：Magic Stat恒温器可以在几分钟之内就安装好，无须任何服务人员。你墙上的恒温器电线有标准的颜色编码。所以，当你安装Magic Stat恒温器的时候，只要把红色的电线连到红色的位置，白色的电线连到白色的位置就行了。这就是学校的填字游戏，并且很安全。在过去20年间，一般的恒温器通常只有24伏特，所以你也可以关机或者摆弄“带电的”电线而不用害怕。

好，让我们来测试一下

Magic Stat恒温器的安装很简单，我们能做的就是测试它。这时我们又有了一个难以置信的发现。我们发现Magic Stat恒温器甚至可能是整个地球、整个银河系有史以来开发出来的最以消费者为本、技术最先进、最复杂的恒温器。是什么让我们对它由恨到爱呢？请阅读下面的文字：

Magic Stat恒温器每天有6次高温设置和一个7天的程序。那就意味着你可以在早晨起床的时候把它设置为21.1℃，当你去工作的时候把温度调低到12.2℃，当你回家吃晚餐的时候再把它调高到20℃，饭后当你看电视的时候调高到21.1℃，当你睡觉的时候再调低到16.6℃。计算一下——这只是5次设置，还有一次空余。

Magic Stat恒温器在一天之内可以为整周以及接下来的数周设定程序。如果你想在周末有个不一样的时间表，你也可以为周末独立设置恒温器。“真不错，”你可能会想，“什么东西这么棒？”继续往下看。

大部分的电力恒温器你会设置到早上开启，这样当你醒来时，房间里会再次暖和起来。但是，如果前一天早晨非常寒冷，而第二天早晨又暖和很多该怎么办呢？这就意味着早上定时打开恒温器，可能会导致某一天早晨很冷，而第二天早晨又会因为你的房子暖和得太快而浪费能量。

天哪，Magic Stat恒温器即使在这一点上也能符合每个人的要求。整晚它都能识别和估算温度的变化，让你的房间在设定好的时间达到确切的温度。所以如果你想在每天早上7点醒来，并且温度为21.1℃的话——那么你每次醒来时温度一定会是21.1℃。因为这是一项专利，其他恒温器没有这个特征。但是，等等，在设定装置上它还有另一项专利。

简单设定

要设定恒温器，你只需要按一个键，小小的LED光屏就会变换温度范围，在达到你要求的温度时，你就可以松开按键。你可以很自然地改变温度，一天可以改6次。设定装置会反应和记住现存的确切模式。当前的温度会通过一块发光的红色LED屏显示。

系统也能估算恒温器应该保持的理想温度，温差不超过1℃。一节预备电池能够将数据保存在记忆体里，只要是8小时以内的断电，数据都不会丢失。如果发生了什么事，让你停电了一段日子，当电力恢复时装置也会自动恢复到20℃。

坦率地说，我们对这个装置印象深刻，它很容易安装和设定，并另有许多节能特征，于是我们开始认真考虑为它做广告，但接着我们意识到顾客可能不会将自己未来的舒适托付给一种叫作Magic Stat恒温器的产品。如果这个装置有问题怎么办？这台Magic Stat恒温器有多结实呢？记住，恒温器是与你共同生活的东西，只要你住在家里，它们就应该持久耐用。毕竟，你的舒适度依靠它。

好，我们做了一些准备工作。我们发现这家公司是一家健全的、财政良好的组织。他们已经在商场上做了好几年，他们给自己的产品提供为期3年的保证期限。除此之外，如果一年内你在节能方面没有节省出它的全部成本的话，他们可以回购你的设备。对于这家公司，它的工作人员、它的产品、它的难以置信的优点、公司对这款产品的承诺，以及最重要的产品的节能功能，我们都深感满意。

现在我们对Magic Stat恒温器的印象已经很深了，不可抗拒地想要买一台。从我们这儿购买一台只需花79美元。只需花几分钟你自己就可以装好它，或者你也可以雇一个小工来安装。你还可以花99美元订购新的豪华装置，它的特征跟常规型号一模一样，但是有一个漂亮的新包装。

在接下来的冬天节约能源吧。在暖气账单上你可以节省高达30%的费用，不仅如此，你还能够抵消15%的能源税。当然，如果在一年之后你没有完全爱上这款产品，把它退给JS&A公司吧。你会得到全款，还可以重新安装你的旧恒温器。

认识到节约

但是我们对这款产品很有信心。首先，你会认识到能量的节省，以及远超过你当前正在体验的舒适度。其次，你可能会睡得更香，呼吸着冷一点的空气入睡，并在合适的温度中醒来。

美丽只是一个肤浅的概念，名字其实也没有太多意义。但是我们确实希望制造Magic Stat恒温器的这些家伙给他们的产品取一个更让人印象深刻的名字。也许，就像是Twinkle Temp恒温器之类的名字吧。

信用卡持卡人可以拨打下面的免费电话订购产品；你也可以寄来支票，每台设备的订购要外加4美元的邮费。

Magic Stat（0040C）恒温器：79美元/台

精装Magic Stat（0041C）恒温器：99美元/台

这则广告吸引了你的注意力，并通过抨击产品的方式将你吸引到文案中。你可能会问："这是什么花招？为什么他要抨击这种产品？"

你开始阅读这则广告。然后你会发现我们喜欢的一个优点，它恰好是安装方面的——这是我们在销售该产品时必须克服的最难的障碍。

从那时起，销售Magic Stat恒温器就像乘坐滑梯一样顺畅。一旦我们让产品的安装变得简单，接着就能发现它的伟大之处，列出并解决剩下的问题（名字和外观），然后推销这种产品所有的益处。事实上，我们这样做了不止3年。

第29章 宠物飞机

Pet Plane

This advertisement has not been paid for by Piper nor do I own any Piper stock.

JS&A PRODUCTS THAT THINK

他们说，我的产品有价无市，但是它抓住了仅有的一位顾客。

在JS&A公司，我们有3架公务机。就像有很多汽车一样，你一次只能使用一架。所以我决定卖掉一架使用最少的飞机——我的Aerostar飞机。

我当初为它花了将近24万美元，每个人都告诉我说它现在最多只值19万美元了。我不相信这架好飞机的价格会跌这么多，所以决定在《飞机业主与飞行员协会》杂志——私人的飞行员杂志之一——上刊登一则单页广告，看看我是否能要到自己的出价。

这则广告的基本形式就是个故事，讲的是这架我没怎么用过的飞机，以及我对机修工兼飞行员戴夫的忧虑。我把飞机的所有优点都写进了这个故事，在结尾加了一点小幽默，对任何购买这架飞机的人都赠予一次免费试驾。我用一个经典的结尾完成了这则广告。在这则广告里，幽默起了作用。我的Aerostar飞机以24万美元的价格迅速卖出，正好收回了我在它身上花的钱，并且涵盖了我在广告上的费用（大约5 000美元）。这使我在广告上下的功夫很值得。如果以一种友好的方式来使用幽默，幽默就能起到作用。最重要的，我只是拿自己开玩笑，并没有漏掉广告中的严肃信息。记住，我只需不赚不赔地卖掉一架飞机。

标题：宠物飞机

副标题：Piper公司没有为这则广告支付任何费用，我也不持有Piper公司的股票。

署名：约瑟夫·休格曼，JS&A公司总裁

文案：我是一架1978年Aerostar 601P型飞机的拥有者，对此我引以为傲，我决定卖掉它，尽管持严肃的保留意见。

我在1978年4月购买了296PA飞机。它是Ted Smith公司在被Piper公司收购之前生产的最后一批飞机之一。我雇了一位全职机工戴夫，他什么都不用干，只需要使这架飞机保持闪闪发光且处于完美的飞行状态。

最终，戴夫和我却没有驾驶Aerostar飞机，我们驾驶着其他的公务机——我们的Grumman Tiger飞机和Beechcraft Bonanza飞机。Aerostar飞机被放入了机库，擦得闪闪亮，看上去很漂亮。

在整整两年之内，戴夫和我只在我们的宠物飞机上待过350个小时，这么一点点时间远不足以证明我们拥有一架这么好的飞机。

戴夫是个农夫

戴夫同时也是个农夫。早年，他在伊利诺伊州父母的农场里耕地挤奶。戴夫一直热爱农场——几乎跟他爱飞行一样深。

今年7月，戴夫和我聊了聊。我们根本没有怎么驾驶过Aerostar

飞机，拥有它简直就是一种浪费。但是我们卖掉Aerostar飞机的话，戴夫——这位忠诚、努力、优秀的机师，如果继续为JS&A公司工作，就会不够充实，因为他就只需为其他两架飞机继续工作了。

我个人也很爱飞行。我是一位仪器导航飞行商业飞行员，拥有一张多引擎飞行驾照。和戴夫不同，我是在大城市里出生的。我不知道种植谷物或是在农场里工作是怎样的。

戴夫喜欢我的主意

我让戴夫坐下来，告诉他我打算卖掉296PA飞机，然后问他是否介意回到农场中去。我的想法很简单，就是用出售Aerostar飞机所得的收益来购买一座农场、修建一条飞机跑道和一个小飞机库，在戴夫不用为另外两架飞机工作的时候，就可以和他的家人种植作物。

戴夫很喜欢这个主意，所以我决定与我们的Aerostar飞机分开，在这则广告中出售它。

296PA飞机是一架满压式双引擎飞机，在实际飞行中，时速为370. 4公里，它的油耗仅为28加仑，这是非常令人惊讶的。它根据空气动力学设计以带动喷气式引擎，但是它的设计者给它安装了两台290马力的莱康明引擎，这就提供了巨大的速度和高效的耗油率。

高级航空电子设备

飞机上的航空电子设备让我想起了公司卖的许多好产品。完全智能化的Bendix 2000导航系统，包括雷达、R-Nav区域导航、DME测距仪、一个雷达高度计，以及所有我们可能装备在漂亮飞机上的好东西。还有一台备用的液压泵、水面除冰装置，以及一部飞行电话。这架飞机必须配备齐全——毕竟，我的声望要求我拥有这样的飞机。

同等配置的1980年的Aerostar飞机目前售价超过35万美元，并且看起来不那么漂亮。

我们的Aerostar飞机是来自Ted Smith公司的原产货，由一群具有奉献精神的、以自己工作为傲的技工们制造的。在任何新飞机上，机身表面上总是会有些小毛病。这架JS&A公司的Aerostar飞机完全没有任何毛病，我们怀疑你很难再看到同样的产品。戴夫花了大量的时间加紧、润滑、清理和检测飞机上的每个系统。除了100小时的检验以外，戴夫还进行了50小时的检验。除了年检之外，戴夫还进行了半年检。而且一旦我提到自己听到飞机上有什么奇怪的吱吱嘎嘎声，戴夫就会在那儿花费数日的时间来消除它。

简而言之，296PA飞机是一架漂亮的配置齐全的飞机，它一直在机库里，在其短短的两年生命中被照顾得很好。如今待售。

JS&A飞机为601P型飞机提供的售价仅仅是24万美元（这架飞机的销售税已支付），没有额外的邮费运费。它是个真正的平价货，需要实际看到后，才能欣赏。戴夫把它停在芝加哥以北的沃基根机场的机库里，他会很高兴为你安排一次展示。只要拨打下方我们的免费电话预约即可。

如果你对我们的Aerostar飞机不感兴趣，但是喜欢我们最近的某个型录，也可以拨打我们的免费电话，或者写信给我们。JS&A公司是美国最大的一家独立的太空时代产品供应商，我很渴望飞行员们能成为我们的顾客。

戴夫最近看了很多农场，对于能够重返农场真的感到很兴奋。当然，我也渴望能够卖掉我的Aerostar飞机，这样我就能拥有一座农场，并让一位忠诚的雇员高兴和高效。

如果有人通过这则广告来购买我的Aerostar飞机，我会免费奉送一次从我们的新农场出发的试驾。毕竟，正如任何飞机销售人员都会告诉你的那样，没有一点优惠的话是很难卖出一架飞机的。今天，请尽早拨打电话，来看看我的Aerostar飞机吧。

正如我所提到的那样，这架飞机很快就卖出去了，并且是按要价卖出的。只不过后来，我接到了一个来自美国联邦调查局的电话，才知道这架飞机被用于从南美运输毒品，已经被没收了。

第 30 章

邮购豪宅

在成功处理完飞机事务之后，我有了一个真正突破邮购极限的机会。我能不能卖出一套价值600百万美元的房子？突破口也许是找到一个买家——正如处理我的飞机一样——而我所需要的仅仅就是一个买家。

我们接受VISA卡、万事达卡和美国运通卡，甚至包括日元。

在1987年，我创作了这则广告，一个完整的故事几乎贯穿始终。我的营销战略是提供一套房子或者一盒录像带。如果房子没有卖出，也许我能卖出足够多的录像带以弥补空间广告的成本。但是我没有卖出足够多的录像带，广告也亏损了，因为房子没有卖出去。

标题：邮购豪宅

说明文字：对我来说这就像是一次阴谋。

副标题：只要600万美元，你就可以拥有游泳池、网球场以及壮观的景色。

署名：约瑟夫·休格曼

文案：我要做一笔大买卖。我敢说，即使你不买这套房子，也会爱上这个故事的。

一切都源于一次邀请。我受到国内最优秀的房产开发商之一的邀请，来他家参加一个聚会。他家位于加利福尼亚州的马里布。我不知道自己为什么会被邀请，开发商只是说："来吧。"

喷气式飞机在芝加哥的奥黑尔机场等我。开发商的专人豪华轿车在洛杉矶接我去马里布。一路上都是一流的服务。

当我抵达他家时，那里正在举行聚会。四处都是排列整齐的劳斯莱斯汽车，从屋内传来了喧哗声和音乐声，很显然，有一些特别的事情在进行。

非常著名的客人

我走进屋内，被通报给主人和他的妻子，他们带我四处参观，把我介绍给他们的其他客人。"这是乔·休格曼，著名的邮购广告文案撰稿人，撰写了很多有趣的邮购广告。"

我见到了一位著名的影星、一位全国知名的体育播音员、一位肥皂剧明星、几位著名的棒球运动员和两位有名的加州政客。我认出了所有人，一些人甚至也认识我。事实上，他们中有些人是我的顾客。但我仍然不知道为什么自己会受邀来到这里。

我环顾了这套房子。迄今为止我见过很多漂亮的房子，但这套却是我所见过的最让人印象深刻的。首先，它处于一个90英尺高的悬崖顶端，俯瞰着沙滩和太平洋。其次，当时正是晚上，我可以看见洛杉矶的整条海岸线。就好像我正处于大海中的游轮上，可以巡视太平洋，回望这座城市。

之后，我认出了这个悬崖。这不是娱乐界那场最高调的婚礼的举办场所吗！当时有7架直升机在上空拍照。随后我证实了这个事实。

这套房子完全占据了风景的优势。事实上每个房间都朝向海洋。当玻璃滑门完全打开时，海洋一览无余地呈现在你的面前，没有隔断，没有桥梁。

屋内响起了音乐声。之后我又发现，这套房子的音响效果是所有带音响系统的私人住宅中最棒的，简直可以和录音室的效果相媲美。多么美妙的私人住宅啊！

这里还有地下网球场、游泳池、漩旋涡浴，以及从屋里的任何地方都可以控制的固态电子照明系统。天花板离地面有25英尺高，室内装饰又如此高雅，因此我很容易理解为什么它获得了各种奖项。但是为什么我在这里？为什么要为我支付所有的费用？随后我才明白。

开发商和他的妻子把我安排在5间卧室中的一间，等客人走后就邀请我到客厅。“乔，我们之所以请你到这里，是想要你帮我们写一篇广告文案以卖掉这套房子。你是国内顶尖的广告文案撰稿人之一，既然这套房子是世界级住宅奖项的得主，于情于理我们都想要一位世界级的广告文案撰稿人来做这件事情。”

现在我承认，我被捧高了。“但是我是个邮购广告文案撰稿人，我怎么可能售出这么昂贵的一套房子呢？”

非常特别

“这很简单，”开发商说，“因为它的价值。这套房子很特别。它坐落在一个面向洛杉矶的弧形半岛上非常突出的部分。从悬崖上看时，你可以看见洛杉矶仿佛正从海洋中冉冉升起。由于所处的位置，我们常年感受到的并非是来自海洋的狂风，而是轻柔的微风。

这套房子本身很有价值，我们隔壁的邻居甚至花了近900万美元，只为买一套只有一间卧室的房子。”

我开始感觉到困难了。“很抱歉，但是我没法卖你们的房子。我只以自己公司的名义写文案。而且，我也不是房地产行业的。”但是开发商却很坚持。

“乔，你真的可以。这套房子是一项投资。有钱的人有很多。而且，它所需要的就是个特别急切的特别人物而已，如果谁正在寻觅一所地处美国最好位置的、和名人身份相衬的世界级房产，那么它就能卖出去了。”

最后的拒绝

我拒绝了，并且是最后一次拒绝。“很抱歉，我不会售卖任何没有30天退回特权的东西。我的客户对我们所卖的东西都有权利退货，我们也会迅速礼貌地退款。然后就是信用卡的问题，我们让他们无论是用万事达卡、VISA卡还是美国运通卡，都可以很方便地进行交易。”

好了，剩下的就是不相关的事了，我不再赘述。我的确正在卖这套房子。请致电给我，拨打（312）564-7000，安排私人会面。然后我就会力劝你购买它。我们接受VISA卡、万事达卡、美国运通卡、美元、日元或者任何其他流通货币。

在购买这套房子之后，你可以在里面住30天，享受这壮观的景色，在美丽的沙滩上漫步，感受这宽阔的生活空间。如果在30天后，你并不完全满意的话，就把房子交还给原来的主人吧，我们会迅速而礼貌地退款。

开发商和他的妻子对于我在卖他们的房子感到很兴奋。他们意识到了邮购行业与房地产行业有很大的不同，并且愿意妥协。但是，你千万别退缩。如果你真的是那些想在美国最好的地理位置寻找一座豪宅的少数人之一，今天就亲自给我打电话吧，不要有任何负担。

附言：如果你没有时间参观房子，请订购关于这套房子的录像带（请注明产品编号：7077YE）。请将20美元外加3美元的邮费寄至以下地址，或者信用卡用户也可以拨打下面的免费电话。

马里布豪宅：600万美元/套

正如我所提到的，这套房子没有卖出去。并且，实际上我们也没有卖出足够多的录像带去弥补。但这正是我所愿意去冒险的一部分。广告确实让我们获得了公众的注意力，包括受邀参加大卫·莱特曼的节目，虽然我拒绝了。

我也接到了迪士尼地产的电话，问我是否愿意用销售邮购豪宅的相同方式，来销售沃尔特·迪士尼的旧宅。我并没有接受这个机会，因为有一则疯狂的房地产广告就足够了。

第31章 匈牙利阴谋

我的有些广告从来没被发行过。有些则不是那么成功，也有些只在我们的型录上出现过。从最后这一类中我挑出了一则广告，我觉得它在一个十分独特的方向上自成一格，而且还有一个有趣的故事。“匈牙利阴谋”只在我们的型录上出现过，并取得了一定的成功。然而，它是我的最爱之一。

在彻底侮辱了我的目标客户之后，我仍然做得很好。

实际上我曾经去过匈牙利，在布达佩斯照了很多照片，甚至还碰到了魔方的发明者厄尔诺·鲁比克教授，这种三维立体智力游戏在20世纪80年代初期是一种时尚。

这则广告的独特之处就是信息。广告要求顾客们不要买这种产品，通过一个半开玩笑的方式，解释了为什么购买产品会导致又一次经济衰退。我在广告的最后一段才实际开始推销产品。

记住，这则广告写于1983年，当时我们仍有柏林墙和苏联，有着和这一切相关的妄想症。

在这广告中，为这种产品所创造的环境是一个故事，也是一个玩笑。“如果他们不是卖产品的，那这是在耍什么花招呢？”——这可能是你在慢慢浏览这篇文案时会问自己的问题之一。读到最后一段，你才能得到答案。你觉得这篇文案怎么样?

标题：匈牙利阴谋

副标题：匈牙利计划使用一种新型的智能武器给美国以重击——来自布达佩斯的独家报道。

图片说明一：警告你的邻居，不要去购买这件危险的匈牙利秘密武器。

图片说明二：托马斯·卡瓦斯在这张特别的照片里抓拍到了从布达佩斯偷运出来的XL-25。“你认为上一次经济衰退糟糕吗？”

文案：请注意，在没有JS&A公司书面准许的情况下，复制或重印下面这个材料，无论是全部还是部分的，都是被严格禁止的。JS&A公司保留所有的权利。

发自布达佩斯（JS&A公司）——记者已经从匈牙利获得了一些关于一桩阴谋的情报，这桩阴谋可能会对所有的美国人产生深远的影响。

来年，匈牙利人将经由香港，把一款代号为“XL-25”的智力玩具运输到美国。

这款玩具前期可能看起来是无害的——一款典型的电子智力玩具而已，可能来自于美泰公司，也可能来自于其他任何大型的电子游戏制造公司。但是，请小心。无论你做什么，都不要购买它。

巨大的阴谋

这款游戏就是一个大阴谋的一部分，它通过破坏我们丰富的劳动力而削弱美国，最终把整个自由世界带入到经济衰退中。这就是我们所发现的一切。

在1980年，美国的经济正值黄金时代，这时，厄尔诺·鲁比克，布达佩斯大学的教授，发明了如今很著名的魔方（Rubik's Cube）。在魔方引进后的很短时间内，美国就进入了一个经济衰退时期。我们的国民生产总值下滑了，工厂开始数以千计地解雇工人，经济水平暴跌。

导致这个大萧条的原因是多种多样的，但是我们的理论十分简单。JS&A公司认为，几百万美国人都忙于去拧那个小小的魔方，没把注意力集中在工作上，生产力下降了，利润猛跌，消费者的开支滑到了一个新的低点。

对于苏联的情报源来说，美国经济萧条的原因很显然就是魔方。苏联人推断出，如果匈牙利人能发明很多智力游戏，并以此席卷美国市场，他们就能导致一场经济大衰退——它将持续地削弱美国，因此使共产主义很容易接管这个国家。如果你认为这个理论很牵强，请继续读下去。

感谢你

任何地方的匈牙利人，对魔方的巨大成功都引以为傲，现在他们很有雄心壮志。从最初开始，匈牙利人就是一个十分有创造力的群体。他们发明了很多东西，比如光学玻璃纤维、微型软盘以及全息摄影技术等。匈牙利不乏富有创造力的人，但是他们的潜能没有被真正地发挥出来，直到鲁比克的出现。

匈牙利政府想的是，不仅要鼓励这些被压抑的创造力，还要为了特定的共产主义的目的而帮助匈牙利人发展他们的游戏产业。

为了开发一款智力游戏打入美国市场这一特定目的，去年一家新的私人公司成立了。由银行投资，由成功的布达佩斯商业模式来运作，这家公司在3位游戏设计师（如左图所示）的努力之下，开发出了XL-25。

在这张照片中，这个蓄须的共产主义者是拉兹罗·梅罗，33岁，1968年莫斯科举行的国际奥林匹克数学竞赛的冠军。他很聪明，很勤奋，是匈牙利顶尖的拼图和游戏设计师之一。

汽车配件经销商

站在中间的这个男人是托马斯·卡瓦斯，一个匈牙利汽车配件经销商。至少这是我们的调查者所查到的。我们怀疑汽车配件只是一个幌子。

左边的这个男人是费里桑·萨特玛利，一位物理学家，一个真正的天才。他毕业于布达佩斯大学，拥有基本粒子物理学的博士学位。

这款由他们发明的、我们必须禁止在本土销售的不可思议的玩具有着十分巨大的吸引力。XL-25是一款电子游戏机，它有5排，一排5个正方形，或者说总共有25个正方形。每个正方形实际上就是一个按钮，每个按钮都内置了一个发光的二极管。

当你开始玩的时候，这些按钮的其中5个就会亮起来。这款游戏的目的就是让所有按钮的灯都亮起来。不过，这里有一个小圈套，足以使你感到沮丧。

每次你按一个按钮，这个按钮周围的四个按钮就会立即改变状态。如果它们本身亮着，那么就会熄灭；如果它们本身没亮，那么就会被点亮。如果你有一点困惑，没关系。只要记住，游戏的目的就是用最少的按键次数让所有的按钮都亮起来。

设备会记录你的按键次数，你可以问XL-25你的分数是多少，然后再重返游戏。

一旦试用了XL-25这款游戏机，你将立马卷入到这桩匈牙利阴谋中。但是，不要担心。你还有很多同伴。得克萨斯仪器公司对它的设计印象深刻，又帮他们设计了集成电路。香港的一个集团对它非常沉迷，进一步开发了这款游戏，使它拥有着你期望来自于美泰公司和雅达利公司的高品质。

很坦白地说，我们完全被迷住了，购买了上千台，甚至派遣了一位记者到布达佩斯，在那里我们挖掘出了令人震惊的情报。

你可以出一份力

所以，这就是整个故事了。一款共产主义者游戏机，它的电路是由一家不错的在线美国公司设计的，是由我们在东亚的一个最好的朋友仔细组装的——这就是这桩大阴谋的全部，准备让美国人被大共产主义接管。

我们应该阻止其他美国人落入这个骗局中，从JS&A公司订购一台设备。当你收到它之后，无论你做什么，你都不要去玩，而是马上把它拿给你的邻居们，迫使他们不要去买。告诉他们我们上一次经济衰退的真正原因——共产主义者的密谋和这桩匈牙利阴谋。然后，请确保你已经给了他们最后的警告。"任何购买这个东西的人都是一个真正的傻瓜。"

XL-25（产品编号：3045C 4.00)：29美元/台

这真的是一个突破极限的好例子。这篇广告文案足够吸引人，可以让我的目标客户通读全文，并创造出足够强的好奇心，来促使他们购买产品。尽管我的确把任何购买这款产品的人都称之为傻瓜。

第 32 章

视觉突破

“视觉突破”是我公司历史上最成功的广告之一，所以它值得仔细研究。

这则单页广告开创了了整体业务，并最终创造了一个品牌。

在这则广告中，我不想把这款产品当作一款太阳镜来展示，所以就把它当作一个可以保护你远离太阳有害射线的感观上的视觉突破来展示。它是提供真正有教育意义的信息——关于紫外线对眼睛的危害——的早期广告之一。在这则广告运作之前，流行报刊上真的没有什么关于紫外线危害方面的知识。

我使用的方法就是去讲故事，讲我如何发现这款太阳镜，以及我了解到的关于它们和太阳光线的所有事实。我用一种简单但有力的方式来做广告。

我也制造了大量的好奇心。除非你亲自去试戴它们，否则你无法体验到这副太阳镜。因此你必须购买它们来满足你的好奇心。

BluBlock大阳镜广告活动取得了巨大的成功，它从1986年的这则平面广告开始，继而在电视上又播了几年。今天，BluBlocker太阳镜已经是一个知名品牌，在全国的零售店里均有销售。

标题：视觉突破

副标题：当我戴上这副眼镜的时候，我简直不能相信我所看到的一切。你也不会相信的。

作者：约瑟夫·休格曼

文案：我要告诉你一个真实的故事。如果你相信我，你会得到丰厚的回报。如果你不相信，我会令它值得你花点时间来改变你的想法。请看我的解释。

伦恩是我的一位朋友，他知道一些好产品。一天，他很兴奋地打电话给我，说到他拥有的一副太阳镜。“真是难以置信，”他说，“当你第一次用这副眼镜来看世界时，你简直没法相信。”

“我会看到什么？”我问道。“什么会如此难以置信呢？”

伦恩继续说道：“当你戴上这副眼镜的时候，你的视野更清晰了。目标事物显得更加轮廓鲜明，更加明确。每个东西都有了增强的3D效果。而且，它不是我的想象。我只是想让你亲眼看看。”

不敢相信眼睛

收到这副太阳镜并戴上它的时候，我简直不敢相信自己的眼睛。我反复地摘下再戴上，就为了看看我所看到的一切是否真的更加轮廓分明，还是自己的想象在开玩笑。但是，我的视野变清晰了。这是很显然的。我又戴上自己100美元的太阳镜，反复地比较它们，它们没有可比性。我印象很深刻，每件东西都显得轮廓更加鲜明、更加清晰了，并且的确有了一种3D的效果。但是，这种产品做了什么使我的视觉好了这么多呢？我找出了原因。

这种太阳镜（叫作BluBlocker）滤除了日光的紫外线和蓝色光谱。在可视光谱中，蓝光波长较短（红色光最长）。结果，蓝色就会在我们眼睛里的“聚焦屏”——视网膜前面轻微地聚集。通过一个特殊的过滤过程，阻止光线中的蓝色，其他光线就清楚地集中在视网膜上，目标就显得更加轮廓分明、更清楚了。

第二个理由甚至更让人印象深刻。紫外线对我们的眼睛是有害的。正如公认其对皮肤有坏处一样，紫外线对眼睛更有害，并且在今天的许多眼疾成因中都扮演角色。

太阳镜的危害

但是真正让我很惊讶的是传统太阳镜的危害。在强光下我们的瞳孔会关闭，以限制光线进入眼睛中，而在晚上瞳孔会张得更大，就像一个自动照相机的镜头。所以当我们戴上太阳镜的时候，尽管我们减少了进入到眼睛中的一定量的光线，但是我们的瞳孔会张得更大，这样就让更多有害的蓝色光和紫外线进入到我们的眼睛中了。

不要困惑

读到此处，人们经常会问我：“这些BluBlocker太阳镜真的有用吗？”它们真的有用，请给我机会来证明它。我保证，每一副BluBlocker太阳镜都确如我所描述的那样。

BluBlocker太阳镜使用的是MaleniumTM透镜，有着不易刮伤的镜面。没有一点儿偷工减料。

这种黑色的轻型框架是我曾戴过的最舒适的框架之一，能舒适地吻合任何脸型。它可与你从法国或意大利买来的许多200美元一副的太阳镜相媲美。

它是一种夹式眼镜，体积轻于一盎司，且安装的是处方用镜片。每一副都附一个带衬垫的便携式盒子和一年的保修期。

我力劝你去订一副，体验一下视觉上的提升。然后戴上你以前的太阳镜，把它们跟BluBlocker太阳镜相比较。看一下戴着BluBlocker太阳镜，目标事物清晰了多少，轮廓分明了多少。也看一下你晚上的视觉水平是不是因此提升了。如果你在视觉上没有看到一个显著的不同——你能马上说出的显而易见的不同——那就在30天之内把它退回来，我会迅速而礼貌地退款。

显著的不同

但是，从我已亲自目击到的一切来看，一旦你戴上一副，就绝不可能会想退回它。

眼睛对我们而言很重要。保护好它们，同时用自太阳镜诞生以来最不可思议的突破来提升你的视觉。今天就去订购一两副吧！

信用卡持有者可以拨打免费电话，并用下面的产品编号来订购，你也可以寄给我们一张支票，另加3美元作为包装和运送费。

BluBlocker太阳镜（产品编号：1020CD）：59.95美元/副

夹式模型（产品编号：1028CD）：59.95美元/副

这则广告的主要特征就是讲故事的方式，它编织了一则有教育意义的信息——这是同类产品的首次尝试。它把阳光的危害性意识带入了公众的注意力中，而他们本来还没有意识到这些危害。

除此之外，它推出了BluBlocker的品牌，创造了一桩新生意并持续至今——已经超过20年了。它是语言力量的完美范例——在你读完本书之后，你会拥有同样的力量。

第33章 黄金空间项链

当这则广告于1978年出现在我们的型录中时，它引起了很多争论。许多女人激烈地抱怨。那时候我对女人的问题很迟钝，这则广告就是个典型的例子。但是，嘿，我是通人情的，我学会了。

因为这篇不可思议的广告文案，我也收到了许多贺信。由于它富有争议，以及出于展示一些有趣味、有娱乐性的文案的目的，我把它也囊入了本书中。

另一个有趣的因素是这则广告出现的时机。当我们把它放进型录时，黄金的价格非常低。正好在这则广告出现之后，黄金的价格突飞猛涨，市场反响很疯狂，我们把产品一售而空。因此，它也是一则十分成功的广告——但也可能是由于我们的广告时机造成的。

这则有争议的广告与我们的常规商品彻底脱节。

注意，在这篇广告文案中“我们”的使用。如果用“我”来代替“我们”，文案会显得更个人化。也要注意，这则广告是否有任何地方对当前在男性主导领域工作的女性存在冒犯之处。

标题：黄金空间项链

副标题：用美国首款太空时代黄金项链，在下一次太空旅行中别具风格地装扮她。

文案：我们的好朋友鲍伯·罗斯，是美国顶级的珠宝批发代理人之一。

几个月以前，鲍伯找我们商量关于他的一个想法：“为什么不提供一些黄金项链给你们的顾客呢？”我们拒绝了这个想法，因为我们的邮购型录只能提供与太空时代技术相关的产品。不仅如此，时间上也太迟了，刚刚过了我们这期型录的截止日期。

但是鲍伯很坚持：“你们的读者大多数都是男人。为什么不给他们提供一些东西，让他们能买来送给妻子或者情人呢？毕竟，你们提供各种纯粹只能买给男人自己的东西，除了一款好的手表之外，没有什么东西是给女人的。”

拒绝建议

我们不能接受鲍伯的建议。尽管我们的读者群有90%是男性，尽管我们觉得顾客可能确实想从型录中购买珠宝，但是我们觉得自己在太空时代产品选择原则上的严格坚持不允许我们在理念上进行任何尝新求变。

鲍伯试图迎合我们对利润的追求。“你们的顾客都很富有，很聪明。以低价格给他们提供一些黄金项链，你会卖掉一吨的，因为他们有钱来消费，有头脑来辨认好东西。”

但我们不得不再一次让鲍伯失望了。确实，我们的顾客平均一年挣5万美元，这比这个国家的其他购买群体几乎都要更高。也确实，我们的顾客包括一些国内主要的商人、政治家、新闻播音员、医生，甚至还有电影明星。但是，我们不能证明自己对原则的违背是有道理的，也不能因为自己的顾客年薪高于平均水平，就去利用这样一个机会。“很抱歉，鲍伯，”我们说，“JS&A公司要保持一个重要的名声。”

他没有放弃

鲍伯是个相当成功的销售人员。他从不放弃，一直争论到筋疲力尽。一个好的销售人员就是很坚持的，所以鲍伯当然很坚持。他只是不想放弃。

“为什么你不把这种黄金项链叫作‘空间项链’呢——送给你想带去太空旅行的女人的太空时代珠宝？赋予它一个太空时代的主题，就能使它恰如其分地进入你的型录，除此之外，黄金还是一种有价值的金属，曾被发现于外太空的许多星球。”

“那是欺骗。”我们对鲍伯说道。想想看，我们要是使用一种像那样的软弱无力的主题来配合一个如此不相关的产品，那几乎是一种侮辱。因此就在这个时候，我们严肃地要求鲍伯离开。“鲍伯，你是个好人，我们认识你很多年了，但是你现在必须离开。”

鲍伯的堂妹走进来

但是鲍伯恳求道：“在我离开前让我给你展示一样东西。我的堂妹乔很漂亮，我相信她会很乐意在你的广告里为你做珠宝的模特。”然后鲍伯从钱包里拿出了一张照片，展示给我们看。

此时此刻，鲍伯已经毁了他留给人的好印象。我们很惊讶地发现他能卑躬屈膝到这样的程度，可以用他的亲戚来当作一种手段，为了让他的产品能出现在型录上展示。不过，接着我们很严肃地考虑了整件事情。

“事实上，鲍伯，太空时代珠宝对我们的型录来说不是一个坏主意。毕竟，我们仅有的提供给女人的东西就是手表。黄金空间项链可能会卖得很好。当然，我们会保持低价，以提供一些真正物美价廉的东西，而且，我们的顾客能很方便地购买一件如此有价值的礼物，我相信他们会欣赏这种便利性。鲍伯，她能星期二过来做我们的拍摄对象吗？这样我们就可以延长截止日期了。”

“没问题。”鲍伯说，“但是选哪些款式呢？”

“谁关心这些选择呢？为什么不在各种价格范围内只挑选最流行的款式？我们也会给它们拍照。”

鲍伯马上就离开了。他挑选了一些项链，让他的堂妹来展示它们。

我们确实让价格比任何珠宝店或者型录折扣陈列页都要低。实际上，如果你有机会，你可以比较一下。或者在你收到项链之后比较它们。对任何女人来说，14克拉的黄金都是一件好礼物，而且还拥有我们的太空时代主题，多么完美的组合！

鲍勃是个有趣的家伙。他可能认为自己就是个销售人员。实际上，如果不是因为我们开明的思想、敏锐地认知出色的太空时代导向产品的能力，以及想要满足顾客需求的强烈愿望，鲍勃就不会有这个机会。

注：不同款式的价格在订购单上已列出。

在上面这则广告中，我提到了我们的顾客的收入，平均一年5万美元。在1978年我们写这则广告的时候，年薪5万美元是相当高的。

你有没有发现冒犯之处？我本可以说点什么来减少冒犯又不改变这则广告的基本前提呢？这则广告的前提是什么呢？让我来回答最后一个问题。

这则广告的前提就是要介绍一款与我们的产品线毫无关系的产品，

并且也没法证明它作为我们的型录商品是有理的——除非我们创造一个有力理由来囊括它。这个有力理由就是鲍勃美丽的堂妹——乔。她同意给我们当珠宝的模特。毕竟，我们是通人情的，而乔是个漂亮女孩。

正如我所提到的，这则广告并不十分优秀，但它是重要的，因为，正好在我们的型录发布之后，金价巨幅上涨了。

第 34 章

消费英雄

这则广告是滑梯理论最好的范例之一。哪怕你仅仅读了标题，副标题和黑体字的“保证无迹可寻”，你也会不由自主地去读第一句话。

一旦你开始阅读，你就会欲罢不能，直到文案的结尾。它是我在1976年写的一篇极其有效的广告文案。

这是我最喜欢的广告之一，它并不是典型的JS&A公司的广告。在JS&A公司的广告中，我是个太空时代产品的专家。在这则“消费英雄”的广告中，我是一个消费者知音，为消费者说话。这表明我可以为两种完全不同的生意写文案。每则广告都有它自己的一套表达和传递信息的方法。它也是用一种人性化而非幽默的方式来表述的一个好范例。它一直是我个人的最爱之一。

一旦开始阅读这则广告，你就无法释手。

标题：热销

副标题：一种新的消费者理念让你购买“偷”来的商品，如果你愿意冒险的话。

文案：我们开发了一种激动人心的新型消费者市场理念，它被称为“偷”。对，就是偷！

如果这听起来很糟糕，那么请看事实。消费者被掠夺了，通货膨胀让我们的购买力在不经意间流失。我们的钱大幅贬值，无辜的普通消费者被强取豪夺、无情践踏了。

所以，可怜的消费者试图回击。首先，他们聚集成群，在华盛顿进行游说，抨击价格上涨，寻求价值。

所以，我们开发了一种围绕价值的新理念。我们的想法是劫富济贫，拯救大家，而且，如果幸运的话，我们还能挣点钱。

一个现代罗宾汉

为了解释这一种理念，让我们以一台典型的闹钟式收音机的零售为例，它在一个大零售商那里卖39.95美元——我们最好不要提及这个零售商的名字，免得被起诉。它花了制造商9.72美元的制造成本。制造商以16美元的价格把它卖给零售商。

亨利叔叔的问题

假定零售商把这台闹钟式收音机卖给了你的叔叔亨利。亨利叔叔把它拿回家，打开，它却不工作。亨利叔叔又蹒跚地走回这家商店，把他的“差劲的、超烂的”闹钟式收音机换成一台能正常工作的新收音机（“差劲的”和“超烂的”是亨利叔叔说的）。

现在，这台次品就跟所有其他没法正常工作的闹钟式收音机一起，退回到了制造商那里。如果这家大零售连锁店卖出4万台闹钟式收音机，其中有5%的次品率的话，那么就会有2 000台“差劲的、超烂的”的闹钟式收音机。

消费者已受到保护

消费者受到了保护，再也看不到这些产品，即使制造商修理好它们，也不能把它们作为新产品再次销售。他得在这种产品上贴一个惹眼的标签，声明它是修理过的，而非新的。用亨利叔叔的方式的话，这个标签会说这种产品是“差劲的”和“超烂的”。要卖一台新的闹钟式收音机都很难，更何况是一台二手货。所以制造商就会寻找某个愿意购买这台次品的人，并以一个超级荒诞的价格卖给他，比如说10美元。但是，无论是什么价格，谁会想去购买一台不工作的闹钟式收音机呢！

“消费英雄”来了

我们接触了制造商，以每台3美元的价格“偷来”这种每台价值39.95美元的收音机。现在想想看。制造商已经花了9.72美元来制造它，不得不又另外花5美元的劳动力来修理和重新包装它，而且还不得不把它标记为二手货。所以他宁愿以3美元的价格脱手卖给我们，用一点小小的损失来摆脱这些次品。

现在，在“消费英雄”的仓库里，有2 000台“差劲的、超烂的”闹钟式收音机。

现在到了精彩的地方，我们买到这些闹钟式收音机，对它们进行测试、检查、修理。然后我们对它们进行耐久实验，把它们清理干净，换掉任何使它们看起来像二手的东西，给它们贴上一个新的标签，转眼之间——一台价值39.95美元的闹钟式收音机诞生了，它只花了我们3美元，再加上大约7美元的修理费。

保证无迹可寻

我们保证我们“偷来”的产品就像全新的一样，不带有任何先前所有者的标志或痕迹。

在把这些闹钟式收音机重新赋予生命的过程中，我们比原始制造商投入了更多的心血。我们让它经过的测试比任何修理服务所能提供的都多，还有更多的调试。在这10美元中，我们投入了大量的零件和劳动力，甚至超过了那些最有质量意识的制造商。因为没有浪费好的原材料，我们还为生态做出了自己的贡献。

现在，最好的部分

我们把这种产品以每台20美元的价格提供给消费者——就是花了我们3美元去“偷”以及7美元去修理的产品。我们赚取10美元的纯利润。但是，可怜的消费者会很高兴我们赚取利润，因为：

1. 我们提供了一种比原先更好的产品。
2. 这种更好的产品价格只是原零售价格的一半。
3. 我们是好人。

不只这样，还有更多

因为我们以自己改装的商品为傲，我们将提供更长的保修期。不只是90天（原来的保修期），我们将提供为期5年的保修。

于是这就是我们的理念了。我们回收利用“超烂”的垃圾，把它们变成有5年保修期的新产品。我们从富有的制造商那里“偷”来它们，把它们提供给可怜的消费者。我们努力工作，赚取一份光荣的利润。

为了让我们的理念发挥效果，我们已经组织了一个私人会员俱乐部，他们由有质量和价格意识的消费者组成，我们会给这些会员送期刊，介绍计划中可用的产品。

产品范围从微波炉到电视机、闹钟式收音机、电子表以及立体音，还有一些家用设备，从烤面包机到电动开罐器。折扣范围一般是零售价格的40%~70%之间。每种产品与原始产品相较而言，都有一个长得多的保修期，以及一个两周内退款的试用期。如果你并不完全满意，无论出于什么理由，都可以在收到商品的两周内把它退回来，我们会迅速退款。

许多产品都有很大的供应量，但是有些产品我们只有少量供应，这个时候我们就会随机选择一小部分会员发货。比如每台39.95美元的电视机（我们有62台）和1美元的收音机（我们有1 257台）。简而言之，我们试图对每个人都公平，不想让任何一位会员失望，也不希望收到一张退回的支票。

加入很容易

想要加入我们小小的会员俱乐部，请在一张纸条上简单地写下你的名字、地址和电话号码，并附上一张5美元的支票或者汇票，然后把它寄往：伊利诺伊州诺思布鲁克，JS&A大厦三层消费英雄俱乐部，邮编60062。

你将会收到一张为期两年的会员资格证、我们提供的定期产品期刊和一些惊喜，这些惊喜我不想在广告中提及。但是，要是你从来没在我们这里购物，而你的两年会员资格期满了该怎样呢？没关系。只要把会员卡寄给我们，我们就全额退回你的5美元，还额外付给你这5美元的利息。

如果消费者曾经有一个机会来进行回击的话，就是现在了。但是，请速速行动。所有这些热门的产品中，一定会有你想要的。加入我们的团队，从今天起开始节省金钱吧。

自从我写了这则“消费英雄”的广告之后，我又为很多不同的公司写了很多不同的广告。我想表明的一个观点仅仅是：一个好的文案撰稿人能写出适应任何市场的文字。对一个委托人来说，他或她的广告能听起来很高档，而对另一个委托人来说，又可以听起来很低廉。仅仅通过理解和应用这些规则，一个人就能应对任何文案挑战——通过理解消费者的话语以及使用合适的文字，就能与消费者产生共鸣。

第 35 章

Nautilus拼写销售广告

想象一下用大量拼写错误的单词和错误的语法来写一篇广告文案，并发布在《华尔街日报》上。这就是我在自己最不同寻常的广告之一中所做的一切。

在这则广告里有25个拼写错误的单词，以及一些非常糟糕的语法错误。

我接受了一个出清存货产品的委托。Nautilus背阔肌伸展训练器在零售店里已经停售了，还剩下一些存货的制造商决定将所有的存货清算给纽约的一家易货交易公司。

在这笔存货销售上只有一个附加条件。制造商不想折价出售这种产品，因为这会让他的零售商很尴尬，他们是以原零售价把这种产品卖给顾客的。“如果它要做广告，必须以原零售价出售。”易货交易公司代理人在电话里这样对我指示道。

这种产品只会花我100美元左右。我可以很容易地以250美元的价格卖出它，获取可观的利润。但是我必须以485美元的价格售出。如果它在零售渠道已经停售，我能以485美元的价格卖出的机会是很小的。

所以我炮制了一个新颖的战略。我以500美元的价格来提供这种产品，这个价格甚至要高于原零售价格。然后我要求这则广告的读者来圈出任何拼错的单词，只要他们每发现一个拼错的单词，我就在零售价格的基础上给他们便宜10美元。我拼错了25个单词，能以250美元的价格来出售这台机器，却不给卖方制造任何问题。除了买家以外没人会知道每台机器的实际售价，因为它全由读者的拼写技巧来决定。

1985年的6月，我发布了下面的这则广告。我用了一种有趣的写作方法来操作它——故意拼错单词以及使用糟糕的语法。

读读这则广告，然后看看在这个Nautilus拼写销售广告中你会怎么做。

标题：Nautilus拼写销售广告

副标题：在这款受欢迎的健身产品的广告中，你发现的每一个拼错的单词都值10美元。

黑体文案：

美国人有两个弱点。第一是拼写，第二就是我们的背阔肌。JS&A公司打算为解决这两个问题做点什么。

作者：约瑟夫·休格曼，JS&A公司总裁

文案：这篇文案里有几个拼错的单词。有些是故意拼错的，有一些是因为我的拼写非常烂。（我的语法也很糟糕。）

你在这则广告中每找到一个拼错的单词，我会给你在这款产品的价格基础上减免10美元。如果你能发现10个拼写错误的单词，你就能得到100美元的价格优惠。如果你能发现25个拼写错误的单词，你就能得到250美元的价格优惠。如果你发现了50个拼写错误

的单词，你就可以无偿得到这款产品啦。为什么如此慷慨呢？

太昂贵了

遍及全国的几百家零售商一直是以485美元的原零售价来卖这款Nautilus背阔肌伸展训练器的。Nautilus公司是为了消费者市场而设计的这款产品。他们的专业医疗款——用于复健目的——3 000美元一台，对于普通的消费者来说太贵了。

所以Nautilus公司又设计了一款家用产品，并且卖出了上千台。然后JS&A公司弄到了几千台，并觉得如果这台设备能以250美元或者更低的价格售出的话，一个全新的市场将会被开发出来。但是，制造商显然会很忧虑，因为这台设备会让那些以原零售价销售的人感到生气。

所以，通过推出这次特殊的销售活动并列出原零售价，无论如何都没有人知道我们售出这台设备的真实价格了（我告诉过你我的语法很烂），我们能使每个人都高兴——尤其是拥有优秀的拼写技巧又想练练背阔肌的你们。规则真的相当简单。

规则

通读这则广告，试着找出几个拼错的单词[①]。圈出每一个你发现的拼错的单词，然后在广告的圆框内写下拼错单词的总数。请不要纠正我的语法错误。然后把拼错的单词数乘以10美元，再在这则广告中500美元的价格基础上减免这个数字。

我们保证会以你挣到的这个价格来发货。但是请小心。如果你圈出了一个没有拼错的单词，我们将保留退回你的订单和拘捕你的权利。所有的订单必须邮寄过来，并用支票或者汇票的方式进行支

① 翻译成中文简体版的这则广告，没有保留拼错的单词。——编者注

付。（我们无法提供信用卡交易，货到付款带来的麻烦多于它们的价值，在这个价格上我们没必要增加任何的额外消费。）

如果你只是想参加这个活动但不想购买任何东西的话，仅需在圆框内写下拼错的单词数并寄出这份广告。如果你猜对了拼错的单词的数目，我们将寄给你一份型录，针对型录上列的所有产品你会得到10美元的优惠（不是所有的产品，只是我们的型录上的产品）。

还有一些免责声明。我们只有几千台这种设备，所以我们保有出清它们的权利。对于那些找到的拼错单词数多于实际数量的订单，我们拥有退回它的权利。每台设备的运费是由收货人支付，到密西西比河东要大约50美元的费用，到加利福尼亚则贵一些。最后，给你一点线索。在这一段里面，有3个拼错的单词。

为背阔肌而设计

Nautilus背阔肌伸展训练器是为加强你的背阔肌而设计的。如果你是一个长时间坐办公桌的行政人员，你的背部肌肉不久就会萎缩，无法继续有效支撑你的脊柱和骨架。我喜欢这款背部机器就在于它可以很便捷地强化你的背部。一天只需花5分钟，一周只需花3天时间——就是你需要进行的全部锻炼。因为锻炼时间很短，不费什么力，你也可以在白天或晚上的任何时间进行锻炼。

这款机器有10个着力点。你可以从力量最小的设定开始，然后随着力量的增强再逐步加强。在比较短的时间内，你就能感觉到不一样了。我不能保证你的背阔肌问题会从此一劳永逸地解决掉，但是Nautilus背阔肌伸展训练器真的会让你不一样。甚至在这个低价的基础上，Nautilus公司还提供30天的锻炼试用期。如果在你的锻炼计划中，这款设备不能起到一个与众不同的作用，那么就请把它退回给JS&A公司，我们也会全额退款。但你要行动迅速。一旦我们卖掉了所有的设备，那就再也没有了。最后一件事。请不要给电话接线员打电话来探询拼错的单词的数目。

Nautilus背阔肌伸展训练器是由钢管制造的，怎么折腾它都没事。所有的接触面都有护垫，并包有黑色的瑙加海德革[①]。你只需要用一把螺丝刀和一把扳手，在几分钟之内就能把它组装好。它的尺寸是87.63cm×129.54cm×137.16cm，重150磅。这款设备附带90天制造商规定的保修期和完整的操作指南。

利用这个独一无二的机会，只要你能算出我们拼错的单词数，就能以最低的价格来拥有一台最好的健身器材。

如欲订购，可以通过列在下面的编号来咨询产品，或者寄一张支票到下面的地址。

Nautilus背阔肌伸展训练器（编号：7068）：500美元/台

更好拼写者的购买价格（编号：7069）：？美元/台

广告的结果让我有两个惊人的收获。第一个就是，错过多个单词的人数极多。我们赚取的利润超过了预期。广告里共有25个拼错的单词，但是大多数人一般只能发现20个左右。

第二个让我惊讶之处就是打电话给我的人数，他们花了数小时一遍又一遍地阅读这则广告来发掘拼错的单词，尽管他们根本就没有购买这款设备的念头。

接着我用这个技巧来卖Franklin拼写计算机。对于拼写计算机来说，这个方法当然是合情合理的，因为它能很好地融入产品中。但是，是Nautilus广告真正首创了这个理念。

这则广告的好处之一就是它激发了读者的参与度。我在几个月之后还收到邮件来问我拼错单词的正确数目。人们花费数小时的时间来阅读

① 瑙加海德革（Naugahyde）一种家具装潢用的织物，表面涂有一层橡胶或乙烯基树脂。——译者注

我的广告。有多少广告能得到这种区别对待呢？

找到大部分或者是所有拼错的单词的人们的确得到了一台低价的产品。通过这则成功的广告，我们卖光了存货。糟糕的拼写，超烂的语法，谁在乎？我们打破了一些规则，提出了一种非同凡响的、迄今仍在发挥作用的市场理念。

一篇笔记

你手中笔的力量

在第三部分中，你掌握了所有新的文案写作知识，并看到了它在实际的邮购广告中是怎样应用的。你也看到了这些规则在非邮购广告中是如何起作用的，你还看到了在另一些广告中什么样的文案元素被遗漏了。

运用我写文案的方法，你现在已经能写出一则精彩的邮购广告了。你已经制造出了“下金蛋的鹅”。你还知道，运用这些新知识，你还有潜力来开展业务，赚取几百万美元——一切都取决于你手中笔的力量。

但是你还需要练习。你练习得越多，技巧就会越娴熟，就会越接近那种精彩得令人兴奋的感觉——创作出产生巨大公众反响的广告的感觉。祝你好运，在你寻求成功的路上送上我美好的祝福。

第 4 部分

运用你的文案写作技巧

概述

假定到目前为止你已经理解和掌握了我给出的所有材料。你知道怎样去写伟大的文案，建立那种滑梯。你理解了心理诱因，以及它们能如何有效地用来推销你的产品或服务。最后，你还明白了一个强有力的满意度保证的作用。

一旦你掌握了写一篇直销广告文案的规则，你就已经准备好运用这些规则来增强你的交流技巧了。无论是在广播电台的广告节目中，还是在网页上，所有的规则都可以运用。还有一个附加说明：有些规则比其他一些更重要，这取决于广告形式或媒介。让我来解释一下。

在邮购广告中，你的文案很重要，但在电视上最有用的技巧又是什么呢？在广播电台或网络广告里，什么样的心理诱因又最有用呢？比如说，在网上，目标客户拥有更多的参与度。他们必须行动起来，比如点击一个按钮或链接。所以，交互性是一个重要的理念。

本书的剩余部分集中于介绍各种媒介与平面广告的不同之处，以及如何为每种广告形式来写文案。

我还介绍了大量的营销信息，以期在文案写作过程中来帮助指导你。如果你不知道在一个特定的媒体上推销一种特别的产品或服务的最好方式，你怎么能够为它写文案呢？所以，我进一步深入解释了它们的不同和特别之处，希望你在考察所有的媒体的可能性和潜力时能够留意到。

第 36 章

为不同的媒体写文案

型录

这是一种文案和图片都扮演了重要角色的广告形式。型录的封面应该展示最好的图片——整个型录中最富有戏剧性的一幕，或者是在型录里能找到的最好的代表性产品。

我过去常常在型录封面放一种产品，它不同寻常、新颖、耀眼，看上去很激动人心。就算没有大卖点也没有关系。最重要的一点是，它能使目标客户的目光驻留，而不是把型录扔在一边。封面就像一则平面广告中的标题。它唯一的目的就是让你进入型录，开始打量其他产品，或者把它放在一边稍后阅读。总之要避免它被立马丢进垃圾堆里。

一份好的型录应该有总裁致辞，就放在型录的前面，并附上他（或她）的照片。这是很重要的。一份型录就像一家商店。如果这家商店没有店主，它就会看上去太冷、太大、太机构化。

型录前面的私人信息就像是沃尔玛公司的合伙人站在沃尔玛商场的入口处，问候着进来的每一位顾客。它使这家商店更加人性化，使你接触到的店主看上去很友善，即使东西并不是那么令你满意。在与这家公司打交道的时候，你会感觉很安全，因为你知道型录的后面是一个人，而且这个人是真实可接触的。你的文案应该表达出这个意思。对你的目标客户来说，它读起来应该像一份私人信件；你应该表达出你的真挚和承诺，来满足他们的需求。在整个目录中，我把这封信排在最重要的文案部分。

制作一份型录，是一件以一种令人愉悦的、容易阅读的版式来安排图片和文案的事情。让图片与文案完美融合，这与创作一则平面广告很相似。你应该有一个简短但有吸引力的标题，一个进一步解释你所提供的产品的副标题，然后是文案，它涉及产品的每个方面和对目标客户的所有益处。

涵盖你所销售的产品的所有突出特征，这是极其重要的。忽略任何一个小小的事实，哪怕只是一个看上去微不足道的事实，比如说产品的重量，都会减少你的销售量。一个型录说明应该包括你需要的所有信息，才能让你的目标客户下决心购买。忽略小地方，你就要冒降低市场反响的风险。遗漏的事实会给购买者一个推迟决定的借口，而且它会引起一个问题，顾客会质疑这种产品是否符合其需求。没人想买了东西然后又不得不退回去。所以，型录说明的详尽周到会让目标客户的想法大为改观。他们会觉得很有信心，他们会喜欢，并保留他们所购买的东西。当然，他们也总是指导自己可以因为任何理由而退回产品。

接下来的事情是去考虑你通过图片和型录的外观所创造出来的氛围。如果你把型录寄给高雅的购买者，就要确保文案和型录的外观是迎合高层次消费的。如果你是在一个出清存货的型录中卖产品，就不要让你的型录看上去太光鲜。你的顾客并不期望看到一本昂贵的型录中销售一堆真正廉价的产品。指导原则是：在你所售产品的价格基础上来设定环境。

在一则邮购广告中，你应该突出一种单独的产品或服务，而在销售信息中忽略掉那款产品的其他品种。但是在一本型录里，你就有机会提供在邮购平面广告中主卖产品的各个品种。实际上，那也正是你的顾客所期望的。

在本书之前的部分提供过与此有关的一个好例子（第19章中的“简单”）。我提供了瑞士军用手表的一个款式，而不是好几个款式。在邮购广告中此款的销售最好，而在我们的型录中，其他手表款式的销售效果更好。

最后，对于产品型录来说，个性化的销售信息是非常有效的工具。我已应用了多年，并且取得了巨大的成功。要让每一个产品说明听上去就像是与目标客户进行的一场私人会谈。

说“我”或者“我的”，并且感觉就像是一个友好的朋友正在与目标客户聊天那样来交谈。你们的谈话可能听起来就像是：“我正沿街散步，此时，我对自己的型录有了一个简单的想法。”如此的修辞与故事讲述相结合，以及个性化的广告方式，就是我所强烈推荐的。

在做型录时，要把它当作一家商店来考虑。用型录卖东西，就像是在一家商店卖东西，通过你的文案和第一人称的使用，来为你所卖的产品展示你的热情。

如果某样东西很重要，就给它更多的空间。确保每一页上都有你的免费电话号码。通常一位目标客户会撕下型录的一页而扔掉其他部分，后来才发现自己弄丢了免费电话号码。而且，即使你的目标客户保留了整份型录，每一页都有你的电话号码也会让他们更方便订购。

使用一个容易记住的免费电话号码。用一些语言来装扮这个号码。当我拨打联邦快递公司的电话发快递时，我仅需记住1-800-GOFEDEX。而且，如果你真的用语言来表述一个电话号码时，也请将号码本身包含在内，这样目标客户拨打起来会更容易。

在订购单上，免费电话号码应该又大又醒目。大多数人会选择电话订购或上网订购。因此，为什么不在订购单上把免费电话号码以及网址显示得大而清晰呢？

还有，要确保你的订购表很容易填写，提供充裕的表格空间让人罗列所有的必要信息。如果大多数人都是通过免费电话订购，或者是上网订购，那为什么还要有一个型录订购单呢？答案就是，许多的型录购买者在他们实际打电话和订购之前，都先是在订购表上罗列他们的购买物。它加快了订购程序，对于顾客来说，它是一张便签。

最后，确保每个在电话中接到订单的接线员都有一份文字稿，在顾客下了一份订单之后推销其他的东西。这当然会增加交易量，提高型录利润。

传单：插入页、回执、阔幅说明书

以上所有这些广告形式都有的特点是——它们是售后广告。一旦你售出产品，你就应该将这些东西放在你要寄出的包裹中，提供一些你的新顾客可能会感兴趣的东西给他们。

这份东西可能包括你所售卖的其他一些东西，甚至也可能是一份为新顾客特别设计的型录，或者就是这份订购单原本订购的那份型录。附送这些充满诱惑的传单通常不会花更多的邮费。而且，既然它是送给顾客的，就更有机会被读到，会比仅仅只是送给一位潜在的目标客户而发挥更大的作用。

插入页和回执是放在寄给顾客的包裹里的传单。阔幅说明书是折起来正好能放入一个10号商业信封中的传单。

在这些游说的单页中，页面设计应该用与你的型录页类似的形式，以保持一种一致性。使用一个抓人眼球的标题，在合适的地方使用点睛之句，不要忘了提供非常重要的订购信息——一张带有你的地址、免费电话、网址的订货单。

直邮

在出版物中更有效的销售方式之一就是通过直邮。它是一种一对一瞄准特定目标客户的方式，这种顾客已经显示出了某种购买倾向。而且，它还是一种有效瞄准所有具有这些倾向的顾客的一种方式。但是，在这种交流形式中，有一些重要的文案写作注意事项。

正如我在本书中不断提及过的，个性化的销售方式战无不胜。销售真的是一种买者和卖者之间的私人关系。它是一种信任关系。而且，为了强化这种信任，你应该让你的目标客户清楚地知道他们正在跟谁打交道。你的目标客户会捕捉到你所写的一切，引起共鸣，尤其当你的交流听起来很私人化的时候。

直邮文案是你可以写的最私人化的文案类型。它是一封直接写给另外一个人的信。令你的邮件针对在那些具有目标客户特性的人群上，具有这些特性的人就是你写作信息的对象。围绕这些特性而选出一份邮件名单，你成功的机会就将大大增加。

最重要的是，要意识到保持信息的私人化。使用第一人称很重要。当要指代你的同伴时，使用单词“我”，避免“我们”这个称谓。事实上，当提到你的公司时，把你的员工当作一个团队来谈论就要好很多。例如，比较下面这两句话，“我的杰出的工程师团队，竭诚为您提供帮助”和“我们Acme汽车公司用技术与知识为您提供帮助”。还有，当你的信是由寄件人设计的时候，它会变得甚至更加私人化。

在一个直邮包裹中，这封信是整个邮件中最重要的部分。里面必须包括推销术语以及为了让你的邮件的接收者能去读整封信而设计的滑梯，所有的心理诱因在之前的部分都已经描述了。你有空间和时间去作一次很好的销售展示。

信的长度不等。如果你将自己的信息写在一页上面，你的邮件就显得不那么咄咄逼人。如果你已经写了吸引力十足的首页能让他们继续读下去的话，更多页也是可以的。当然，主题得是让读者感兴趣的。然后你就开始文案撰稿人的工作了。如果你觉得写10页对于销售你的产品或服务很重要的话，那就写10页吧，但是信得写得很吸引人，能让读者一口气读到尾，就像乘坐滑梯一样。

为了从视觉上描述你的产品或者服务，可以随信附上任何材料。但是，更重要的信息是在信里面。一本小册子不会像一封优秀的信一样有效地售出你的产品。小册子或者是花花绿绿的传单对销售来说可能是关键的，但是其重要性与信本身无法相提并论。

你当然可以在你的信里提到小册子，但是不要相信那本花哨的小册子能完成销售工作。它没那么管用，不管它看上去是多么可爱多么漂亮。

不要忘记信末的附言。在一封信中，信末的附言通常是这页里人们最会去读的一行。所以，在附言里也要提供一些东西，来促使读者巩固其购买决定，或者是重申一个要点。

在信中要附礼特。当我为我的雪地车做广告的时候，我有一小群目标客户——大概500个。对于我来说，这是可行的——在每封邮件里都包括一些特别的东西。我送了一个大纽扣写着“不会猛拉”，强调我的雪地车滑行自然。我还送了一本可以展开的小册子，以及一封友好的信。我的目标客户期盼每一封邮件，仅仅只是为了发现我在下一封邮件里会说什么，会包含什么。

邮件名单对于直邮的成功来说也是一个决定性的因素。对于一种类似的产品，你的既有客户将会是最好最忠诚的目标客户，如果他们最近有购物的话——越近越好。如果你购买名单，就要确保名单上的目标客户跟你的既有客户是广泛一致的，并且他们最近刚通过直邮买过东西，所购买产品的价格区间也与你的供货基本无二。

但是，假定你有一封很棒的信，随信还有一个俏皮的小惊喜以及一份一流的邮购名单。那么，还漏了什么呢？是不是信封上也要有一点精彩的东西呢？在邮购广告里，你的信封就像是标题。它将会吸引这些目标客户有足够的兴趣去读副标题，而副标题通常是在信封里面的，所以你通常得让他们打开信封来读副标题。当然，你也可以把副标题放在信封上。你甚至可以尝试着使用一些吸引人的陈述，如果你觉得这些言辞会促使顾客来打开信封的话。如果收件人对你的产品感兴趣的话，他们马上就知道是要打开信封，还是把它丢进垃圾桶。

正如人们倾向于删除垃圾电子邮件一样，如果他们不认识发送者，甚至不会打开这份邮件——你的邮件接收人甚至不会打开信封，就扔掉你的邮件。但是，有几种方法能让他们打开信封。

如果你不把名字或者标题放在信封上（只有回寄地址），大部分接收者都会出于好奇心而打开它。毕竟，它可能会是一张信用卡（许多信用卡都是通过这种方式寄送的）。如果信封上有你的公司名字和地址，而且收到的人又认出它是以前光顾过的公司，他们也很有可能打开信封。

一封看上去私人化的计算机打印地址的信封，也能强烈诱使人打开信封。

给你一个好建议，就是从那些发到你的信箱中的邮件学习。你会打开哪些，你会迅速地扔掉哪些呢？通常，你就是你的目标客户的典型代表。

如果你这样试验——寄出同样邮件的不同版本，那么就很容易确定什么东西管用了。测试是关键的因素，它能影响你在直销市场上所做的任何事情的成功与否。而且，作为一个文案撰稿人，通过观察什么起作用，什么不起作用，你能学到很多东西。

报纸

报纸是我能引用一大堆经验讨论的一个主题。我不仅在很多日报和周报上做过广告，而且我还实际发行过一份周报——《毛伊岛周报》。在我2005年将其卖给岛上的日报之前，它在夏威夷的毛伊岛发行了6年。

如果你在一份报纸上做的广告是邮购广告，就要自己支付广告费，并且支付它第一次出现时的刊登成本。

如果你用广告来推广一家零售店，那么投放频率就成了关键点。一则广告若在一份报纸上只做一次，纯粹就是浪费时间和金钱。通常人们不会立马就有反馈。第一次看到与后来经常看到你的广告，这之间会有滞后的时间，在这个过程中，信任度提升了。或者可能仅仅是首次广告出现的时间不凑巧，因为社会上有别的事件发生。

比如你正在为一家餐馆做广告。该广告每周都在周报的美食版中出现，一共出现了13个星期。第一周出现该广告的时候，看上去几乎没有什么反馈。第二周该广告出现的时候，光临的人就多了。尽管缓慢，但是无疑，餐馆的顾客人数越来越多了。

还记得我在迈阿密大学上学的时候，一家餐馆老板看我是学生，便询问我是否知道怎么才能鼓动其他学生来光顾他的Old Hickory烤肉店。我告诉他我觉得自己知道怎样的媒体渠道能够到达那些学生。我知道学生会对什么有反应，而且我觉得在大学日报《飓风报》上做个广告就会取得成功。但是，作为一名有抱负的文案撰稿人，我也知道为郊外的烤肉店所写的文案必须引人注目且与众不同，这样才能让学生们产生反响，而不是仅仅认为它只是一则广告。

所以，我发布了一则广告，在广告中谈到一种特别的烤肉，然后告诉学生们它在做特价。想得到特价的人必须带着“Brinks装甲车的顶盖”去餐馆。广告发布之初，我很紧张，尴尬得根本不敢去这家餐馆见老板，担心自己也许写得太过夸张。但令人惊讶的是，当我最后磨磨蹭蹭地来到餐馆时，看到那儿绕着街道排起了长龙——都是学生，带着标有“Brinks装甲车顶盖”字样的密度板、罐头盒、垃圾罐，还有其他几种类似的东西。广告获得了空前的成功。

我用的是一种他们喜爱的方式与之沟通。他们的反响热烈。这也是我少数几次为零售店做广告却没有依靠投放频率优势的情况之一。

报纸上的邮购广告是用来迎合大众市场的。假定你在一份日报上做广告，这份报纸覆盖了一个很大的城市区域，你就得考虑，就低价的产品而言，大市场可能意味着足够庞大的人群数。但是如果你有更高档的产品，《华尔街日报》就会是更好的广告场所。在《华尔街日报》上刊登广告，你就是在更高端的人群中寻找你需要销售的产品或者服务的目标客户。

在鼎盛时期，我的邮购公司JS&A公司，大量地借助《华尔街日报》销售高价机械产品。实际上，我们一度是《华尔街日报》最大的广告客户之一。我喜欢《华尔街日报》，因为我能够让我的广告迅速地植入报纸中——通常在几天之内——然后在几天之后得到我的市场反馈。我们的产品迅速上市、达到顶峰，然后变得过时，市场周期很短。快速地推出新产品是很重要的，因为电子消费品行业内的价格总是急速滑落。

如果你购买了正确的广告位，你就能借助日报赚到一份丰厚的利润。而且，有这样一类媒体代理公司，能以很低的价格提供报纸的广告位，所以确实能够实现一份丰厚的利润。

在本书第一部分中所描述的适用于邮购广告的原则，当然也同样适用于此。你的目标就是，在你第一次发布邮购广告时，就赚到利润。

如果你担心广告位的成本，并且文案短小，无须很大的广告空间，那么一则小幅广告可能是你节约现金的一种好方法。一则提供低价产品的广告——在此，低价是巨大的吸引力——很适用于这种情况。但是要记住，你是在和其他小幅广告竞争，而不是要用一个叙述详尽、篇幅巨大的广告来控制整页。

美国的日报正在流失发行量。社区周报正在增加发行量。为什么呢？因为公众能够通过电视或者互联网随时获取国内外新闻。而社区报，比如《毛伊岛周报》，包含了当地社区的有趣话题——这些新闻是你在电视和互联网上看不到的。

1999年，我首次购入《毛伊岛周报》的时候，所做的事情之一就是进行改版，然后周复一周地保持着同样的版式。每个话题都是有趣、连贯的。我也运用了许多我已在本书的前三部分中所阐释的原则，来加强我与社区的融洽性。我发现一致性是最重要的原则。一小段时间后，社区的人们接受了这份刊物，而且期望每周都收到它。因此，我们的发行量和广告量增加了。一致性所带来的强大的连锁反应同样也适用于我们的广告客户。保持规律的时间表、同样的版式，只是更换内容，这对我们的广告客户也是成功的。

一份报纸很大的优势在于快速的反馈时间——迅速地让你的广告植入报纸的能力，以及在你的广告出现之后你能接收到的反馈的速度。一份日报的每个话题的生命力通常只有几天时间，所以，在这个时间段里，你的目标客户一般会迅速反馈。而对于一份周报而言，一个话题的生命力通常有10天左右。

如果你是在为这样的企业运作零售广告，如餐馆、汽车销售业、家具店、服装经销店和房产销售，那么，投放频率也是一个应考虑的重要因素。

在报纸上发布广告的另外一个优势就是，可用于做广告的报纸数量很庞大。如果你的广告起作用了，它能在全国流传，在相当短的时间内影响到几百万人。

如果你有一种适用于普通大众的产品或者服务，而且质优价廉的话，报纸是一个很好的选择。对于价格较高的产品来说，则要精选更高端的报纸，如《华尔街日报》或者许多其他的商业性刊物。

户外广告牌

一个户外广告牌用寥寥数语来表达其信息，所以那些语言必须是非常强有力或能够创造瞬间间觉意识的，否则广告牌就没有用。通过你的研究，你必须写出一个独立的标题，最多再有一个很短的副标题，伴随着一幅图画，表达你试图突出的这个精彩创意。

在这里，简洁是关键性的因素。你的信息必须简单而直接，能够让坐在时速75公里的汽车里的人也能辨认出这条信息，并迅速抓住它的意思。

一个广告牌能创造出好奇心与争议。例如，20世纪60年代晚期，Folgers咖啡的悬疑式广告是这样陈述的："一座山正移至芝加哥"，当时Folgers公司正将它的咖啡引入到芝加哥区域。这座山实际上是咖啡器皿上的图案，在正式公告之前，都没有人知道广告牌的实际含义。

当你为户外广告写文案时，你要记住的是，需在几秒钟之内，用一种很短小、简洁而有效的方式来捕获你的目标客户的想象力。

一直以来，广告牌都能成功制造噱头——正如Folgers的例子一样，或者是建立品牌认知。即使是用在知名品牌上，建立品牌意识也是理想的。它们可以被用于推动公路建设或者卖啤酒。但是，无论任务是什么，关键就是短小和简单。

新闻稿

新闻稿是一种向各种媒体散播信息的方式。在媒体上，信息被免费发布，而且有时候能提供巨大的价值。

但不要高兴得太早。这是一种冒险，收到你信息的那个人可能在复述时歪曲这条信息。它是一把双刃剑。但是一般而言，免费发布还是一件正面的事情，可以有效利用，无论是作为推广产品的唯一方式，还是作为整个营销活动中的一部分。

首先，我们要确定自己把合适的标题放在了文章的顶端，这样，接收到该信息的人就知道它的目的是公关。我的建议是顶部使用"新闻稿"（news release）——"发布稿"（press release）这样的字眼太陈腐了。

然后我会把日期和"第一手消息"这样的字眼放在新闻稿右侧的顶端。写稍晚一点的发布日期也可以，但是不多见。

接下来，我会想出一个标题和副标题，给该新闻稿所在刊物的读者。

然后，把新闻稿来源城市放在里面，跟一个新闻故事在报纸上的写法相似：就像"（芝加哥，伊利诺伊州）一个重大新发现……"

新闻稿应该写得像一个新闻故事，在开头要具备尽可能多的细节。在几个段落里，所有的要点都应该被囊括，编辑或者任何读者都能迅速掌握你所说的要旨。你要在新闻稿一开头，就给出新闻六要素：时间、地点、人物、起因、经过、结果。

记住，你正在请编辑把你送去的东西当作新闻来看，而不是一篇抬高你的公司或产品的吹嘘之作。编辑想确定这篇东西与出版物的受众群是息息相关的。

在新闻稿中，你可以引用专家说的关于你的产品或服务的话，这些话你自己在新闻稿中是不能说的。“约翰·杰克逊，Bone Fone公司的总裁说：‘在声音的历史上，从来没有出现过这么一个新奇的产品。’”与之前提到的来源于某人的引用类似，使用这种策略涵盖来自公司主席的担保或称赞，或者其他提高文章新闻性的评论。

在一篇新闻稿中扮演重要角色的心理连锁反应是“建立关联系”和“时尚潮流”。如果正有一种时尚在全国风靡，看看你是否能利落地把它和你的产品或服务联系起来。例如，在20世纪60年代妇女解放运动的顶峰时期，我在滑雪胜地的客户问我，能否帮忙通过新闻稿来推销他的雪地车租赁业务。看来似乎没人意识到，在这个滑雪胜地能租用雪地车。

在那时最狂热的时尚趋势就是妇女解放运动，我试图把它和我委托人的愿望联系起来，我想出了一个标题：“滑雪胜地禁止女性雪地车驾驶员。”然后用副标题更详细地解释了这条禁令：“位于密歇根州北部的舒斯山滑雪胜地宣称，女雪地车司机导致了太多的事故，所以业主禁止女性驾驶。”

接下来的新闻稿很短。它没必要太长。我引用了滑雪胜地的业主丹·伊恩诺蒂所说的话：“世上最糟糕的事莫过于一个女人坐在雪地车的方向盘后面。”

伊恩诺蒂的思想开放，他认为这个想法足够聪明，可能会一石激起千层浪，所以同意了这篇新闻稿。它在当地媒体发布之后，果然一片哗然。这条消息成了国家电视台的新闻节目以及许多报纸的头版，还变成了脱口秀节目中被讨论最多的主题。我的确已经扣上了一个强烈的趋势，并帮助我的委托人发布了他的信息。

雪地车租赁立即成了度假胜地的热门，因为我们一周后发布了另一篇新闻稿，这篇新闻稿的标题为“滑雪胜地解除了禁令”，副标题是“迫于压力，舒斯山滑雪胜地解除了女雪地车司机的禁令”。随后我们又在文章中解释，由于许多女性抱怨禁令，业主改变了心意。“我们成立了一所学校，来教授正确的雪地车驾使习惯。”伊恩诺蒂在新闻稿中说道。

我的一位朋友有一种产品，只通过新闻稿来售卖。它是一种装置，他把它装在厕所里，猫就可以用它来使用厕所。我没开玩笑，而且这种产品很有用。但是他不能在任何杂志上给它做广告，因为公众不喜欢这种类型产品的广告。然后他诉求于新闻稿，比起试图通过广告达到的效果而言，新闻稿更轻松地得到了国内公众的注意。

这并不意味着一种公关原则上的资源，更多的是将一些能够应用到新闻稿上的原则传递给一种刊物或者电视网。作为一个文案撰稿人，你要认识到你的角色是以新闻编辑的身份去看你的文案，写出一篇符合他们心目中的好新闻故事模板的新闻稿。

广播电台

广播电台鼓励听众的想象力，来接受一条强烈的、私人化的信息。而且，广播电台是可协商的，通常不贵，这使之成为广告客户的一种好选择。

为了使广播电台的广告起作用，你需要重视投放频率。你可以找到一个好时段，但是，除非它经常重复，否则它就不会有效。

就像电视一样，你能购买许多不同的广播电台广告。一则广播电台插播广告通常的时限是从10~60秒，也有长版的广播电台商业广告，它指的是“经纪人定期时间（Brokered Time）”。这是广告商购买的时间档（经常是半个小时到一个小时），利用这个时间档做一个类似脱口秀的节目，来推销他自己的业务。它可能是房地产节目，或者投资类节目，甚至是一档健康类节目。

洛杉矶广告大师，广播电台文案撰稿人丹·欧德说，在典型的电台插播广告中，只把一个信息传达给听众是极其重要的，这就是他所谓的“核心信息”。

“在所有的大众媒体中，广播电台是最个性化的。你以一种线性的方式听取信息，一句接着一句。”欧德说道。

欧德指出，从感官上来说，电台也是一种很具可视性的媒介，听众必须去想象正在被描述的东西。比如说，如果一个孩子被描述为漂亮，听众就会想象出一个他们认为是漂亮的孩子的形象。如果这是在电视上，这个孩子可以看得到，信用可能就不打折扣。而被电台听众私下想象的这个孩子可能比在电视上实际看到的更加漂亮。

如果你正在创作一则直销类的电台插播广告，最重要的因素之一就是免费电话的号码。是否很容易记住？大多数电台听众正在驾驶汽车，其他人则可能正好没有笔和便笺纸。一些广告商使用单词来代替数字，使之更容易记忆。例如，1-800-FLOWERS或者1-800-CARPETS，或者甚至是1-800-BLUBLOCKER。这些都成为伟大的广播电台电话号码。

在BLUBLOCKER号码这个案例中，在BLUBLOCKER中有一些额外的字母（实际是7位号码，而不是9位），但是没问题，因为对于电话公司来说，如果你在拨打这个号码之后还多按了几个键的话，是没关系的。除此之外，它还很好记。但是你得小心，让人们正确地拼写你的号码的语音版本。例如，许多人会错误地录入1-800-BLUEBLOCKER，他们会正确地拼写“Blue”，尽管它不是这个牌子的正确拼写。所以我们要使正确的号码和不正确的号码都能指引到同样的电话线路上。我们必须提前考虑到有时它会被拼错，并因此做好准备。

对于一则直销类的插播广告，要记住的第二件事情是，对人们的收听和留意而言，插播广告的开头是具有决定性意义的。所以你可从以一个好奇的诱因来作为开头，比如："我有一些重要的新闻，提供给那些关注禽流感的人们。"电台是一个音乐和新闻的媒介。因此，你越使自己的信息听起来像新闻，你的信息就会与这个媒介越协调。

从20世纪70~90年代，迪克·奥克金都因为他的幽默广告而知名。它们多是一个故事，而且不是以有趣为目的，更多的是为了让这个故事能够抓住你，给这则信息平添一种人性化的腔调。在20世纪60年代和70年代早期，广播电台名人斯坦·弗雷伯格也制作了一些有趣的插播广告。但是，无论是来自于奥克金还是弗雷伯格的插播广告，都大声而清晰地表达了其唯一的核心信息。

以6号汽车旅馆的商业广告为例。"我们将为你们留好灯光"是这些插播广告结尾的标志性语言。但是，据欧德说，核心信息"并不是这句很容易回想的广告语，而是6号汽车旅馆有最低的房费——实际上是任何国内连锁店中的最低房费"。而且，它也有一则很个性化的由汤姆·伯德特来朗诵的信息。广播电台变成了6号汽车旅馆的主要广告媒介。

在我的整个广告生涯中，我很有效地利用了广播电台。最近，我利用广播电台来宣传我的BluBlocker太阳镜品牌。因为BluBlocker是一个既有的太阳镜品牌，我只是通过广播电台来提醒你能在哪里买到BluBlocker太阳镜。它是一个在好天气下要戴的产品，所以我赞助了天气与交通报道。播音员总是能俘虏一大批观众来听这些信息，所以我就拥有了完美的氛围。播音员会以此开头："天气与交通报道由BluBlocker高解析度太阳镜赞助播出。在当地的Walgreens药店可以购买到BluBlocker太阳镜。"仅仅几秒钟的时间内，我就能传达出自己的核心信息——"在Walgreens药店可以购买到BluBlocker太阳镜。"而且，通过每日的重复播报，这些广告对我们来说作用非凡。

作为一个文案撰稿人，要认识到广播电台是所有的媒体中最个性化的媒介，广播电台广告有一个核心信息——简单明了，易于理解。

电视台

为电视台写文案的原则与你已在本书学到的许多原则相同，但是文案会随着商业广告的长度而有所不同。现在看起来挺显而易见的，不过我还是要进一步解释一下。

在我们将要讨论的各种电视广告形式中，我有很多个人经验，有成功的，也有失败的。我在专题广告片、家庭购物频道和电视插播广告中已经卖了几百万副太阳镜和其他产品。我已经试验了一则商业电视广告的所有元素，知道什么有用什么没用。你在此读到的一切，对于如何为电视台写文案，应该会起到一个优秀的指导方针的作用，因为它是由某个拥有大量个人电视广告体验的人告诉你的。

我将提及的一些事实更多的是与营销相关的，而不是文案。但是作为一个文案撰稿人，如果为一则电视插播广告写一篇不起作用的文案，就是浪费时间，因为它违背了一些重要的营销原则。所以，在某种意义上来说，文案撰稿人了解一些这个强势媒体营销方面的知识是相当重要的。

让我们从电视台商业插播广告（或称之为短版电视广告）开始吧，它能插播在任何节目中，从30秒到2分钟的长度。要为这种类型的广告炮制成功的文案，需要复习一下你所要知道的文案与销售的6个要点。

1. 决定你的产品是否适合这种广告形式的最有效的典型方法是价格水准。如果你的产品是促销产品（界定在29.95美元以内或更低的零售价格，这可能就会是一种适合销售你的产品的广告形式。

2. 接下来的准则就应该是价值。它必须看上去几乎好得不怎么真实。贪婪在此会发挥作用。你的顾客必须感觉到它划算极了，简直不可置信。他们必须下意识地想："他们怎么敢这么做呢？"

3. 简单也极其重要。让产品简单且不复杂是关键。任何使商业广告变得复杂的东西都会流失销售量。唯一的例外是，在接近插播广告结尾的时候，你开始附加额外的条款来增加价值。例如，"如果你在20分钟之内打进电话，我还会额外送你一台免费的搅拌机。就是以19.95美元的价格得到两台搅拌机哦。"不要让目标客户去作选择。应该只提供一种选择——"现在购买这种产品，得到所有这一切。"不要提供不同的颜色和尺寸。仅此一种选择，没得挑。只有当你的目标客户拨打电话时，你才会给他们"增售"其他产品，或者提供同样产品的各种款式或多重选择。

4. 利用紧迫感。你需要确保当目标客户把你的电话号码抄写下来的时候，不是抱着稍后再购买你的产品的念头，因为那样他们多半不会购买。正如前面所说的，利用贪婪来作为一个诱发因素，利用时限来让他们不再犹豫。

5. 包括一个网页地址。许多电视观众会同时抄下免费电话和网址，然后来到电脑旁。人们的购买方式是多种多样的。一些人喜欢通过电话购买，一些人喜欢邮购，还有一些人喜欢网购。你得诱惑他们所有人。一些目标客户在电话订购产品时，听到另一个地区的人用难懂的口音说话，就可能会感到厌烦。他们可能会挂掉电话，然后上网去购买这些产品。在我身上就发生过这种情况。而且，随着我们大量的业务拓展到其他国家，网页可能会是一个理所当然的购买之处。

6. 你的产品必须适用于大众市场：所有女性，所有男性，超过40岁的男性和女性，或者普通大众中的大部分。毕竟，电视受众是一个大市场，除非你的产品适用于这个大市场，否则你会浪费许多钱，才能到达你的目标市场。比如，我为我的BluBlocker太阳镜做了很多广告，而且运作得非常好。为什么？因为他们适用于大众，男性、女性，几乎所有的年龄群。太阳镜就是一种大众市场产品。

如果你的产品符合如前所述的这些标准，那么你就很有可能在这种媒介上取得成功了。现在你要做的是决定怎么来写一则引人注目的广告，让观众留步，并提供一种真正有益于消费者的东西。

重复一遍，文案写作的规则同样适用于电视广告。但是在电视插播广告中，你不得不逐字去计算你的字数，当在正确的环境中展示你的产品及其优势的时候，使它们迅速地直抵要点。

你通过视觉来创造环境。如果你正在卖一件厨具，用厨房作为背景。如果你正在卖一种汽车凹痕去除剂，展示一个房主正在家里去除自己的中档轿车的凹痕。记住，你正在影响大众，使用相关的小道具，对那个市场来说是很平常的。

集中于你想去传达的核心信息。每个字和每个可视元素都必须引导观众得出最后的购买结论。如果你提供赠品，要确信你额外奉送的东西同样是受众想要的东西。你不能送一件观众可能并不在意的免费礼物。这会阻止他们购买他们原本打算购买的东西，因为他们觉得正在为自己不想要的东西埋单。

我最近看到了一则电视广告，出售一种很小的桌子，你在看电视的同时需要工作或者吃饭的话，可以使用这种小桌子。附赠礼物是一个布艺电视遥控器袋，你可以把它悬挂在你椅子的扶手上。尽管从逻辑上来说，这个布艺的电视遥控器袋是合情合理的，因为这个桌子将主要是在看电视的时候使用，但这是一个糟糕的主意。首先，你的椅子可能没有扶手来放它。其次，许多观众可能无论如何都不在意这件免费礼物，反而会因此拒绝主推产品，因为他们会觉得为自己不想要的东西支付了更多的钱。

提供所有这些东西的关键是，你得去试验有免费礼物和没有礼物，或者提供其他礼物，分别有什么效果。在试验过程中，你会发现什么是真正有用的，通常，它会与你的期望背道而驰。

专题广告片

专题广告片（半小时商业广告），在广告业中通常指的是长版广告，它在20世纪80年代中期才变成了一种广告现象。因为那时候美国联邦通讯委员会（FCC）解除了许多政策限制，并且允许了30分钟的连续广告播放。

首先，房产节目在电台中出现了。然后BluBlocker太阳镜于1986年做了他们的第一次节目，在那之后很短的时间内出现了运动、自助和快速致富等节目。专题广告片在很短的时间内变得极其流行。一夜之间一些公司变得家喻户晓。一些营销人员变成了暴发户，在仅仅几个月之内就积累了小笔财富，而另一些人则失去了数百万美元，迅速破产。

这种媒介的关键就在于确定一个好的形式来做节目。它应该类似于当前的流行时尚以及当前的热播内容。例如，以真实故事为题材的电视节目正流行，那么也许你的产品就将借它来做一个真人秀。如果是访谈节目，如拉里 · 金访谈正流行，那么就策划一个访谈形式。如果你的产品适用于奥普拉 · 温弗瑞的节目观众，那么就设计使用与奥普拉的节目相似的布置。简而言之，你就是要认同一个适合你的产品的流行形式，而且你的预期观众会对此感到很舒适，与之很和谐。

这种方式的一个好例子就是我们的BluBlocker太阳镜专题片，在6年间制作了4种不同的版本，并通过这些专题片为太阳镜创造了一个品牌，更别提有多少销量了。我使用了在一种在20世纪70~90年代很流行的偷拍方式。我走向陌生人，在大街上或在海滩上采访他们，然后让他们试戴一下我的太阳镜，然后抓拍他们困惑或者惊讶的表情。

对于专题广告片来说，成功的关键就是产品要好——在39~250美元的价格范围之内，有足够的赚头的产品，或者是一个持续性较好，有延伸性销售（Bankend Sales）潜力的产品——总之，就是一个你能每个月自动配送给你的顾客的产品，就像维生素一样，或者是一种在最初销售之后销售量依然居高不下的产品。在半小时内，你有更多的时间来卖产品，因此你能向观众证明购买的合理性，这比在电视插播广告中要容易做得多。

今天，专题广告片产业已经显露出了不可靠性，只有更有经验、更稳定的公司保留下来了。在这个领域要取得成功也有了更多的困难，除非你真的知道你正在做什么。那也包括，知道一种有着持续性和延伸性销售量的产品的重要性。

延伸性销售

当你制作了一则成功的电视插播广告或者专题广告片时，你的顾客打电话来订购产品，对于你来说，一个可利用的主要销售机会就是你的顾客打电话的时候。这种销售被称为延伸性销售，或者按这个行业普遍的叫法是“增售”。通常，你可以达成一笔简单的49.95美元的交易，但如果你提供一些好产品来巩固最初的交易，或是向你的目标客户提供他们可能想要的一种售后服务——比如在一些创收机会的节目中提供职业技能培训——就能把它变成一笔200美元的交易。

例如，当我在2006年年初订购Rou Popeil公司在一档专题广告片中提供的刀具的时候，接线员有一个脚本，用于尝试卖给我更多的相关产品。对于一个文案撰稿人来说，这又是一次提供销售文案的机会，来提高最初供应的那件产品的销量。这个文案可能是这样的：“如果你在节目的20分钟之内订购，就有资格购买我们特别的豪华刀具支架。在这种漂亮的木质刀架上，对于你已经订购的每一把刀具，都有雕刻好的名字……”

你能提供任何东西，从一件产品的豪华版或以折扣价提供第二件产品，到与你产品相关的一整套设备，或是得到限量版产品的机会——如果购买者签订自动发货合约的话（这被称之为“持续性”）。

作为一个文案撰稿人，你可能会被要求为增售写文案。毕竟，它是销售的一种形式，而且你也应该准备好为这种销售机会写文案。我的建议是，去打电话，订购一些电视上的产品，看看接线员是如何处理他们的增售的。随着当前的增售方式，增售内容通常会很不一样。例如，今天许多增售是试图鼓励持续性销售（每月定期发货），而其他时候增售的可能是职业技能培训或者是某种产品的豪华版。如果你想变成这方面的专家，那么把握住市场的脉搏是一种极好的方法。一旦你对于产品、目标客户甚至是别人当前提供的增售方式都了如指掌的话，你将能够用你学到的同样的原则形成一种不同的方式，这些都将需要用试验来决定什么是最有用的。

售后机会

如果你认为增售就是销售过程中的最后机会的话，那么你再想想吧。现在你有一份巨大的邮件名单，这些人都从你的电视广告中购买过你的产品，一些人消费额一般，另一些人则花了数百美元。

你怎么发信给这些人来卖出更多的产品呢？你得使用文案行业的什么招数来怂恿他们从你这里持续购买呢？

这是一条线索。如果你有一份集合了电视购物顾客的名单，那么就对他们使用电话销售。如果他们是从一本型录或者是从一则平面广告中购买的，那么就使用印刷品或直邮的方式来销售。

如果使用型录或者直邮来试图引诱某人购物的话，你可能会浪费你的时间和金钱，这时电话就是一个触动他们的好方法。并且，一个好的文案撰稿人将创作出一条好的电话销售信息来吸引这些有赚头的受众。

再强调一遍，使用本手册中已讲过的原则是一个开始。在建立对话的目的基础上来开始这场谈话：“琼斯夫人，你今天好吗？”“很好。”她说道。然后你回应一下你打电话的原因，你要提供的东西，带着你问的每一个问题都得到"是"或者积极答案的希望。比如,"我了解到你已经购买了Ron Popeil牌的刀具——对不对?"

你的顾客再次给出了一个积极的回应。可能回答说"对,我买了"。现在你已经建立了融洽的关系,你需要以"肯定"的回答作为开始来创建这种和谐,当你问及销售方面的问题时,引领自己得到一个积极的回答是必要的。

"好,琼斯夫人,Ron Popeil公司还有一种特殊商品,所以我才致电给你,这是一件与你的刀具非常相配的东西。"此处你再利用一点点的好奇心。Pen Popei公司要提供的东西是什么呢?"你能抽出一分钟时间来聊聊吗?"在此你会得到又一个"好"。然后你进行商品推销,并问:"你想要多少套呢?"

家庭购物

我有许多在QVC上销售的经验,这是一个在欧洲和美国都有的家庭购物网站。这里不需要文案撰稿人做很多事情,除了要创作一些推销行话,让节目主持人用来做产品简介外。再说一次,描述产品、简要提及它所有的优点和特征,这是文案撰稿人的工作。你可以推介不同的增售,为接线员创作文案,但是通常,如果QVC觉得合适的话,要由他们来为增售写脚本,并使用它。

在美国和遍及世界的家庭购物网通常都是现场直播,无须脚本,但若只为表明一个文案撰稿人的工作能够涉及电视的所有方面——不论广告形式——这就很值得一提。

QVC一年的销售量超过了60亿美元。他们的节目覆盖了数百万家庭,已经成功地把质量、价值和便捷传递给了消费者。而且,他们热爱那些已经在平面广告和电视广告中得到证明的产品。所以,如果你因为某种在这里提过的其他广告形式中的产品而取得了成功,一旦你证明你有一种讨人欢心的产品，QVC就会给你大量的机会。

曾经，在QVC的一个"今日特价"的专题节目中，25万副BluBlocker太阳镜被售出。迄今为止，这都是难以置信的力量——全都在一天内售出。

互联网

对于文案撰稿人和销售人员来说，互联网拥有令人难以置信的优势，它导致了销售和营销上的一场大革命。而且它还在继续成长，未来一片美好。这主要有4个原因。

首先，你可能是一家几乎没什么资本的小公司，但是在互联网上它看上去甚至像是最大的公司。简而言之，你的环境就是你的视觉传达。互联网使竞争领域变得公平，而且图片决定了你的想象。你的种族、宗教和年龄都没什么关系。在卡梅隆·约翰逊年满18岁之前，他就在网上赚到了几百万美元。15岁时他通过售卖豆豆娃赚到了50 000美元，并持续每天赚15 000美元，这只是他众多网站之一的收入所得。现在，以21岁的年纪，他成为历史上最成功的互联网销售者之一——而且，请注意，他起步的时候只是个青少年。

第二，现在测试的花销更少，还更快捷。你很容易测试一种营销理念和你的文案——甚至测试只更换几个字的结果——来确定市场反应的不同，而且这一切基本没什么花费。在测试的技术与科学中，这是一项重大突破。

第三，你提出一个想法，并迅速地以低成本来执行它，这几乎使销售和营销上的任何一种别的形式都相形见绌。如果你热爱文案写作和市场营销，这是你的黄金时代。

最后，通过互联网有好多方式可以进行销售：群发邮件、使用其他媒体来把注意力转到你的网页上、来自其他网页的链接、联属网络营销等等。

随着网络视频的出现，一种新的媒介已经形成——电视的所有特质与网络的所有优势结合起来，孕育一种强大的媒介，这种媒介仍在膨胀和扩展中。随着网上宽带和视频的发展，很可能会形成一种极其有效的发展商务的方式。

一个文案撰稿人应该如何应付一个文案写作任务，为互联网写文案呢？我们应该如何为互联网而写作呢？在这种独一无二又令人兴奋的形式中，你应该如何抓住目标客户呢？它比你想象的更复杂难懂，然而一旦你理解了这种形式背后的思维和市场原则，你就真的能建立一个帝国。

首先你得让人们来阅读你的文案。要么从你已经做过的一些宣传中，要么从你已发布的广告中，要么从其他网页的链接中或者是你的群发邮件中，知晓你的网页。问题是人们把不请自来的邮件都当作是垃圾邮件而不想去看。

通常会起作用的是多种因素的组合，它们允许你建立自己的可选名单，并给名单上面的顾客发送他们并不感兴趣但却期望频繁收到的信息。

一些公司已发现，寄送一份型录给一位目标客户，并且使他从中购买，就能创造一批数量可观的备选买家，他们很容易变成未来的网络买家。当互联网销售发展起来的时候，型录销售量正在下滑，但是这并不意味着型录已死或者濒临死亡。它仍然活得好好的，并且切实需要打破垃圾邮件给网络带来的坏名声。

型录使买家得以成为一个合格的潜在网络买家。电视插播广告或者广播电台广告也是如此。你从其他一些广告形式中挑选出来的消费者名单，能变成热门目标客户的主要来源以及互联网销售的未来顾客名单。

在网上你可以使用一些不同的形式来应用你的文案写作技巧。通过群发邮件、网站主页、电子型录、博客、电子杂志、销售长信，以及使用视频、链接、搜索引擎优化等各种组合来吸引这些目标客户。

你可以看看有多少不同的形式和组合，以及每一种有怎样的不同。所以，让我们采用最重要的形式，并看看如何来应用你早先在本书中学到的各种规则。但是，我要警告你，我将描述的许多东西更具市场导向，而不是文案写作导向。但是，要成为一个伟大的文案撰稿人，你必须竭尽所能地学会与你所从事的媒介相关的每件事情。而且，如果你十分肯定地知道某些东西没用，你将会节省自己或者顾客的很多时间与金钱。所以，在如何使用互联网为你而工作上，准备好一些实用的市场技巧和洞察力吧。

电子邮件传播

就像直邮一样，网上的电子邮件是最私人的交流形式。实际上，通过使用很多文字处理程序，你可能采用接收者的名字，让每封邮件都私人化。你不仅能用一个姓或者名来开始邮件内容，还能加上个人化的信息或者段落，让每次传播都更加个性化。而且，你可以用自己的签名来签署每封邮件。但要小心过犹不及。你的信应该读起来就像是一份私人信件，而不是像你刚刚发现了一项新的个性化的技术并玩得很过火。

在此，与你的目标客户有一个私人交流的原则是很重要的。越私人越好，保持简短。如果你的电子邮件太长了，它就显得咄咄逼人，你将会失去读者。记住，普通的商务人士一天都不得不过滤几百条信息。让你的信息保持简短，你应该采用的方法是——提供一个型录或者一条稍长点的销售信息的链接。

不像其他的私人交流形式，在工作日人们会收到大量的电子邮件，垃圾邮件的盛行意味着接收者疲于去打开和阅读邮件。怂恿他们的第一步是让他们来阅读邮件主题行。我知道在一个等待我去阅读的长长的邮件列表中，我做的第一件事就是浏览邮件主题行。如果我发现一个让我感兴趣的邮件，或者我认识发送邮件的人或公司，我就会先打开它。在这个过程中，我也会删除那些我没时间去看的，或者我知道是垃圾邮件的邮件。

一封邮件的主题行应该是简短的，要么让目标客户清楚地知道是谁发送了这封邮件，要么就包含一个你的目标客户可能感兴趣的主题。我希望你的业务不是股票市场、房地产或者卖“伟哥”的药房。看上去大多数的垃圾邮件都是来自于这类型的公司，普通的接收者都已经用垃圾邮件过滤器删除了许多这种邮件。

你的邮件主题行就像一份直邮广告的信封。把信封看成一则邮购平面广告的标题。在电子邮件中，主题行必须拿得出手，首先它要安全通过垃圾邮件过滤器，然后要吸引接收者的注意力，他们经常把它当作更垃圾的东西给删掉。

假定你的标题很棒，它不会被垃圾邮件过滤器过滤掉，它删除了诸如此类的字眼——“免费”或者“伟哥”或者“低利率”或者——唔，你明白我的意思——看起来似乎是一则销售信息可能在标题中会用到的所有的这类字眼。那么，这篇文案该怎么阅读呢？

嘿，我已经说过文案应该简短。也许主题行可能把目标客户引到其他地方，信息长得多的地方。

乔·维塔尔，多产的畅销书作家，他最近的一本书是《每分钟都有一位顾客诞生》，书中说文案应该就是他所谓的“关系建立者”。总之，与其试图去卖任何东西，不如与你的目标客户建立起对话，形成某种程度的信任。

让你的目标客户每次都打开你发送给他们的电子邮件，因为你正在与他们分享他们喜闻乐见的有价值的实用信息。你的言语应该使目标客户养成打开你的电子邮件的习惯。通过分享这种广受欢迎的信息，他们对你的产品产生了热情，你就很容易进一步鼓动这种热情，并卖掉它们。

当你这样做的时候，如果你的目标客户毫无反应，他们就会感到愧疚。再加上你培养出的绝妙的融洽关系，他们感到自己可以信任你。你拥有了诚信。

维塔尔称之为“因果市场”。通过付出自我和知识来帮助人们，并做得足够好，你就将最终收获回报。“真的有因有果。”维塔尔说道。

来自菲尼克斯的顶级壁龛销售专家乔·波利斯也赞同此论。他说：“在你的电子邮件中，你需要培养和提供价值。只有在你已经交流和提供了价值，甚至是与目标客户亲近了之后，你才能开始去给他们提供你的产品或服务。”

波利斯说有3个要素来获得好的备选电子邮件地址——推动、吸引、吊人胃口。你从你的媒体广告或任何线下活动中吸引他们，然后你用某个让他们感兴趣的免费东西吊他们胃口，最后推出销售信息。只在最后一步赚钱。

波利斯觉得有两种类型的销售方式：交易和关系营销。在销售过程中，一旦你与顾客搞好了关系，跟那种只处于交易的情形相比，你要取得成功就会一下子容易很多。而且，许多销售人员还没有意识到这一点。

互联网长信

就像过去35年的长文案广告有着大量高端产品和服务价值的表达方法一样，互联网也有同样多的方式——长信或者电子杂志（销售杂志的互联网版本）。

我曾在网上看到过一封长达32页的信。我还看到过推荐信，不仅是全彩的，有真人和真名，而且还有视频和声音。推荐信栩栩如生，你仅需点击一下位于图片下方的控制条，就可以播放它们。

所有这些技术给予了互联网销售者们从未有过的工具，以及10年之前无法想象的目标客户的参与度。

作为一个文案撰稿人，你使用了与平面广告同样的规则，但是你增加了一些花哨的东西来增强你的信息。一般来说，文案越长，交易越贵。但是，无论你用了多少篇幅，它都应该即有趣又引人注目，你的目标客户会觉得就像坐在一座滑梯上，无法停止阅读。

现在，这里要讲一下平面广告和互联网广告之间的差异所在。在一则平面广告中，目标客户知道去瞥一眼广告的结尾部分，大致确认这件商品和所有订购信息。而在一个长的互联网广告上并非如此。广告由始至终，你都需要有“立即购买”的按钮遍布屏幕，甚至在广告一开始就该如此。

在一则平面广告中，段落标题是很有帮助的，它能使文案看上去不那么咄咄逼人。这非常有意义。在一封长的互联网信件中，段落标题也能很好地服务于这个目的。但是，如果你给这些段落标题做链接，使之直接能链到你的订购页，你就能事半功倍——看上去不那么咄咄逼人，还可以直接链接到你的订购页。

我总是建议平面广告中要有推荐信，而且要确保推荐信是真实的。当你能包含推荐信撰写者的真实姓名和地址的时候，推荐信就会变得更加真实可信。

互联网因为融合了声音与视频，其采用的推荐信要高一个等级。你点击“播放”按钮，推荐人就会声情并茂地讲述他或她的热情洋溢的评论。简而言之，你正在驾驭电视之所长，使推荐信令人难忘。而且你可以在一封信里这样做好几次。你可以把它们放在开头或者结尾，让它们集中在中间，或者让它们遍布整封信。

长信不必局限只用声音和视频做推荐信。通常，一个小小的示范可能会很有意义。进行销售展示的人可以在一个视频片段里进行演示。但是请注意，要确保这个人有良好的措辞能力，讲话自然，不要仿佛正在读一个讲稿。而且，这人得中看。无论你是不是喜欢这样，就是有一些人会通过外貌来判断这位推荐者，你可能会在一些目标客户那里引起一种怀疑的情绪，从而失去把他们变成顾客的机会，仅仅是因为他们不喜欢推荐者英俊的脸庞或者漂亮的身形。试试带视频或不带视频，试试音频等方法，看看你是否正在引起不良情绪反应。

你的照片应该放入长信中。强调一遍，就像推荐信一样，照片会引起信任和信心。目标客户感到在产品或者服务的背后有一个真实的人，他们才会打算与之交易。

长文案要提供实用信息并具有教育意义。只要你把有趣的信息提供给正渴望得到该信息的某人，那么信的长度就无关紧要了。只要遵循着本书第一部分所阐释的基本文案写作规则，再融合许多新的视频技术（如果有意义的话），你就一定能捕捉到目标客户的注意力、尊敬和信任。在这个过程中你将售出大量的产品。

互联网专题广告

互联网将成为发布专题广告的理想之地，这是有可靠理由的。毕竟，你已经在电脑上知道音频和视频的潜能——在收费电视和有线电视上你看到了同样的元素。

而且，如果某人对你的产品或者服务感兴趣，若能看到和听到尽可能多的关于它的信息，他们将会很感激。

通常一则电视专题广告的长度是28.5分钟。但是当你使用网络时，你的专题广告可以是你想要的任意长度。你可以在电视上投放一个专题片，然后在网络上无删节地播放它，或者你也可以把它编辑成15分钟，变成一个更短的版本。当你为网上准备一则专题广告的时候，也有一些需要记住的规则。

第一条规则就是要考虑价格：一般来说，产品越贵，专题广告片越长。

第二条规则涉及订购过程。既然你正在上网，你就能使下订单变得很简单。当你要把号召变成行动的时候，仅需按一下你屏幕上的“现在订购”按钮即可。（它可以在开始的5分钟内或者是在节目的后期。）你的目标客户将按这个“现在订购”按钮进行订购。

第三个需要铭记的原则是要处理好注意力跨度。与电视观众相比，典型的互联网观众的注意力跨度要短得多，而且他离开你的网页的可能性比电视观众换台的可能性更大。电视观众习惯了半小时的节目段，所以一旦他们正在观看一个节目，他们可能不太想去换台。如果他们这么做了，他们会在一些其他节目的中间结束。而在网上并非如此。互联网观众在他们的电脑上能去任何地方——从收发邮件到发现其他一些让他们感兴趣的东西。所以你需要保持你的节目很有趣，节奏快，并且在大多数情况下比电视广告专题片更短。

最后，不要忘了你的专题广告片的增售潜力。一旦他们已经决定购买并下了订单，你可以用音频和视频进行一些增售。你也应该列出免费电话。许多人会觉得在网上订购不太舒服，想跟一个真人说话。

你的专题广告不必很贵。你可以用一台高质量的家用摄像机来拍摄你的节目。而且，它可以是一种简单的形式，就像你正在被某人采访一样。

在不远的未来，你将会在网上看到越来越多的专题广告片。实际上，我预测这将是互联网上发展最快的部分之一，所以，当你查看自己的媒介组合时，考虑一下它。

图书的推广

市场上最主要的变化之一已经在图书出版业发生了。按照惯例，一位作者若想让他的书进入畅销榜，在进行大量的评论以及在广告上花费大量的钱之外，还必须进行一场大型公关之旅和图书签售。由于互联网的缘故，所有这一切已改变，现在，聪明的作者会走一条完全不同的路线。

这是一个文案撰稿人应该知道的，写优秀的文案来创造促销，炒出一本头号畅销书。而且，这是好的一面：如果你是一位作者，你不需要那些在互联网出现之前你不得不去使用的老方法。下面是成功的作者们正在做的一切。

在一本书发行前的一个星期，作者要创建一个网站，在这个网站上他发布这本书，并提供给他的目标读者。他鼓励目标读者在这本书的发行日购买，于是所有的反馈马上来了。每个在发行日这天购买这本书的目标读者，都收到了免费的好东西，这些东西有时候价值好几千美元。这些免费的好东西通常来自于作者和作者的朋友。

作者的这些朋友也卖书，也有网站，并很高兴把他们的好东西提供给作者，因为这样做的话能使他们扩充自己的目标读者。随后这些朋友也会向他们的目标读者宣传作者的书。对于购书者来说每位朋友的免费礼物都要有吸引力。为了得到免费礼物，需要提供电子邮件地址和接收者的名字。这就建立了朋友的目标读者的电子邮件名单，对于双方来说都是双赢。要是有一打想要扩充他们目标读者的朋友，你就能看到这对书的成功、对朋友们增加他们目标读者的能力带来的疯狂效果。

这些免费礼物通常包括顾客能通过互联网下载到的一些报道或一本电子书的部分内容，或者一些类似的东西。

在乔·维塔尔出版他最新的作品《生活的失踪指南》时，如果他的目标读者在发行日通过亚马逊网站（Amazon.com）和巴勒斯·诺贝尔网站（Barnes&Ndde.com）订购，将得到大量的礼物作为交易的一部分。超过35 000册书马上一售而空，这本书连续4天在亚马逊排行榜排在第一名。

很多维塔尔的朋友参与了这次发行，为他的促销提供他们自己的免费礼物，并且自愿提供他们的目标读者来传播这个消息。几百万目标读者被联络到了，他们的反馈将这本书送到了亚马逊的畅销榜。大家的齐心协力使得一个交易链就成就了10 000本的销售量。

“这些礼物很容易找到，”维塔尔说道，“你不用提供任何旧物，只需提供目标读者本来就想要买的物品。我一般提供给他们质量好的物品。”

最近，宗教领袖韦恩·戴尔，百万畅销书《你的误区》的作者，对他的新畅销书《灵感》做了一次大型促销。尽管他是畅销书作者，他还是使用了这里描述的互联网销售方法。也就是说，甚至是已被公认的、享有很高声誉的作者也在使用这种方法。你正拿着的这本书也是通过这种方式来推出的。如果你正在着手你的第一本书，使用这种方法会使你就有机会变成一位成功的作者。在现在的图书出版行业，竞争环境的公平水准远远超过之前任何时候。

个人博客

它最初是让人们有机会来表达自己的一种方式，告诉这个世界他们在做什么，并且分享从图片到感情的每件事情。这是给爱好写作的人提供的一个绝好机会。

网络日志或博客都是当前世界的一种主流趋势，各个层次的人们都参与其中——从博士到大学生，从家庭主妇到作家。创建一个博客很容易，看着它成长是一件有趣的事情。而且，如果你是一个文案撰稿人的话，博客也是自我推销的一种方式，当然这也是一种与世界分享你的个性和观点的方式。

因此，如果你是文案撰稿人，但又还没有创建博客的话，那就创建一个吧。每天用文字来表达自己。你会惊奇地发现自己的写作水平有了怎样的进步，以及有多少人对你的想法感兴趣。

当搜索引擎进行内容搜索时，它们对博客相当注意，经常把它们置顶在搜索结果的清单中。乔·维塔尔提供了一个技巧：如果你想让博客被搜索引擎高频率地搜索到，可以在博客中写入流行事件、当前趋势和名人名字以获得最好的排名。维塔尔写下了这个标题，“我从林赛·罗韩的减肥中所学到的”，由于与名人有关，就很容易就被搜索引擎搜出来了。

再者，博客对提高你的写作技巧来说是很好的方式。你可以评论、娱乐，甚至对你所做过的事情稍微吹嘘一下。在博客上它是不错的游戏，大胆尝试吧。

病毒营销

别担心，这不是一种新的疾病，你也不需要任何疫苗。这里是介绍它是如何运作的。假设你有个品牌产品，你也想宣传这个品牌，或者你有个网站想吸引更多的点击率，你可以按照我和一位朋友斯坦·奥利弗为推动BluBlocker这个品牌的方法去做。

奥利弗用一个网站来推广他的“CyberSpacers”卡通人物。BluBlocker有个专门的网站来推广太阳镜。奥利弗所做的就是找到一款东欧国家开发的刺激的视频游戏，并获得使用这款游戏软件的许可证。在一位漫画家的帮助下，他把这款游戏变成了一款融合太阳镜、视频游戏情节和他的卡通人物的游戏。

之后他与我曾访问过的位于伦敦的一家小广告代理机构合作。这是一家专门在网上用游戏和搞笑动画来进行宣传的机构。在他们传播过这个游戏之后，再对游戏进行监测和排名，以确定在一段时间内这个游戏在哪个国家被玩过多少次。

当时还有几款类似的游戏或视频短片，每一款都根据点击率进行排名。在我们的游戏启动一周内，它就成了热门游戏，排名第一（宣传2005年电影《金刚》的游戏排第二）。我们游戏的点击量超过了150万，这些点击量来自于全世界的许多国家。每个大洲和几乎所有主要的国家都有人在玩这个游戏。对BluBlocker网页的点击也随之增加，这个品牌在新一代的目标客户中变得很知名，而且其销售量也令人满意。

这款游戏的病毒特性很容易理解。当有人玩并且喜欢上了它时，就会介绍给朋友，朋友又会下载下来玩并推荐给他们所有的朋友。如果你要算的话，你会发现没用多长时间这个游戏就风靡全球了。这就是这个游戏所能做到的。当你在读这篇文章的时候，它很有可能还在这个地球上流传。

有了这个游戏，我们又把文案放到网站上，利用曝光度，促使那些第一次访问网页的人去光顾我们的商店。作为一个文案撰稿人，我需要把访问量转化成销售量。我写的文案要让我们的访问者参与进来，逐步增加对我们的太阳镜系列的了解。

如果你有一位客户，想探索病毒传播的机会，现在你知道如何去做了，也知道需要做什么来利用这种新机会了。

网上商店

人们喜欢网上购物，因为很方便，通常也很快，这就使你节约了给接线员打电话订购的时间。

为了成功运营你的网上商店，你必须学习一些基本原则。首先，让我们先做几个假设。理想状态下，目标客户通过购买一份型录，知道了这家与他们的需求有关的店，或者是通过搜索引擎找到一家正在销售他们需要的东西的网店。他们已经同意了将会选择产品下订单。

很好。对于将要发生的交易来说，这些人现在是绝佳的目标客户了。之后，你的网上公司会给邮件列表中的人发一封电子邮件，接收者打开后就可以看到这家公司所提供的东西。

在这里，购买过程必须非常简单，只需要几秒钟就可以领会。我们假设有位女士想在网上买件皮夹克，她在一家网店里发现了自己正寻找的款式。

包裹要迅速送达。这很重要。在零售店购买的主要优势就是：当你买下产品时，就可以拿回家，不用等待。零售商店提供的就是即时满意。但当你在网上买东西时，产品需要运送，就产生了滞后时间。为了用自己的优势打败零售商，网店在情况允许下需要当天发货，产品才能快速到达。配送迅速能大大减少零售相对邮购所占有的优势。

让我们回到卖皮夹克的商铺。当顾客收到时，她非常喜欢，并且看到发票上清楚地写明如果她不喜欢的话该怎样退货。迄今为止，一切都很好。这家皮制商铺建立了信用，让这位顾客成了一位忠实的客户。以后她不会介意收到他们公司发来的电子邮件。

之后这家公司的邮件如期而至，主题是“皮制产品降价20%”。正如我前面所提到的，一打开这封邮件就可以看见含有图片背景的简单信息，这就足以引起她的好奇心去点击邮件中的图片，并链接到商铺。这个点击就把她带入了网站，在那里她可以买任何想买的东西。

这家店有一个产品种类列表，包括了所有的皮质产品，从衣服到装饰品，从摩托车夹克到时尚上衣。然后你会点击自己想看的种类，在这个种类下面有很多不同产品的缩略图显示。你会点击感兴趣的产品图片，图片马上就会放大，你可以看到一个更清晰的产品图像和一些关于产品的文字描述。

在这个地方，我发现了很多公司的失败之处。他们没有足够细致地描述产品，无法让客户在购买时感觉更为舒适。我觉得如果他们这样做了，不满意的退货率就会下降。不过，作为一个读过本书的文案撰稿人，你对这一点了然于心，将会提供产品更多的详细描述。仅仅提到颜色、尺寸和质地是不够的，你需要提供更多细节，也许可以说说皮革的类别、生产地址、缝制方法、其中使它优于同类产品的特征等等。尽可能包含更多的产品信息。人们不会介意阅读他们想买的东西的相关信息。

保证订购的快速与简便是你需要为自己的商铺做的事情之一。如果完善一个交易需要更多的点击，那么完成这个交易的可能性就会降低。多次点击会让目标客户改变主意。当亚马逊网站发给我一封附有书单的邮件时，我只需点击几下就可以订购。我不介意花几分钟去订购这本书，因为去零售书店买书会花我大量的时间。

确保你的点击次数最少、发货迅速、产品描述全面，这样你就会在网店上取得巨大的成功。

互联网的未来

在20世纪80年代早期，我在美国航空公司的航空杂志上预测过，电视、家用电脑和电话会整合成一种单一实体，它将提供娱乐，实现沟通，变成一种强大的搜索工具。我们已经达到了那种程度，甚至远在其上。现在，我们可以在电脑上看电视，可以从世界上很远的地方购物，在我们需要的时候，用我们的指尖调出搜索工具就可以找到任何东西。我们的确是生活在一个不可思议的时代。

更让人惊奇的是，网络提供了我们每人阅读本手册的平等机会。从有抱负的企业家到有经验的销售者，网络提供了一种更新更有效的方式来销售产品和服务。我们不过是处于这种革命的开始阶段，将来还会有更多的东西出现。

拥有用写作来交流的能力，你就掌握了一把开启快速兴起的技术的钥匙——一种可以丰富你和他人生活的技术。

最后一点想法

你所读到的材料都源于我从1977~2000年开办的独家研讨班。在这段时间内，我教过很多学生，他们继续前行，为自己创建了伟大的公司，积累财富。我为他们所有人感到骄傲。

同时，你也应该为自己感到骄傲，因为你读了这本书。你必须大量阅读，不断学习。我希望你利用这本书，创作出一些信息丰富、使人愉悦又印象深刻的广告，用这种积极的富有成效的方式为自己的国家与社会做出贡献。

未来还有很多商机，这就是互联网和所有与之相关的机会。这是直销与新技术的结合。甚至就在你阅读这本书的时候，它们也正在不断地发展着。祝贺你为成功所付出的努力。

我并不是最聪明的人。如果更聪明一点的话，我就不会犯自己曾经犯过的许多错误了。我会读更多关于直销方面的书，并学得更多，那就会阻止那些错误的产生了。我会进行更多的测试。在拿我的时间和金钱冒险之前，我本应该思考得更仔细一些。

我从来不曾从大学里毕业，考试成绩也不是很好。实际上，我英语考试曾经不及格过。我从没有上过一节广告课，尽管那可能是我曾有过的最好的教育机会。在许多必修学科上，我也没通过正式教育来培养自己的技能。

我也不比其他人更有天赋。这世上有太多伟大的作家、营销人员和企业家了。如果你花更多的时间工作，如果你拿你的时间和资金冒更多的险，最终，你会学习到很多。我就是这样做的，所以我学到了很多。

那么，我所拥有的到底是什么呢？我敢说，有两个特点就足以概括我自己了。首先是一种可以把复杂问题简单化的技巧，简而言之就是我的沟通技巧。由于拥有它，我才能成为一名好老师，可以把事情运转的基本道理传授给自己的学生。我可以同他们分享自己的丰富阅历，并指出从中得到的真实教训。通常来说，一名老师并不是一个好的实践者，一个实践者也不一定能成为一名好老师，我宁愿相信我两者兼备。

我的第二个特点就是坚持。我从不轻易放弃。如果我放弃，绝对有很好的理由。对我来说，失败与成功并不重要，重要的是我参与了，而且我努力了。

在你的生活中有一个时期，你会远离职场，并享受那些通过奋斗获得的知识，检查伤疤，反思教训和当初频繁走过的错路。现在的我正处于这种时期，而这本书就是我反省的成果。

克劳德·霍普金斯是广告业的早期开拓者之一。当解释到为什么他要在20年代写《我的广告生涯》这本书时，他说道：“任何曾过度使用生命的人都应该给后继者一份声明，因为他们学到了比其他人更多的东西。”

如果硬要说出写这本书的另一个动力，那就是把自己的东西给予他人的强烈欲望。我在研讨班上通过给予和分享，比之前或之后的任何时期都学到了更多。当我很快开始听取建议时，除了从参与者们身上获得见解外，我还必须组织语言，清晰地表达自己的观点，恰当地向他们展示，这些都使我成了一个更好的文案撰稿人和推销员。

研讨班上的很多成员非常积极。你必须积极，因为你花了3 000美元参加这个研讨班。而且，通过亲自了解他们中200多人的成功、失败以及他们习得的教训，我自己的知识和经验也丰富了许多。你能从别人的错误与失败中学习。因为我分享我的错误和失败，所以他们也分享他们的错误和失败。

正如第1章所提及的，宝丽来照相公司的创始人埃德温·兰德曾经说过："一个错误对将来是有好处的，它的全部价值也只会在将来才能得到实现。"凭借这种精神，我的许多错误都变成了学习工具，我同自己的学生分享它们，并以此激励他们。

我曾经帮助很多企业家创建杰出的事业，而且还在继续为他们的产业和社团做贡献。这是我最大的快乐。如果在这本书中我也可以取得同样的业绩，那么我就留下了一笔比自己的生命存活时间更长的遗产。

打破思维定式（续）

正如你从上图中看到的，如果没有任何思维定式，第9章中谜题的答案就会迎刃而解。我们常常会假设出一些并不真正存在的限制。只要突破这些条条框框，你就能够想出非常有效的答案，无论是在写文案的时候，还是在处理日常问题的时候，都是如此。

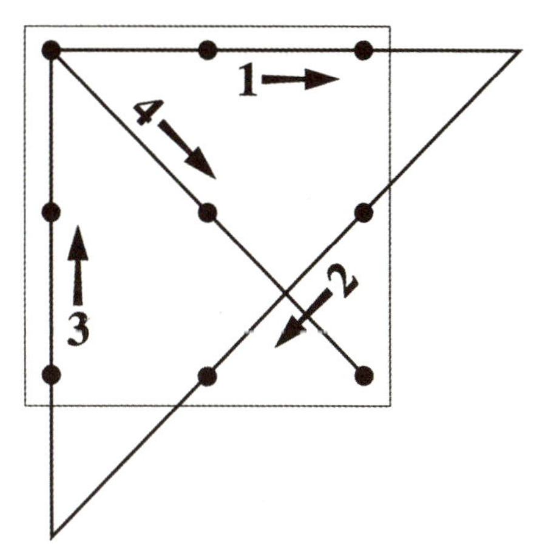

思维定式的范例

以下是历史上一些思维定式的例子。当有人告诉你某件事情不可能做到时，在你气馁之前，想想以下7个曾经发生过的例子吧。

1. “为石油钻井？你的意思是在地上打孔找石油？你太疯狂了。”这是1859年当石油开采投机者埃德温·德雷克试图为一次石油开采行动招募工人时，一位打孔工人说的话。

2. “飞机是有趣的玩具，但没有军用价值。”（费迪南·福煦，高等军事学院的军事战略教授，后来成为第一次世界大战联军的指挥官。）

3. “股票价格已经到了一个看上去永久不变的高度。”（欧文·费雪，耶鲁大学经济学教授，1929年。）

4. “我认为世界市场大概只需要5台电脑。”（托马斯·沃森，IBM公司高级总裁，1943。）

5. “因此我们去了雅达利公司并且对她们说：‘嘿，我们想做一件疯狂的事情，这件事情跟你们也有点关系，你们认为投资我们怎么样？或者我们投资你们。我们只是想做这件事罢了。付我们薪水吧，我们将为你们工作。’然后他们说：‘不行。’然后我们又去了惠普公司，他们说：‘嘿，我们不需要你们。你们还没大学毕业呢。’”这段话源于史蒂夫·乔布斯，苹果公司的创始人。20世纪70年代中期，他曾去雅达利公司和惠普公司，试图劝说他们对他和史蒂夫·沃兹尼亚克的个人电脑产生兴趣。

6. “开饼干店是个糟糕的想法，另外，市场调研报告说美国人喜欢脆饼干，而不是像你做的那样软软的有嚼劲的饼干。”这是20世纪70年代中期，对于黛比·菲尔兹想开菲尔兹太太饼干的一个答复。

7. “对任何人来说，640k内存部应该足够用了。”（比尔·盖茨，微软公司的创始人，1981年。）

种下“好奇的种子”（续）

你已经迫不及待了，是吗？在阅读第10章的下一行文字之前，你必须先翻到书的最后。好吧，你只是深深地爱上了这个悬念：

你的信息必须始终具有吸引力，才能激发读者去做通常不会做的事情。

我知道也许你会认为这是一种卑鄙的行为，而且这个故事也从未发生过。这两种想法都错了。这是真实发生过的事情，也不是什么卑鄙的行为。但是，要人们伸进口袋掏自己的血汗钱去购买你的产品，并不是一种符合自然规律的行为。这是一个文案作家为卖出产品必须做的最困难的事情之一。它需要大量的动力，来源于有说服力的信息。这些信息能说服人们完全投入到你的文案中，顺“滑梯”而下，最终打电话或写信去订购产品，甚至如果不订购他们就会感到自责。

我想这并不公平，现在我已经证明了我的观点，却还在吊你的胃口。毕竟，你是如此沉迷于我的文字，甚至跳过本书剩下的章节（通常你不会这么做），来寻找在我办公室里那戏剧性的时刻——金杰对我说过的话。

“乔，我只想要你帮我。我想要你做我的顾问，指导我穿过这片直销的丛林。我不知道自己做什么才能使你帮我，但是我知道大多数男人喜欢什么。在我的一生中都是男人勾引我，我从来没有公开勾引过一个男人。乔，我要说的，就是——”

“等等。”我接下了她的话茬儿。我一边抬起一只手示意她别再说下去，一边笨拙地考虑着自己的措辞。“你找错人了，别让你自己更难堪了。对于那些我认为你接下来会说的话，我是不会接受的。我不能为你工作。我实在很忙，没办法再处理本职以外的事情了。但是你可以参加我的研讨班。我可以免费让你加入，条件是等你赚到自己的第一桶金时再付款。”

金杰离开了我的办公室，她也许有点儿难堪。我再也没听过她的消息。我怀疑她是想以自己的身体做诱饵来怂恿我给她写文案。她当时是否真的打算这样做？我想我永远也不得而知了。

那天晚上，当我回到家时，妻子问我当天过得怎样，我回答道：“哦，我差点儿被一个漂亮的金发女郎勾引了。她想用自己的身体来换取我的广告文案写作才能。”

公理和要点小结

以下所列总结了贯穿本书的文案写作公理和要点。

公理

公理1 文案写作是一段精神旅程。成功的文案写作，会综合反映出你全部的经历、你的专业知识、你对这些信息进行精神加工并以卖出产品或服务为目的，将它们形成文字的能力。

公理2 一个广告里的所有元素首先都是为了一个目的而存在：使读者阅读这篇文案的第一句话——仅此而已。

公理3 广告中第一句话的唯一目的就是为了让读者阅读第二句话。

公理4 广告的版面设计和广告的头几个段落必须创造出一种购买环境，这非常有利于销售你的产品或服务。

公理5 让你的读者说"是"，让他们在阅读你的文案时，因你真诚实在的陈述而产生共鸣。

公理6 你的读者应该是情不自禁地阅读你的文案，他们根本无法停止阅读，直到他们阅读完所有的文案，就像从滑梯上面滑下来一样。

公理7 当你试图解决问题的时候，打破那些思维定式。

公理8 通过好奇心的力量，使文案趣味横生，使读者兴趣盎然。

公理9 永远不要推销一种产品或服务，而是推销一种概念。

公理10 酝酿过程就是你的潜意识运用你所有的知识和经历来解决一个具体问题，其效率是由时间、创意倾向、环境和自尊心所决定的。

公理11 文案应该长到足以引导读者按照你的要求去做。

公理12 每一次沟通都应该是一次个人化的沟通，从作者到受众，无论使用哪种媒介。

公理13 你在文案中提出的创意需要以一种有条理的方式贯通起来，预测用户的问题，然后回答它们，就如同这些问题是面对面问的一样。

公理14 在编辑的过程中，你要精炼你的文案，用最少的文字精确地表达出你想要表达的东西。

公理15 销售一种治愈性产品要比销售一种预防性产品容易得多，除非这种预防性产品被看作是一种治愈性产品，或者这种预防性产品的治疗作用被着重强调了。

情感原则

在广告中关于情感有以下3点需要记住：

情感原则1：每一个词语都蕴涵着情感，每一个词语都讲述了一个故事。

情感原则2：每一个好广告都是词语、感受和印象的情感流露。

情感原则3：以情感来卖出产品，以理性来诠释购买。

平面元素

以下是设计一个邮购广告时要考虑的10个平面元素。（第4章）

1. 标题
2. 副标题
3. 照片或图画
4. 图片说明
5. 文案
6. 段落标题
7. 商标
8. 价格
9. 反馈方式
10. 整体设计

功能强大的文案元素

以下是在撰写广告文案时必须考虑的23个文案元素。（第18章）

1. 字体
2. 第一句话
3. 第二句话
4. 段落标题
5. 产品说明
6. 新特性
7. 技术说明
8. 预测异议
9. 解决异议
10. 性别
11. 清晰性
12. 陈词滥调
13. 节奏

14. 服务
15. 物理性质
16. 试用期
17. 价格比较
18. 代言
19. 价格
20. 提供总结
21. 避免拖泥带水
22. 订购的便利性
23. 请求订购

心理诱因

以下是在撰写广告文案时必须记住或是温习的31条心理诱因。（第19章）

1. 参与或者拥有的感觉
2. 诚实
3. 正直
4. 信用
5. 价值及其证明
6. 使购买合理经
7. 贪婪
8. 建立权威性
9. 满意度保证
10. 产品的本质
11. 客户的本质

12. 当前的时尚潮流
13. 时机
14. 建立联系
15. 一致性
16. 符合客户需求
17. 归属感的渴望
18. 收藏冲动
19. 好奇心
20. 紧迫感
21. 恐惧
22. 瞬间满足
23. 独有、珍贵或者特别
24. 简单
25. 人际关系
26. 讲故事
27. 精神投入
28. 内疚感
29. 具体
30. 熟悉
31. 希望

推荐阅读

有目的的大量阅读会使你为成为一名胸有成竹的优秀直销业者，还能帮助你避免很多别人犯过的错误。这也是你能从本书中得到的一个益处。直销行业的其他很多人也写过一些可能对你有所帮助的书。通过了解广告和文案方面的其他观点，你可以深化自己的知识，并且避免很多自己之前犯过的代价高昂的过错。我真希望自己在职业生涯早期也读过很多类似的书。

马克·培根，《像专家一样写作：商业中利用广告作家和新闻记者的秘密》，纽约：约翰威立国际出版社，1988年。

杜雷顿·勃德，《直销常识》，国家教科书出版社，1994年。

约翰·卡普尔斯，《怎样使你的广告赚钱》，新泽西，英格伍德克里夫：霍尔公司，1983年。

约翰·卡普尔斯，《久经考验的广告术》，新泽西，英格伍德克里夫：霍尔公司，1974年。

罗伯特·塞迪尼,《影响力:说服术的心理学分析》,纽约:哈珀·柯林斯出版社,1998年。

罗伯特·科利尔,《罗伯特·科利尔的书信集》,华盛顿,奥克港:罗伯特·科利尔出版社,1937年。

大卫·高芬克,《让你致富的广告标题》,詹姆斯·摩根公司,2006年。

乔·吉拉德,《怎样把任何东西销售给任何人》,纽约:西蒙与舒斯特公司,2006年。

丹·肯尼迪,《终端销售信》,亚利桑那,霍尔布鲁克 :亚当斯媒体出版社,1990年。

哈兰·柯尔斯顿,《偷这本书!你可以合法偷取百万美元销售许可证,像超级真空吸尘器一样吸入现金》,詹姆斯·摩根公司,2006年。

赫舍尔·戈登·刘易斯,《直邮销售文案!》,新泽西,英格伍德克里夫:霍尔公司,1984年。

泰德·尼古拉斯,《怎样把文字变成钱》,佛罗里达:印度岩石海滩公司:2004年。

理查德·吉利·尼克松,《懒人致富》,纽约:新德里企鹅维京出版社,1995年。

大卫·奥格威,《一个广告人的自白》,中信出版社,2008年。

麦克斯·韦萨奇姆,《我在广告业的前65年》,宾夕法尼亚州,蓝色屋脊峰顶:特伯图书出版社,1975年。

尤金·施瓦尔茨,《突破广告》,底线图书出版社,2004年。

乔恩·斯波尔斯特拉,《爱斯基摩的冰》,纽约:哈珀商业出版社,1997年。

乔·维塔尔,《迷糊购买:一项新的销售与市场的心理学》,新泽西,霍伯肯:约翰威立国际出版社,2007年。

乔·维塔尔,《催眠的写作》,新泽西,霍伯肯:约翰威立国际出版社,2006年。

乔·维塔尔,《给你的写作增压》, 得克萨斯, 休斯敦:意识出版社, 1992年。

爱玛·惠勒,《销售中久经考验的句子》, 新泽西, 英格伍德克里夫:霍尔公司, 1937年。

爱玛·惠勒,《文字魔术》, 新泽西, 英格伍德克里夫:霍尔公司, 1939年。

关于作者

约瑟夫·休格曼是美国最有影响力，最多产的广告文案作家之一。作为JS&A集团的总裁，在20世纪70年代和80年代，他推广了上百种太空时代的电子产品，成为其他文案作家和营销人员的标杆。

他在芝加哥出生长大。在1962年加入美国军队之前，他在迈阿密大学的电子工程学院上了3年半的学。

后来，他在德国待了3年多，并为军事情报处服务，稍后他又加入了中央情报局。回到美国之后，他成立了一家销售澳大利亚雪地车的公司，接着又成立了自己的广告代理公司，为滑雪胜地的顾客服务。

1971年，在他的广告代理公司运营了6年之后，休格曼在微电子技术上发现了令人兴奋的商机。为此，他专门成立了一家公司，通过直销的方式来销售世界上首台微型计算器，并以他的家乡——伊利诺伊州的诺思布鲁克作为基地。

很快，他的公司JS&A集团就成为美国最大的独家销售太空时代产品的公司。在20世纪70年代和80年代，他甚至引进了很多电子方面的新产品和技术理念，包括微型计算器、电子表、无线电话、计算机和许多其他电子产品。每种产品他都采用了篇幅很大的单页广告进行介绍，这也成为休格曼富有创造力的作品的独家标志。

1973年，休格曼的公司成为美国首家采用800条广域电话服务的公司。它通过电话争取顾客用信用卡下的订单，这是以前的直销人员从来没有做过的事情。

1986年，JS&A公司集中精力销售BluBlocker太阳镜，通过直邮、邮购广告、型录、专题广告片、电视插播广告，以及家庭购物频道QVC等方式。现在，BluBlocker公司正在庆祝公司成立的20周年。在这20年间，他们在全世界卖出了2 000万副太阳镜。

1979年，在纽约的一个颁奖典礼上，休格曼当选为年度直销人员。1991年，由于其在直销上富有创意性的职业贡献，他获得了声望很高的麦克韦斯·萨奇姆奖。

休格曼同时也是一位专业的摄影师、平面设计师、飞行员（他拥有一张商业仪器导航多引擎执照）、水肺潜水家和公众演说家。

他曾在美国各地、欧洲、亚洲和澳大利亚等地发表演讲，主持推销研讨班。在1977~2000年，他还召开了20次自己的独家销售研讨班，吸引了世界各地的参与者，参加费用高达6 000美元。为期4天的研讨班对他遍布全世界的学生的成功产生了巨大的影响。

休格曼同时也是一位出版过6本书的作家。他的第一本书《成功的力量》于1980年由当代图书出版社出版，销售量达到10万册。

1999年，他收购了《毛伊岛周报》，并成为它的主编和发行商。《毛伊岛周报》是夏威夷发展速度最快的报纸之一。2005年，他把这份报纸卖给了West Virginia报刊连锁集团。

致　谢

很多人都对我的文案写作技巧及本书的创作做出了贡献。对于他们所有人，我在此致以诚挚的谢意。玛丽·斯坦克，JS&A公司的总裁。她的管理、奉献和35年的服务使我得以创作自由，并通过写作来表达自己。在这个过程中她帮助我创建了一份牢固的事业。在我们举办过的很多研讨班期间，我的前妻温迪和我们的两个孩子——阿普里尔和吉尔一直理解着我、支持着我，尽管他们总是站在幕后，但是他们的存在至关重要，我能够时刻感觉得到。我的姐姐朱迪·休格曼，同时也是我25年来的文字编辑——她一直在纠正我的拼写，修订我的修饰语，并且给我非常坦诚的反馈。

我也要感谢数不清的顾客们。他们教给了我很多东西。对他们，我总是抱着毫不动摇的尊敬之情。同时，我还要感谢我的许多竞争者。我讨厌他们模仿我，但是，在试图智取他们的过程中，我的文案写作技巧变得更强大了。我想要感谢的人还有很多，因为实在太多了，没有办法

——列在这里，他们在我的成长和成功中都发挥了关键的作用。

我要特别感谢我所有的杰出的研讨班参与者们。他们从我身上学到了东西，继而去开创了成功的事业——全是通过他们手中笔的力量。我从他们身上也学到了很多东西。最后，带着谦卑与感激，我要感谢那些用血汗钱来购买这本书的人们，同样祝愿你们学有所成，前程似锦。

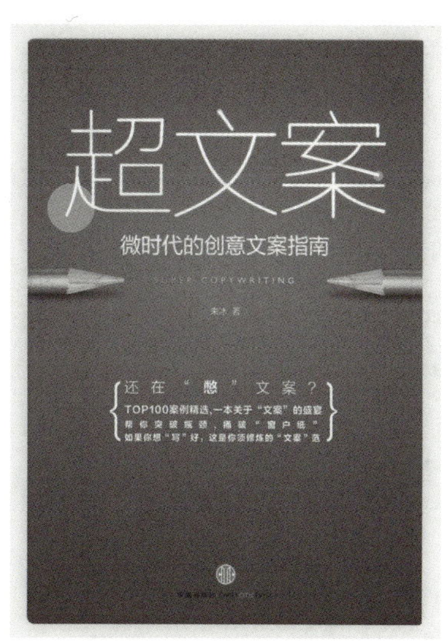

《超文案》

作者简介：

朱冰，任职于中国传媒大学，开设《创意文案》和《创意写作》课程。致力于口述历史、人物传记、创意写作等领域的研究。跨界学术与文学，视教学和创作为生命关键词，以学者的理性视角和作家的感性笔触为处于转型期的中国社会和传媒变迁留下珍贵的集体记忆和生存史志。著有《口述凤凰》等作品。

《超文案》创作团队

创意总监　张萌

内容策划与制作人。在中、美娱乐传媒行业从业经年，跨界图书、影视、互联网领域。相信内容的力量可打通有无，撬动一切，并身体力行之。中国传媒大学学士，美国南加利福尼亚大学硕士。

创作助理　辛思玥　中国传媒大学广告学研究生。

内容简介：

《超文案》是作者朱冰依托自己丰富的从业经历、深厚的文字功底，呈现给读者的一部微创意时代文案人的进阶指南。

微创意时代，谁在写文案？谁需要写文案？答案是，所有人。谁在看文案？答案是，所有人。在朱冰看来，文案没有高矮胖瘦的规定长相，没有一二三四的固定要求，有的就是，怎么才能勾起他人的探索欲望和共鸣。

作者朱冰长期从事创意文案教学与创作，通过对top100优秀文案的深度解析，分别从优秀文案的品相与功能、从写手到高手的独特历练，从文案写作目的、态度，探索一流文案生成路径和写作哲学。作者把所有文案"术"的层面的东西化于无形，除了关注文案本身，更关注优秀文案作品背后的文案人、广告人的体察。

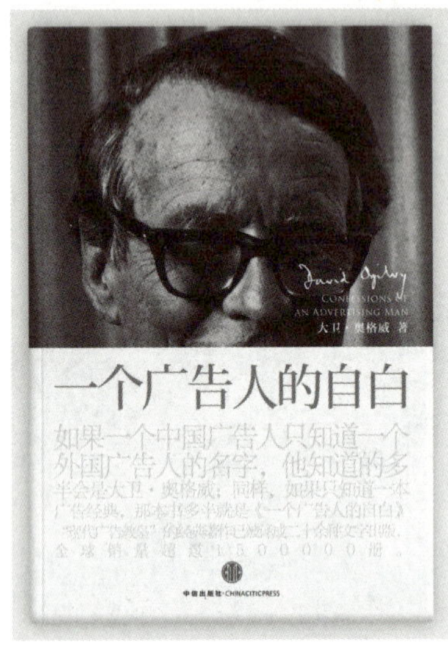

《一个广告人的自白》

作者简介：

出身英国的大卫•奥格威，是现代广告业的大师级传奇人物，他一手创立了奥美广告公司，开启了现代广告业的新纪元。他确立了奥美这个品牌，启蒙了对消费者研究的运用，同时创造出一种崭新的广告文化。

奥格威早年做过厨师、炊具推销员，后移居美国，在乔治•盖洛普博士的受众研究所担任助理调查指导。二战期间先后在英国安全协调处（British Security Coordination）和英国驻美大使馆任职。后在宾夕法尼亚州做农夫。

他的作品机智而迷人，但最重要的是：他坚持它们必须有助于销售。他把广告业的经营和专业化推向顶峰，他的价值观造就出了一个全球性的传播网络，他睿智隽永的风格不但朔造了奥美广告，同时更深深影响着整个广告业的发展。

奥格威被《时代》周刊称为“当今广告业最抢手的广告奇才”，被《纽约时报》称为“现代广告最具创造力的推动。

内容简介：

这本书在过往的广告史上可能是对广告人影响最大的一本，很少有广告人没有看过这本书，一直到现在应该还是，相信未来还是这样。有些读者不是广告人，而是从事营销工作，是广告人的客户，对他们来讲，这本书应是最好地了解广告业及广告人的书。而且，就算你已经从事广告业多年，仍可以偶尔拿出来看看，仍会对你有许多启发。